CHRISTINE RECHL

1001 MOTIVE ZEICHNEN GANZ EINFACH

Schritt für Schritt
Tiere, Blumen, Menschen
und einfach alles
zeichnen

mvgverlag

INHALT

VORWORT 5

GEBRAUCHSANWEISUNG 6

TIPPS UND TRICKS 8

BLÜTEN UND SCHMETTERLINGE 14

HAUS UND GARTEN 16

HAUS- UND GARTENBEWOHNER 18

MÖBEL UND KRIMSKRAMS 20

UNTERWEGS 22

MOTIVE VON A BIS Z 24

EINFACH LUSTIGE TIERE 36

RUND UM DIE SCHULE 50

VIELFALT DER FISCHE 64

MOTIVE FÜR GEBURTSTAGE 78

LIEBE UND FREUNDSCHAFT 92

SAG'S MIT EINEM SCHAF 106

OSTERHASE UND CO. 120

DAS GLÜCK DER ERDE ... 134

TOOOOOR! 148

SPIELE MIT DEM ZEICHENSTIFT 150

REGISTER 152

DANKE 158

ÜBER DIE AUTORIN 159

IMPRESSUM 160

VORWORT

Am Anfang war ein Schwein. Ein Freund meines Vaters hat mir als kleinem Kind ein paar Tiere vorgezeichnet, die alle einen einfachen Kreis als Grundform hatten – ein Schwein, einen Hasen und ein Pferd. Ich war begeistert. So einfach war das! Ich zeichnete immer wieder die kugelrunden Tiere nach und probierte aus, welche Tiere ich außerdem auf diese einfache Weise herbeizaubern konnte. Dann begann ich mich für Pferde zu begeistern und jemand anderes zeigte mir, wie man ein Pferd zeichnet – ein richtiges. Er fertigte eine Bleistiftzeichnung für mich an, die ich zigmal durchpauste und nachzeichnete, bis ich es auswendig zeichnen konnte. Nach vielen Jahren zeichne ich heute immer noch sehr gerne und freue mich sehr, wenn du durch dieses Buch auch deine Liebe zum Zeichnen entdeckst – oder etwas dazulernst, wenn du schon gerne zeichnest.

1001 Motive habe ich für dich gezeichnet. Manche sind ganz leicht nachzuzeichnen, andere ein bisschen schwieriger. Manche Motive willst du gerne zeichnen, andere interessieren dich nicht so. Manche sind dir noch zu schwer, andere zu leicht – das ist vollkommen in Ordnung. Die Motive von A bis Z sind bunt gemischt, und ein komplizierter Betonmischer steht vor einer einfachen Bratpfanne, gefolgt von einer Birke, einem Brautkleid und einem Biber. Dadurch müsste auf jeder Doppelseite mindestens ein Motiv sein, das du gerne zeichnen möchtest – so könnt ihr auch zu zweit das Buch gleichzeitig nutzen, ohne dass ihr immer hin- und herblättern müsst.

Zeichnen ist wie Schreiben – jeder kann es lernen.
Ich wünsche dir viel Spaß dabei!

Christine

GEBRAUCHSANWEISUNG

Im ersten Teil **»Tipps und Tricks«** erkläre ich dir ein paar einfache Grundregeln des Zeichnens. Denn willst du etwas so zeichnen, dass es »stimmt«, dass es richtig aussieht, dann ist es hilfreich, wenn du diese Regeln kennst und anwendest. Keine Angst – es sind nicht viele Regeln, die dir diese beiden Elefanten zeigen werden.

Fängst du mit dem Zeichnen gerade erst an? Dann ist es gut, wenn du mit den Motiven auf den Seiten 14 bis 23 beginnst. Dort zeichnest du zuerst **Blüten und Schmetterlinge**, die aus einfachen, runden Formen bestehen. Ein kleiner Pfeil zeigt dir immer, wie der nächste Schritt aussieht. Bei dieser Blume würdest du also zuerst den Kreis zeichnen, und dann die Blütenblätter drum herum anordnen.

Wenn du magst, kannst du die Vorlagen auch direkt im Buch fertig zeichnen, wo Platz dafür ist. Also zum Beispiel den vorletzten Schritt eines Schmetterlings fertig zeichnen oder ihn bunt ausmalen, wie ich es bei diesem Schmetterling angedeutet habe. Am Ende dieser Seiten findest du jeweils ein Feld für eine eigene Zeichnung.

Für die Blüten und Schmetterlinge zeichnen wir anschließend eine Umgebung: ein Haus mit einem Garten, Tiere und Menschen, die in dem Haus wohnen, Gegenstände, die sie brauchen, und zu guter Letzt Roller, Autos oder ein Flugzeug, damit die Bewohner auch einmal wegfahren können. Da ich nicht weiß, wie gut du schon zeichnen kannst, habe ich auch die ersten Motive schon so angelegt, dass du dich dabei nicht langweilst – ist dir manches Detail am Anfang zu schwer, dann lass es einfach weg.

Wenn du mit diesen ersten Seiten fertig bist, dann hast du schon eine Menge gelernt – dann geht es weiter mit den **Motiven von A bis Z**. Sie sind komplett durcheinandergewürfelt, sodass auf einer Seite ganz schwierige und ganz leichte Zeichnungen nebeneinanderstehen oder ein Betonmischer auf der gleichen Seite abgebildet ist wie ein Brautkleid.

Die Motive haben unterschiedlich viele Schritte – du musst aber nicht immer bis zum letzten Schritt zeichnen, damit du ein fertiges Motiv hast. Die meisten Motive habe ich so gezeichnet, dass sie auch schon im vorletzten Schritt eigentlich fertig sind und der letzte nur noch Verschönerungen enthält. Der erste Schritt ist manchmal wirklich nur ein einziger Strich, denn oft weiß man nicht, wo man am besten anfangen soll – ich fange zum Beispiel bei Tieren gerne mit dem Kopf an. Manche Motive habe ich in nur zwei Schritten erklärt, denn wenn du schon ein bisschen Übung hast, dann muss ich dir nicht jedes Mal zeigen, wie du am besten beginnst. Die gelb unterlegten Zwischenseiten sind **Spezialseiten**, auf denen du Motive zu ganz unterschiedlichen Themen wie Geburtstag, Liebe, Fische, Fußball oder Reiten findest – sie sind nicht alphabetisch geordnet.

Im **Register** kannst du nachschauen, wenn du etwas suchst, dort ist alles, was im Buch abgebildet ist, alphabetisch mit Seitenzahl geordnet.

TIPPS UND TRICKS

Zeichnen ist ganz ähnlich wie Schreiben. Ein paar Linien genügen, und das, was du auf ein Papier geschrieben oder gezeichnet hast, kann jemand anderes anschauen oder lesen und versteht im Idealfall, was du meinst. Beim Schreiben gibt es Rechtschreibregeln, wie zum Beispiel, ob du etwas groß- oder kleinschreiben musst. Beim Zeichnen gibt es keine festgelegten Regeln, aber ein paar Tipps und Tricks, damit ein anderer versteht, was du gezeichnet hast, ohne dass du es ihm mit Worten erklären musst. Trotzdem kannst du natürlich zeichnen, was du willst – zum Beispiel eine riesige Maus neben einem klitzekleinen Elefanten –, auch wenn der Elefant in echt natürlich viel größer ist als die Maus. Damit die nächsten Seiten schön bunt werden, habe ich die beiden Elefanten farbig ausgemalt, obwohl es keine bunten Elefanten gibt.

Bei den Tipps und Tricks geht es um Vergleiche, denn wenn wir etwas anschauen, vergleichen wir unbewusst ganz schnell die Zeichnung mit dem, was wir in echt kennen. Wir erfassen, ob etwas groß oder klein, dick oder dünn, hell oder dunkel, vorne oder hinten, oben oder unten oder ob es gerade oder schief ist.

Außerdem gibt es auch Schemata, die wir abgespeichert haben. Sie helfen uns, in Sekundenschnelle zu erkennen, ob jemand alt oder jung, gefährlich oder harmlos, lustig oder traurig ist. Das bekannteste Schema ist das Kindchenschema. Alles, was im Verhältnis zum Körper einen großen, runden Kopf hat, große Augen und nicht so lange Arme und Beine, erkennen wir als Baby, das wir knuddeln und beschützen wollen – wie den gelben Elefanten.

Groß oder klein?

Ob etwas groß oder klein ist, sehen wir erst im Vergleich. Natürlich erkennst du auch so sofort, dass der gelbe Elefant noch jung ist, aber wie groß er wirklich ist, siehst du erst im Vergleich zum anderen Elefanten (1).

Diese beiden Rechtecke (2) könnten vieles darstellen. Ein großes und ein kleines Haus oder zwei Pappkartons. Erst im Vergleich mit etwas, das wir kennen, können wir uns die richtige Größe vorstellen. Die meisten Erwachsenen sind zwischen 160 und 180 Zentimeter groß. Wenn du also eine kleine Figur neben das Rechteck stellst, sieht es riesig aus – wie ein Hochhaus (3).

Stellen wir zwei Elefanten neben das große Rechteck, sieht es auf einmal nicht mehr so groß aus, selbst als Elefantenstall wäre es nun zu klein (4).

1

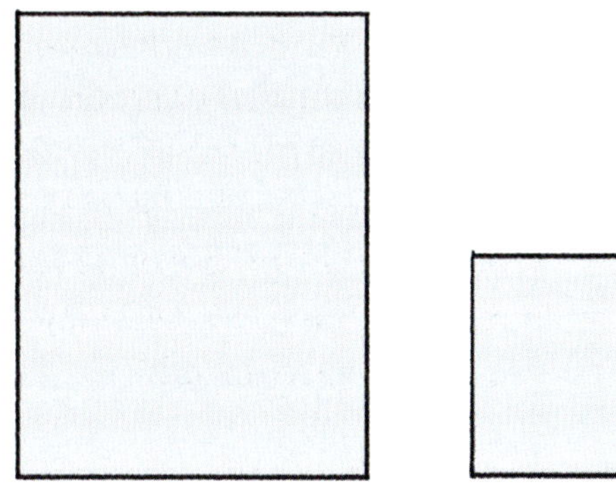

2

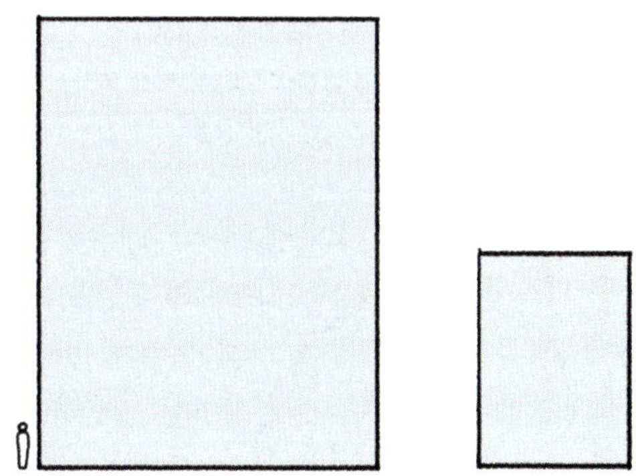

3

4

Vorne oder hinten?

Wenn von zwei gleichen Elefanten der eine kleiner gezeichnet ist und ein bisschen nach oben geschoben wird, dann denken wir, er steht hinter dem anderen Elefanten (5).

5

Auch wenn der türkisfarbene Elefant kleiner gezeichnet ist als der gelbe, erkennen wir durch das Kindchenschema, dass er größer ist als der gelbe – er steht nur weiter hinten. Wenn du eine Elefantenherde auf dich zukommen siehst, erkennst du, dass es riesige Tiere sind, auch wenn sie noch ganz weit weg sind, weil du sie mit den Bäumen, durch die sie laufen, vergleichst. Das nennt man Perspektive (6).

6

Ob etwas vorne oder hinten ist, erkennen wir auch daran, wie Linien aufeinandertreffen. Schau dir noch mal die Elefanten an: Die hinteren Beine sind nur bis zur Bauchlinie gezeichnet, dadurch weiß man, dass sie hinten sind. Der Schatten, den ich hier auf die hinteren Beine gemalt habe, betont das zusätzlich (7).

7

Gäbe es diese Trennlinie nicht, und würden die Beine genau auf einer Linie stehen, wüssten wir nicht sicher, welche Beine vorne oder hinten sind (8).

8

Auch durch Überschneidungen sehen wir, ob etwas vorne oder hinten ist. Wie bei den Elefanten: Wenn der kleine Elefant sich fürchtet, versteckt er sich hinter dem großen und man sieht ihn nicht mehr ganz (9).

9

Dick oder dünn?

Wir wissen, wie unsere beiden Elefanten ausgesehen haben, deswegen finden wir, dass sie seit dem letzten Mal, als wir hingeschaut haben, dicker geworden sind. Das liegt an den etwas weicheren Konturen und dem Bauch, der nun fast bis zum Boden reicht. Das war vorher anders. Wüssten wir nicht, dass sie einmal anders aussahen, fänden wir sie gar nicht dick. Dick oder dünn sehen wir also oft nur durch den Vergleich, deswegen ist es immer besser, sich nicht mit anderen zu vergleichen, denn so, wie man ist, ist man in Ordnung (10).

10

Hell oder dunkel?

Weiß ist heller als Schwarz, das ist klar. Aber das gleiche Grau wirkt heller oder dunkler, je nachdem, wie das Grau daneben im Vergleich ist (11 und 12). Probiere das aus, indem du einen grauen Papierschnipsel auf verschieden dunkle Flächen hältst – im Vergleich sieht er oft ganz anders aus.

11

12

Gerade oder schief?

Weil das große Rechteck neben dem kleinen geraden steht, siehst du sofort, dass es schief ist. Würde es alleine in der Mitte eines großen, leeren Blattes stehen, würde das gar nicht auffallen. Dadurch, dass es sich zum kleinen Rechteck neigt, sieht es aus, als ob der Elefant es umwerfen würde (13).

13

Neigt sich das große Rechteck in die andere Richtung, also weg vom kleinen Rechteck, sieht es aus, als ob der Elefant es abstützen müsste, damit es nicht auf ihn drauffällt (14).

14

Wenn du also etwas gerade zeichnest, sieht es aus, als ob es so schnell nicht umfallen würde. Wenn du etwas schief zeichnest, wirkt es weniger stabil. Ein Haus sieht deswegen gerade gezeichnet besser aus – denn wer möchte schon in einem Gebäude wohnen, das bald umkippen wird? Willst du zeichnen, wie der Sturm die Bäume biegt, musst du sie einfach nur schief zeichnen. Der kleine Elefant auf der Kiste schaukelt hin und her. Sicher wird er bald vom großen Elefanten ermahnt werden, nicht so mit der Kiste zu kippeln, damit er nicht umfällt (15).

15

Gerade oder krumm?

Es müssen nicht immer supergerade Linien sein, die du zeichnest. Wenn die Linien ein bisschen krumm sind, sieht das meistens schöner aus, als wenn du alles mit dem Lineal zeichnest. Wenn alles nicht so perfekt ist, sieht man auch kleine Fehler nicht so genau. Krumme Linien kannst du auch mit Absicht verwenden, zum Beispiel, wenn du zeichnen möchtest, dass die beiden Elefanten vor Angst oder Kälte schlottern (16).

16

Wenig oder viel?

Eine Elefantenherde besteht aus ziemlich vielen Elefanten. Es wäre ganz schön mühsam, die alle zu zeichnen. Deswegen kannst du dir da Abkürzungen erlauben: Wenn du ein paar Elefanten genauer zeichnest und den Rest nur andeutest, versteht man trotzdem, was du meinst. Die Fantasie des Betrachters malt dann für dich das Bild fertig (17).

17

BLÜTEN UND SCHMETTERLINGE

Hier ist alles erlaubt und deine blühende Fantasie gefragt. Aus Kreisen, Punkten und Linien lassen wir Blüten und Schmetterlinge entstehen – eine Blumenwiese! Das letzte Feld bietet Platz für deine eigenen Zeichnungen.

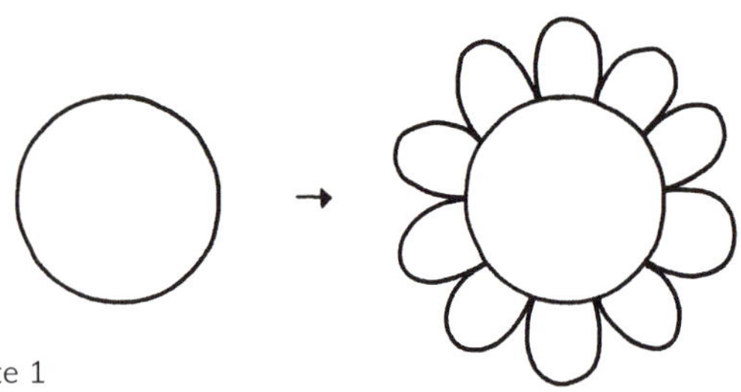

Blüte 1

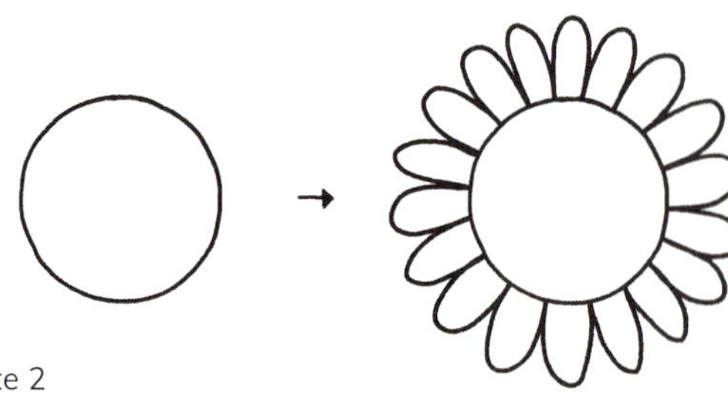

Blüte 2

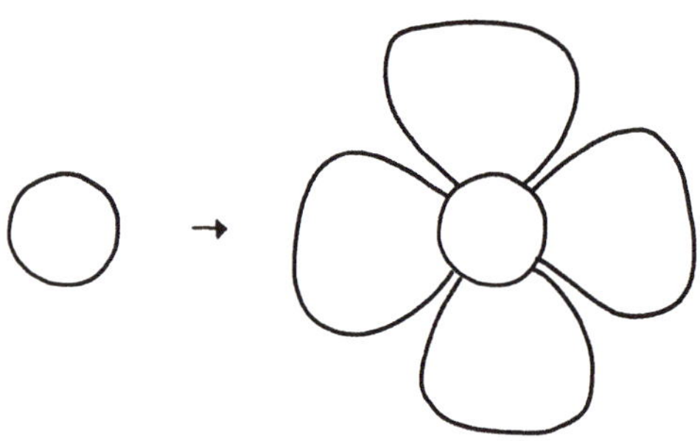

Blüte 3

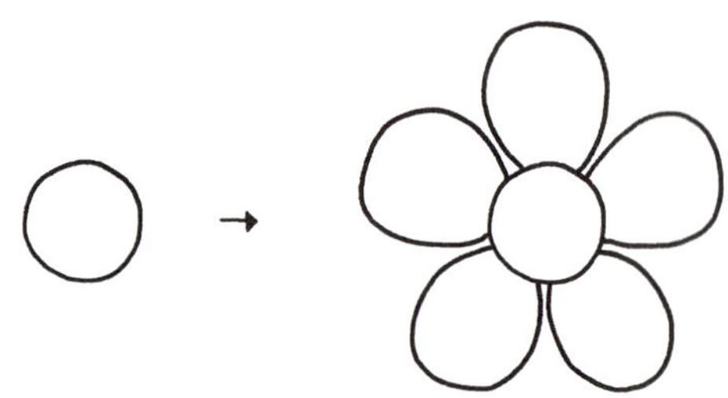

Blüte 4

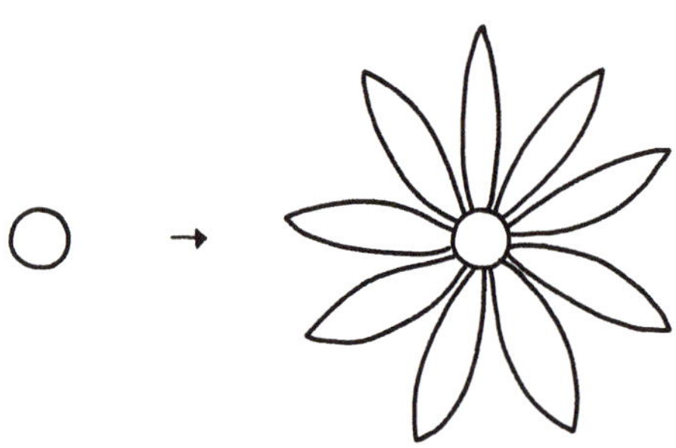

Blüte 5

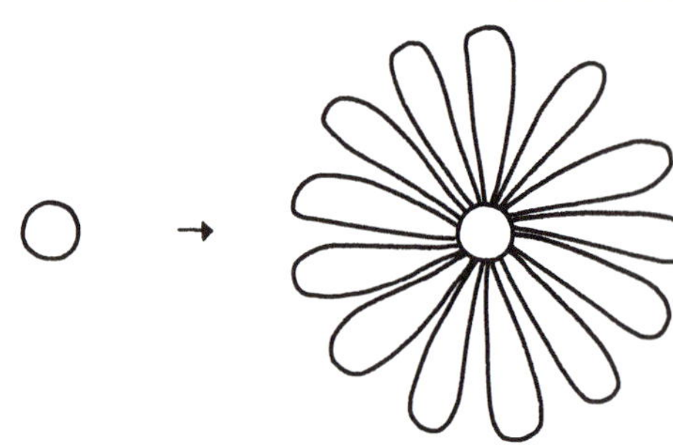

Blüte 6

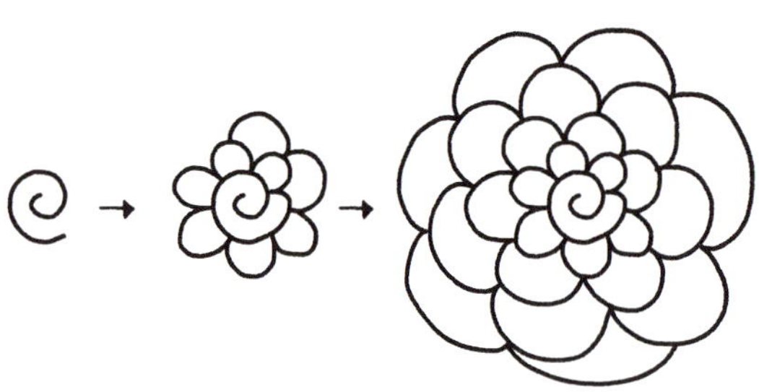

Blüte 7

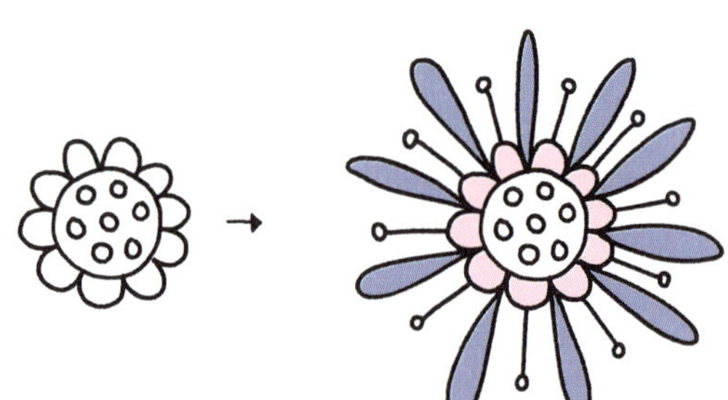

Blüte 8

Schmetterling 1

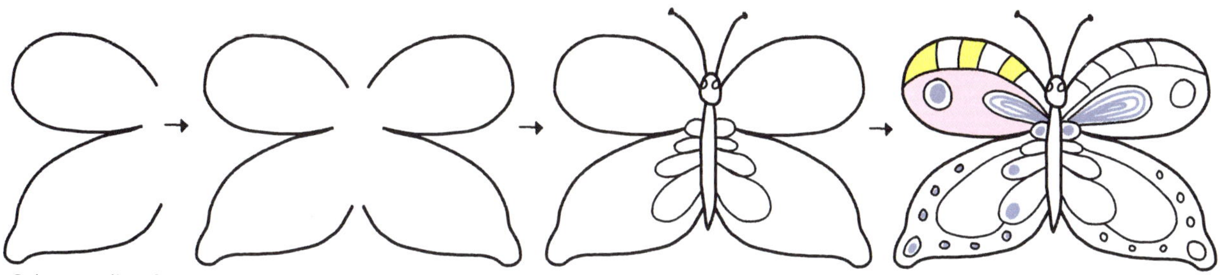

Schmetterling 2

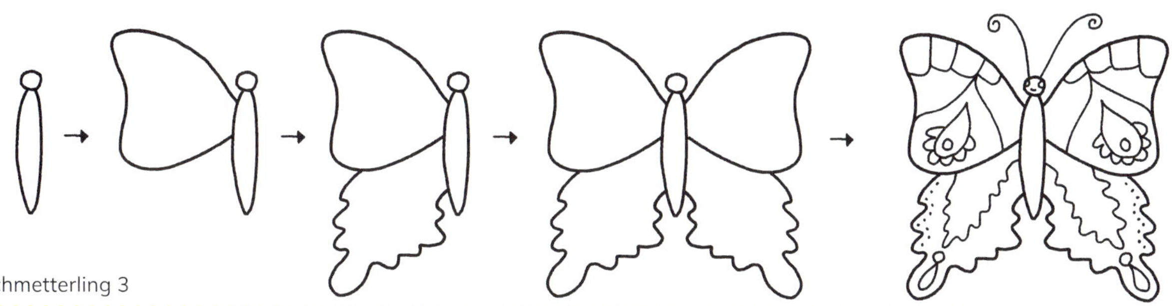

Schmetterling 3

Schmetterling 4

Platz für deine eigenen Zeichnungen

HAUS UND GARTEN

Jetzt bekommt deine Blumenwiese eine Heimat: Sie gehört zu einem Haus mit Garten. Drum herum gibt es noch mehr Bäume, eine Bank zum Hinsetzen und eine Rutsche. Hast du die kleine Katze entdeckt?

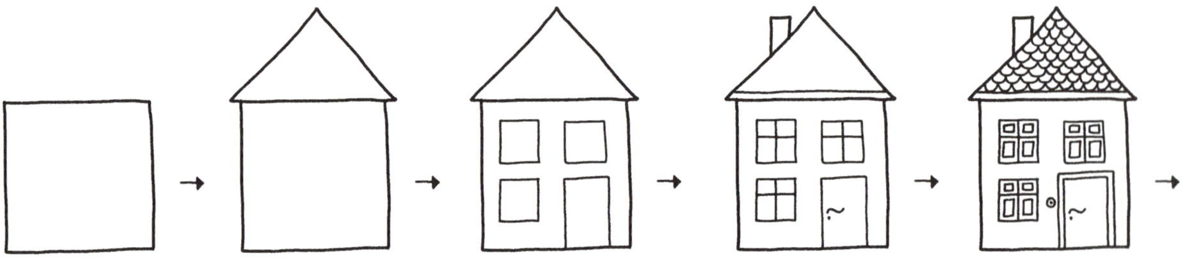

Haus

Haus mit Gartenmauer

Haus mit Gartenmauer, Bank und Baum

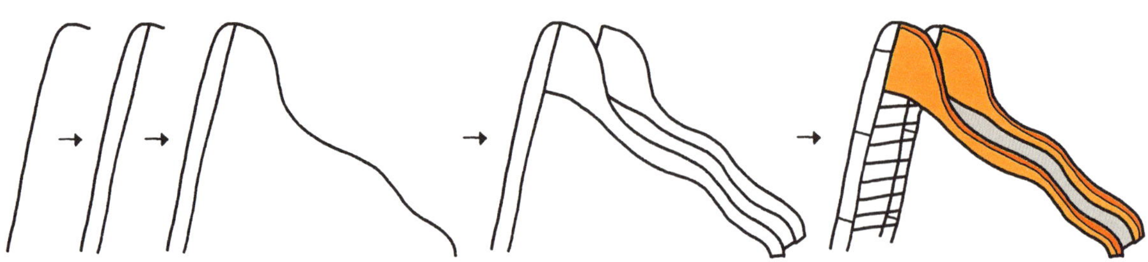

Rutsche

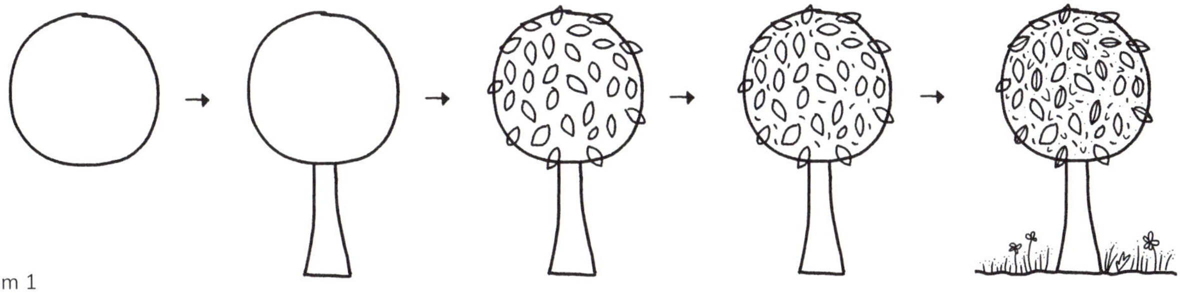

Baum 1

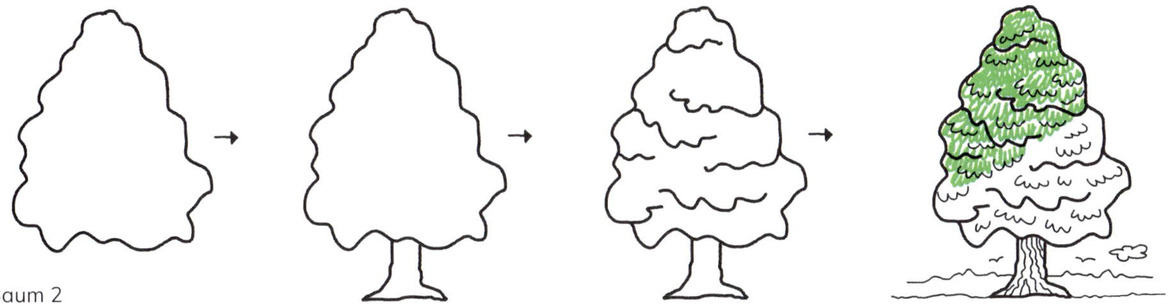

Baum 2

Baum 3

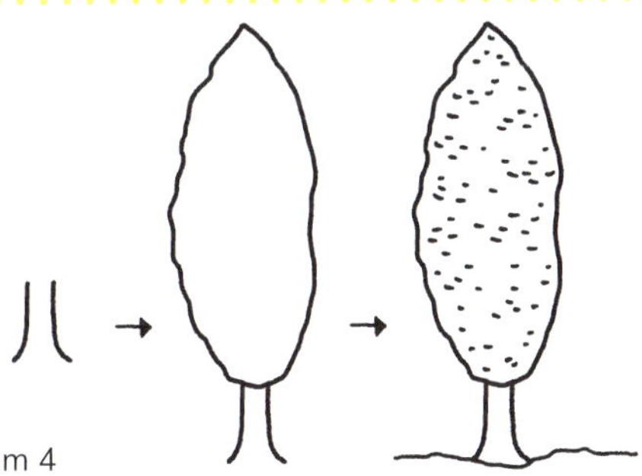

Baum 4

Baum 5

Platz für deine eigenen Zeichnungen

HAUS- UND GARTENBEWOHNER

Hund und Katze, Kaninchen, Hamster, Vögel und du:
Wir zeichnen alles, was lebt und mindestens zwei Beine hat.

Hund

Katze

Kaninchen

Hamster

Vogel

Kind

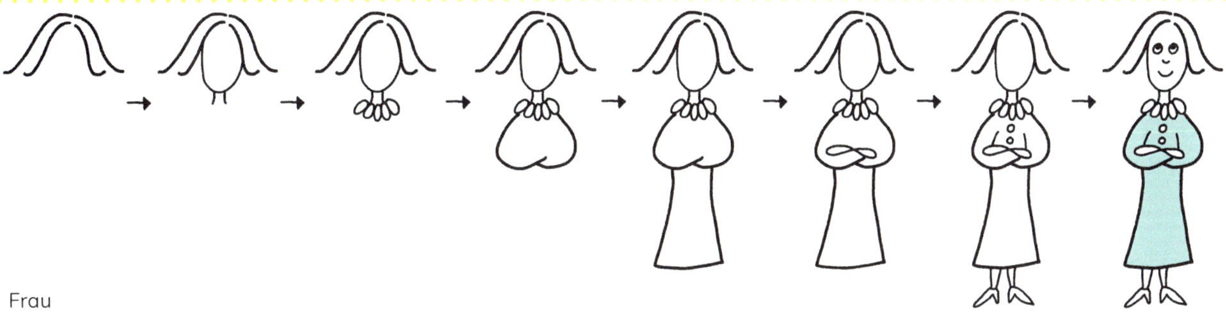

Frau

Mann

Platz für deine eigenen Zeichnungen

MÖBEL UND KRIMSKRAMS

Teebecher, Kleiderschrank, Zahnputzbecher – wir haben ganz schön viele Dinge, die wir täglich benutzen. Hast du ein Lieblingsding? Das kannst du unten rechts in das freie Feld hineinzeichnen. Noch mehr Gegenstände findest du in den Motiven von A bis Z.

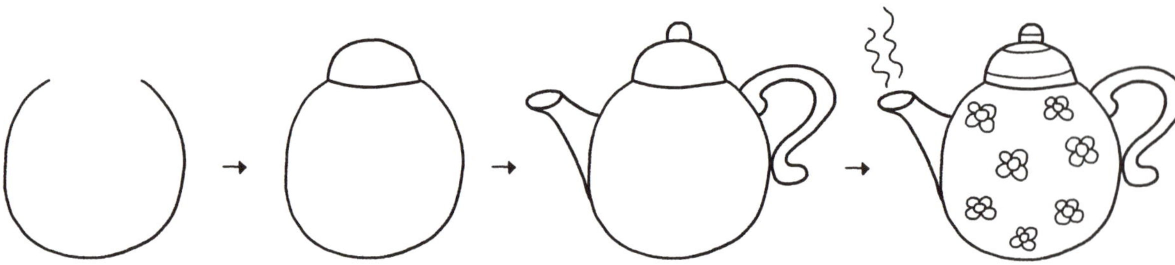

Teekanne

Kleiderschrank

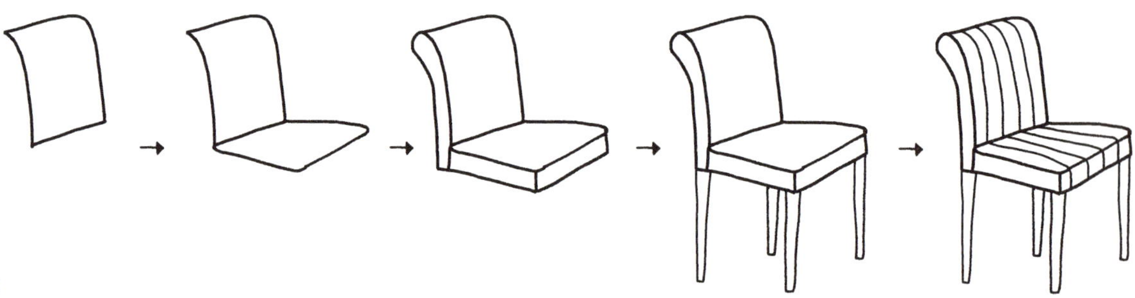

Stuhl

Zahnputzbecher

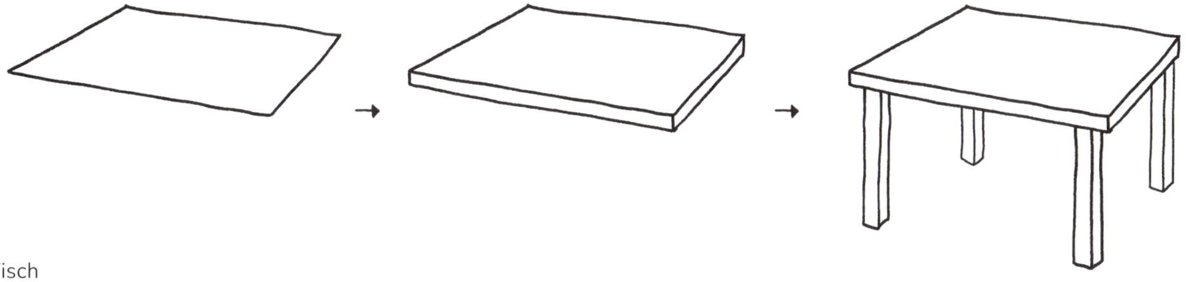

Tisch

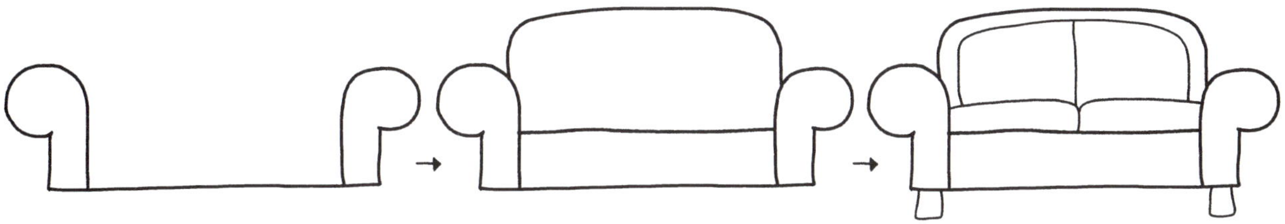

Sofa

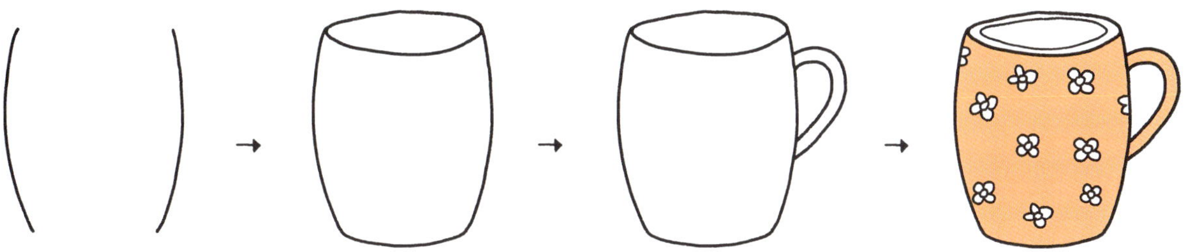

Teebecher

Tischlampe

Platz für deine eigenen Zeichnungen

UNTERWEGS

Alles, was rollt, fliegt oder schwimmt: Fahrrad, Roller, Zug & Co.

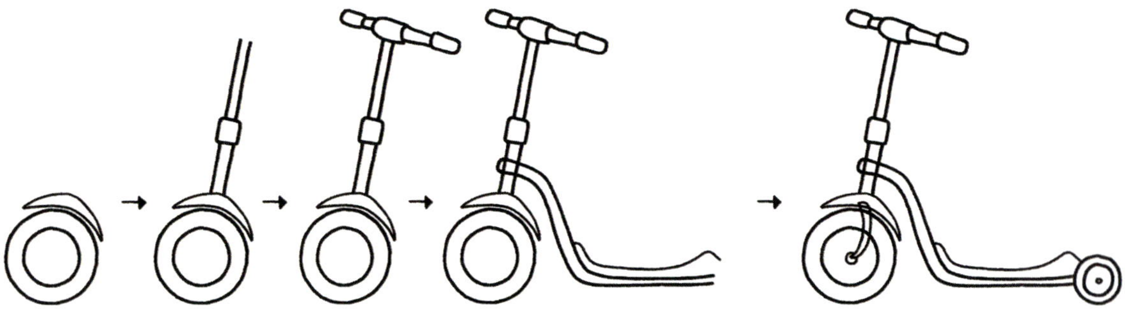

Roller

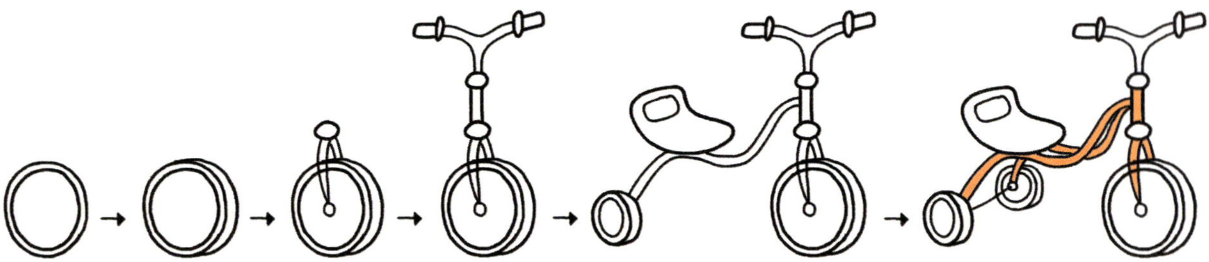

Dreirad

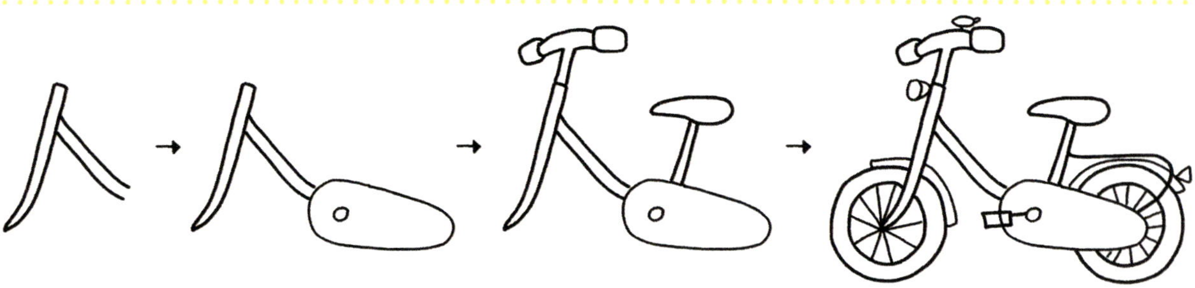

Fahrrad

Auto

Zug

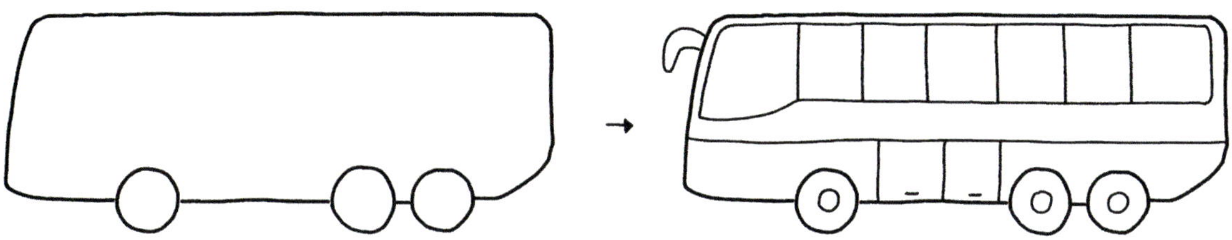

Bus

Flugzeug

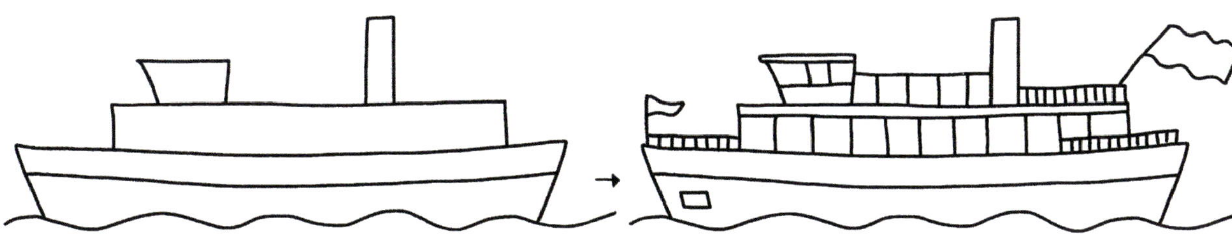

Dampfer

Platz für deine eigenen Zeichnungen

MOTIVE VON A BIS Z

Hier findest du alles von A wie Apfel bis Z wie Zebra oder Zahnstocher – bunt gemischt. Mal zeichnest du die Motive in nur zwei oder drei Schritten, mal brauchst du ein bisschen mehr Geduld. Fang mit den Motiven an, die dir am besten gefallen, dann hast du am meisten Spaß beim Zeichnen. Und wenn du Lust hast, kannst du sie natürlich auch ausmalen. Du suchst etwas Bestimmtes? Dann schlag hinten im Register nach, dort findest du alle Motive alphabetisch sortiert. Zwischen den Motiven von A bis Z findest du farbig hinterlegte Doppelseiten mit Extra-Motiven zu Themen wie Geburtstag, Weihnachten, Fußball, Reiten oder Liebe.

Apfel

Affe

Auto

Adler

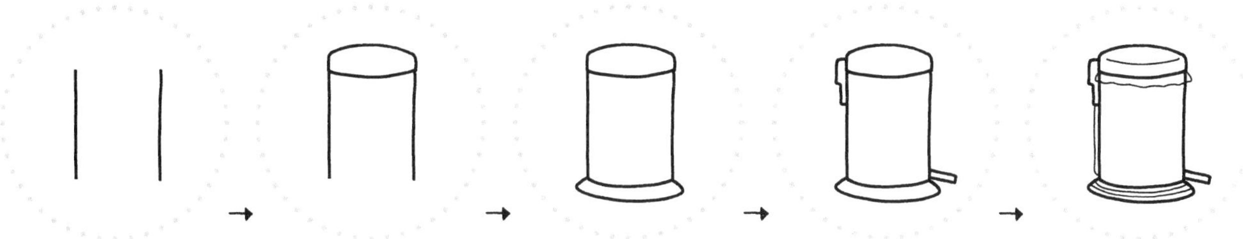

Abfalleimer

Anker

Ahornblatt

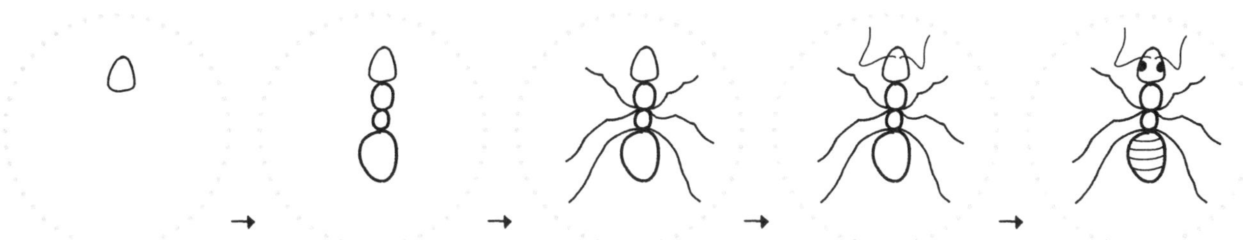

Ameise

Ananas

Alien

Albatros

Anemone

Anakonda

Aladins Wunderlampe

Arzt/Ärztin

Arbeitshose

Autowaschanlage

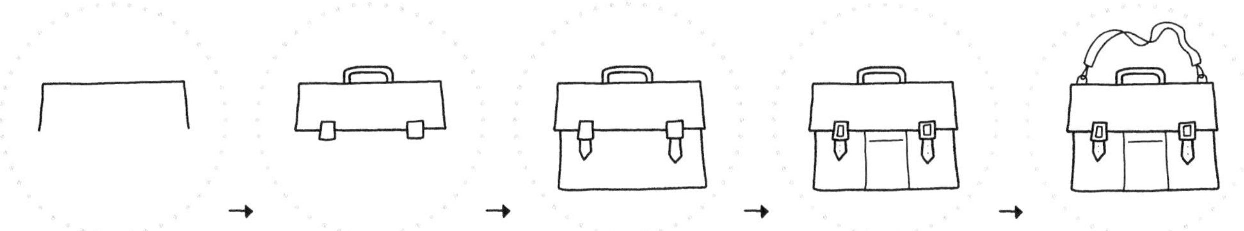

Aktentasche

Alraune

Abschlepper

Antilope

Amsel

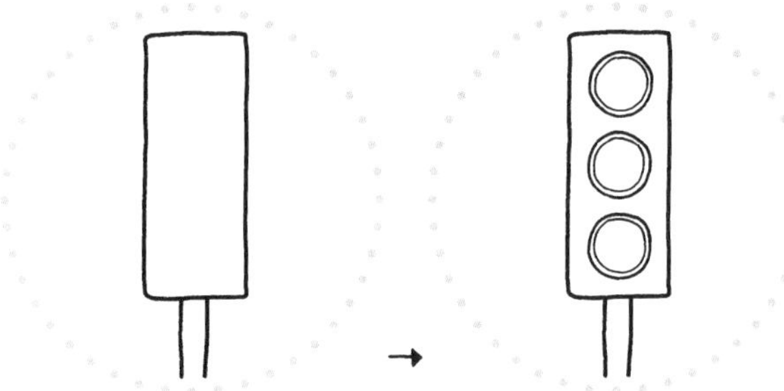

Ampel

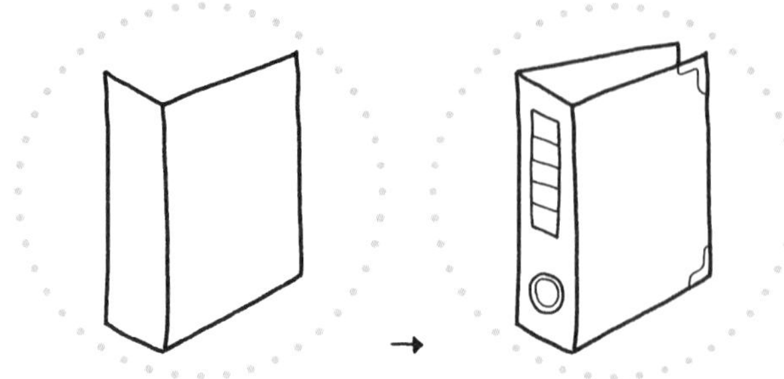

Aktenordner

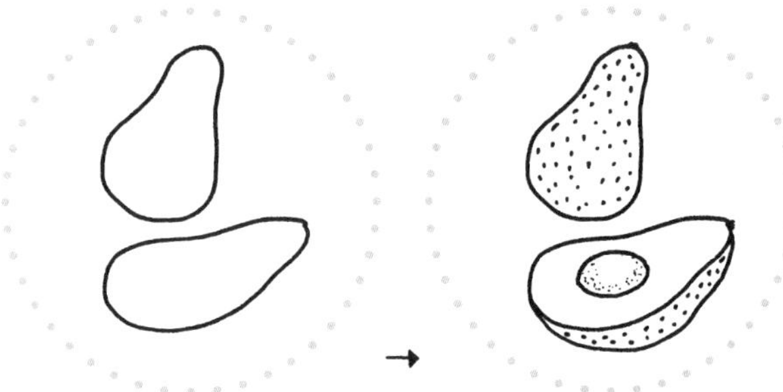

Avocado

Agave

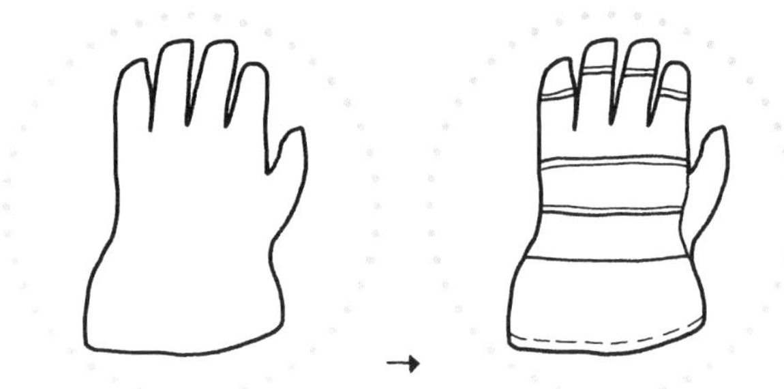

Arbeitshandschuh

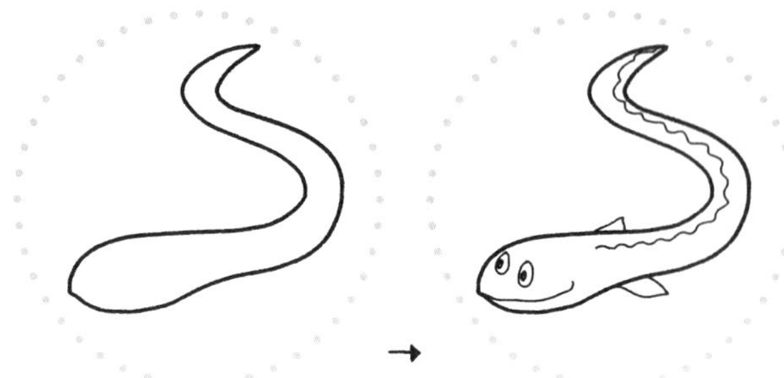

Aal

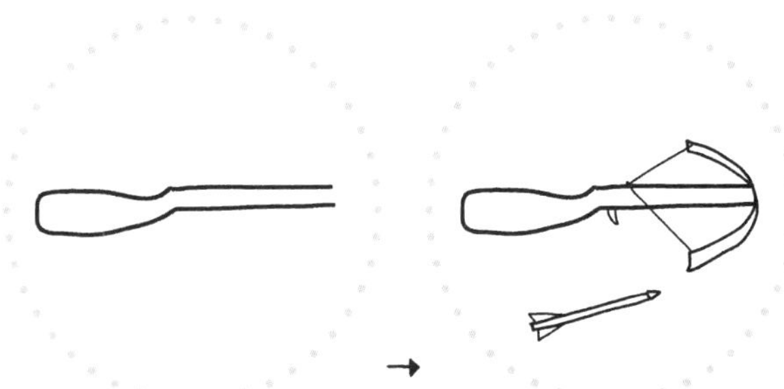

Armbrust

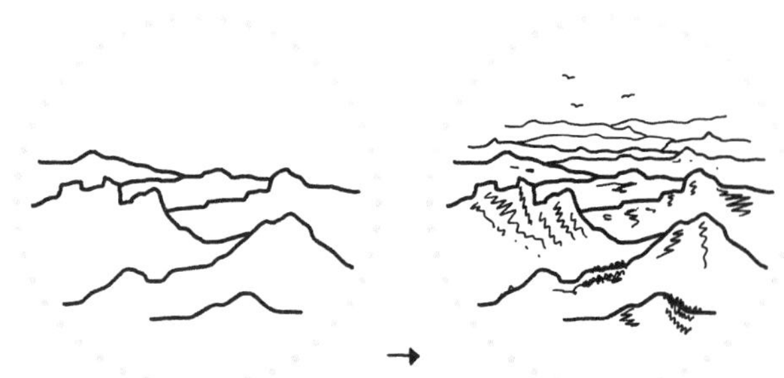

Alpen

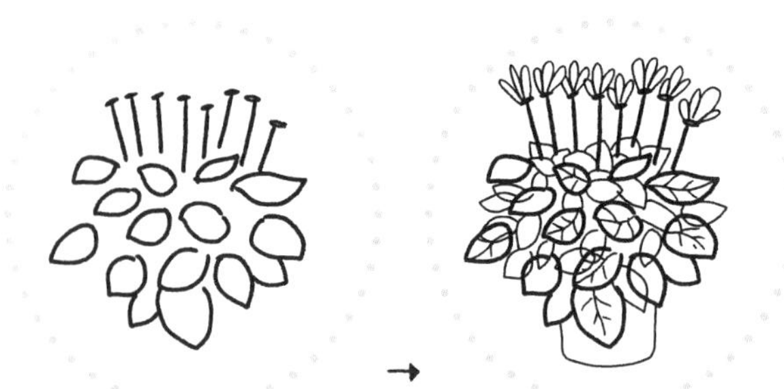

Alpenveilchen

Apache

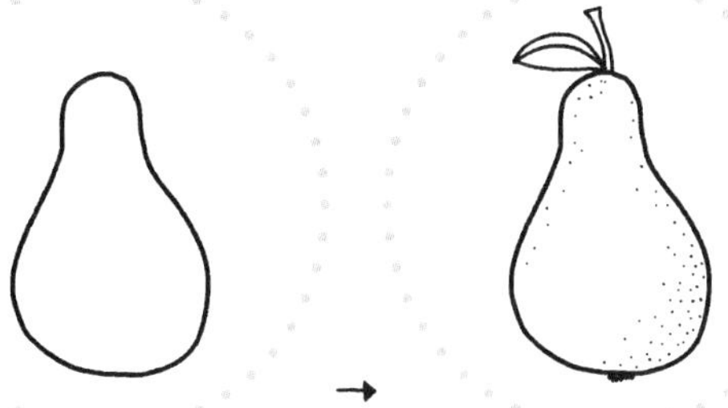

Birne

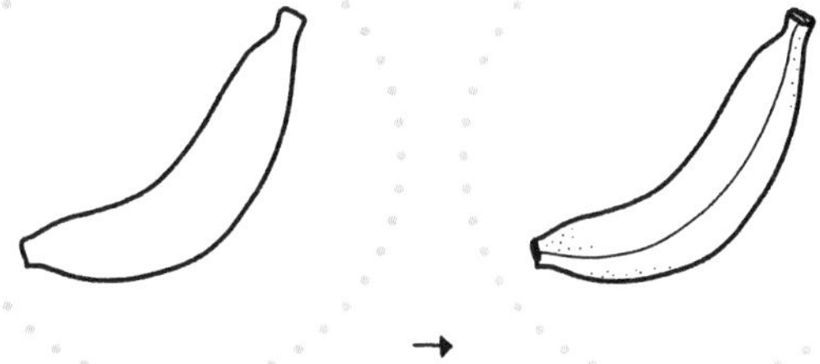

Banane

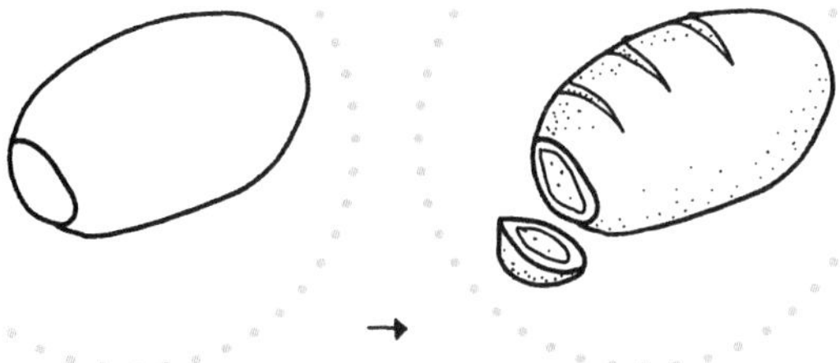

Brot

Butterblume

Bärchen

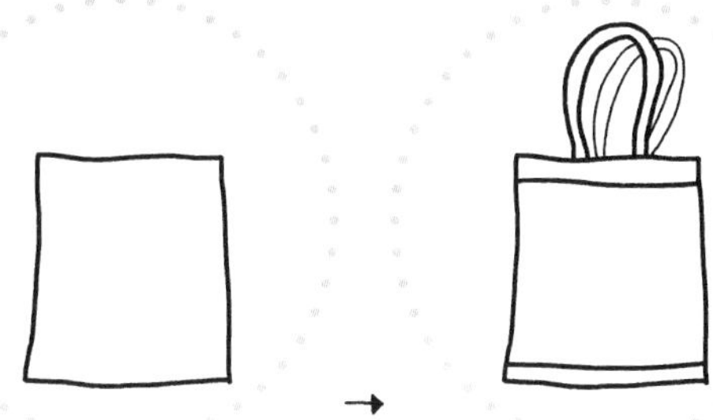

Beutel

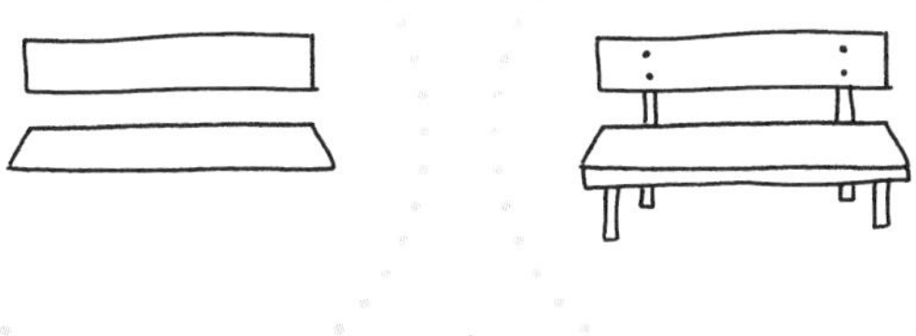

Bank

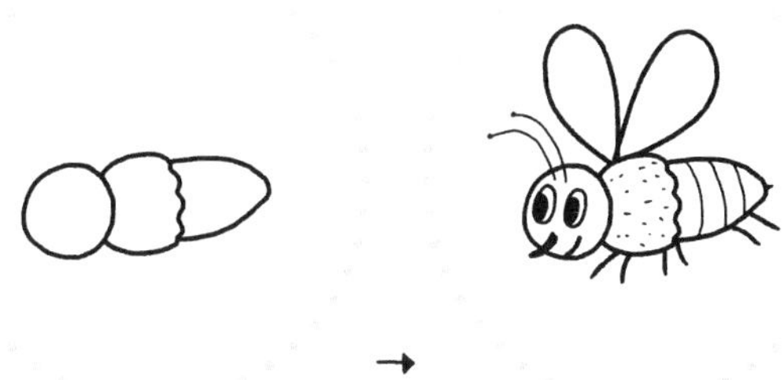

Biene

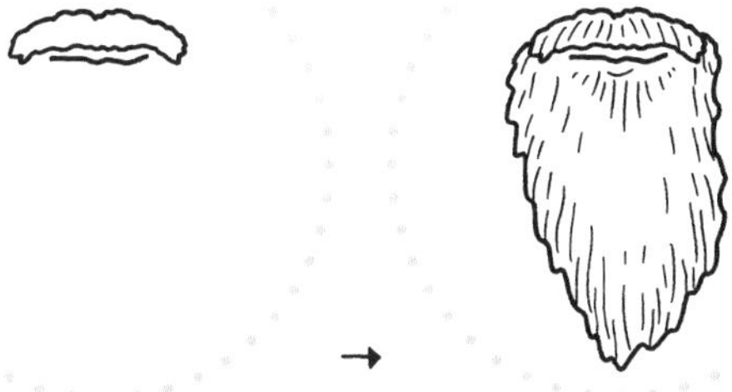

Bart

Bluse

Bauwagen

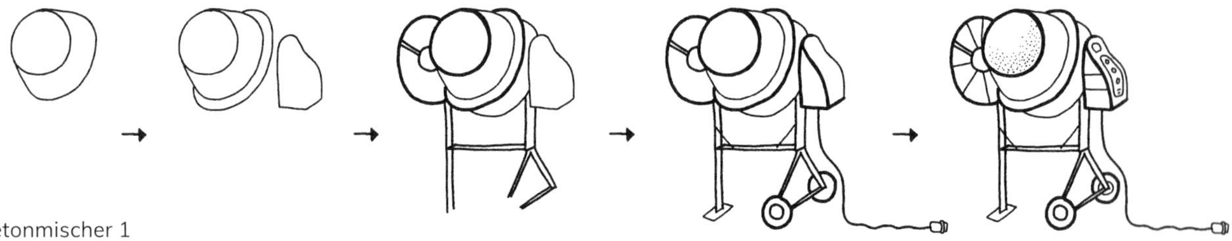

Betonmischer 1

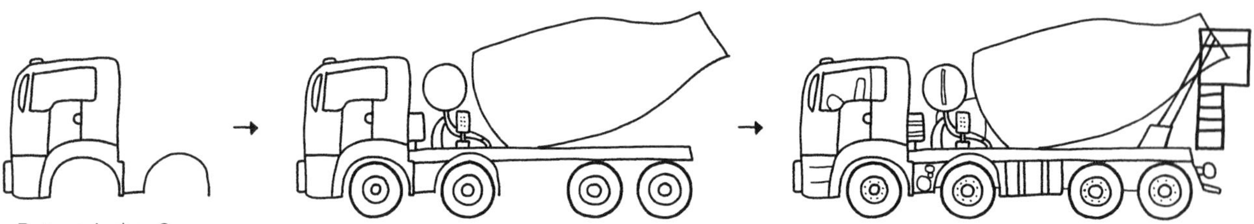

Betonmischer 2

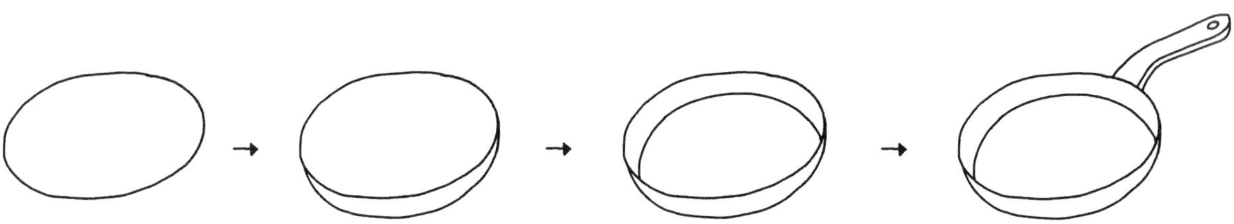

Bratpfanne

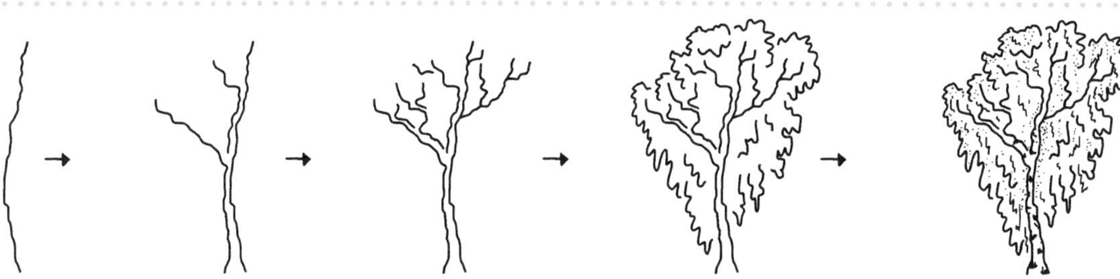

Birke

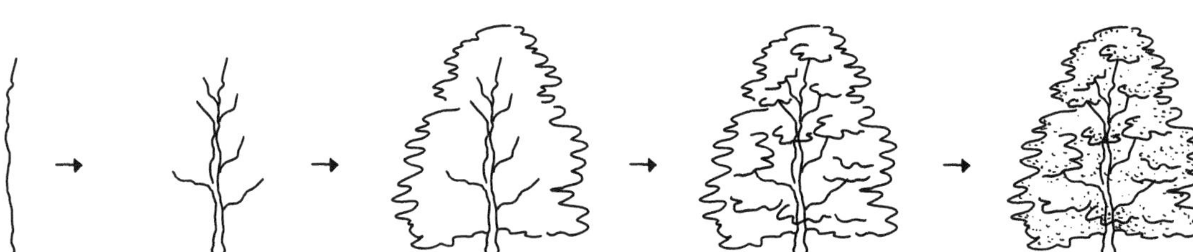

Buche

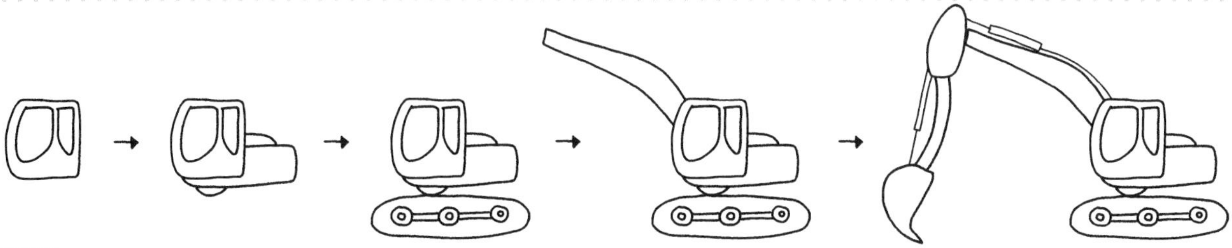

Bagger

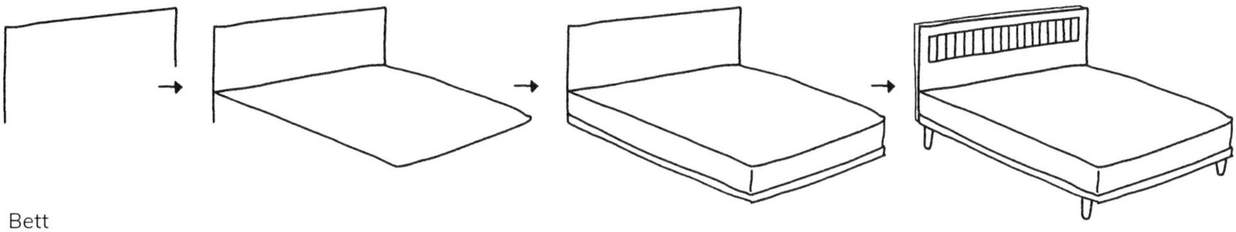

Bett

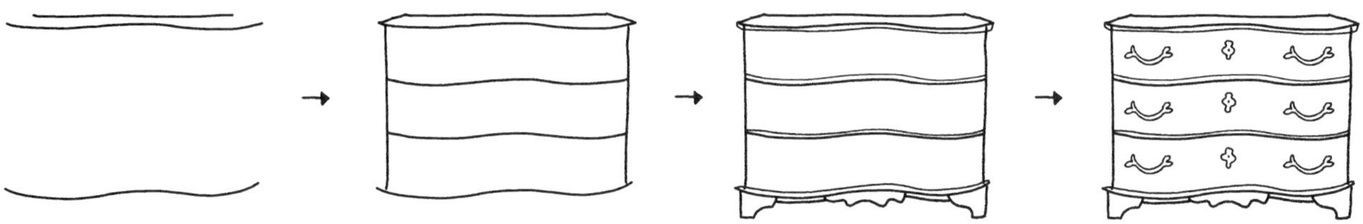

Barockkommode

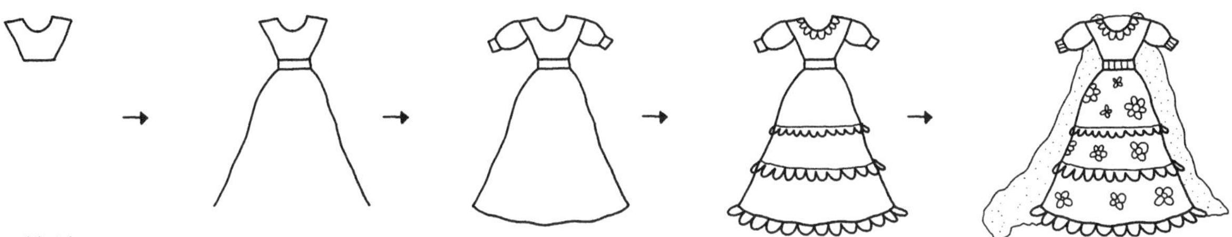

Brautkleid

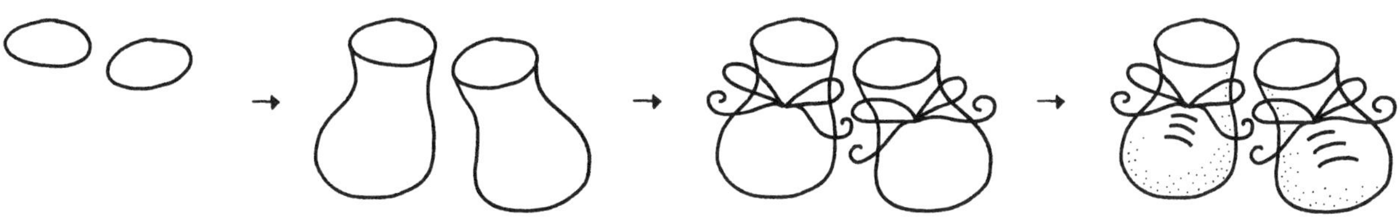

Babyschuhe

Biber

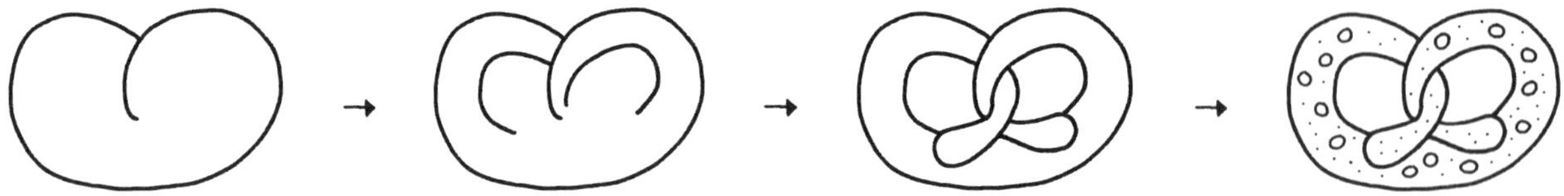

Brezel

Braunbär

Bauernhof

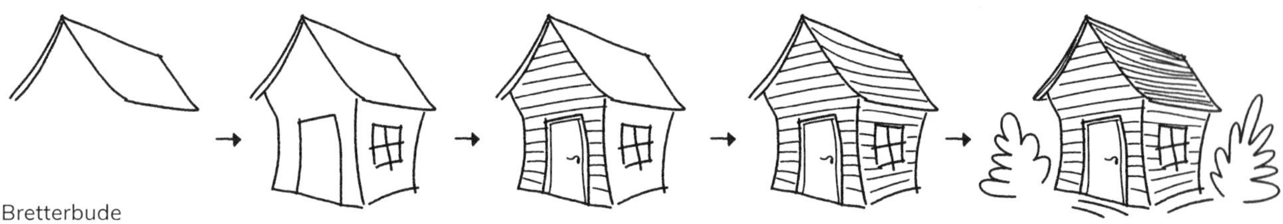

Bretterbude

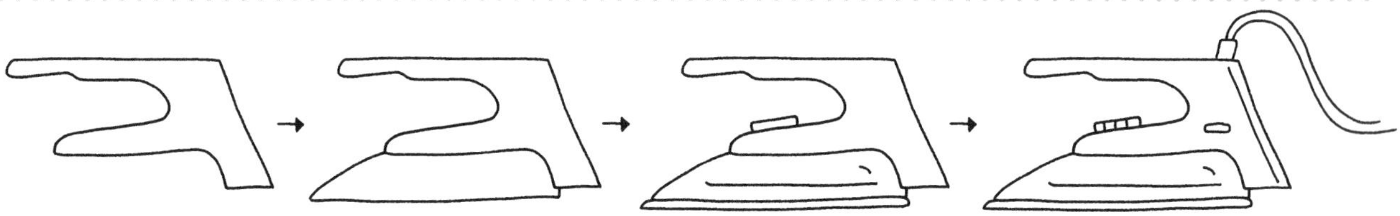

Bügeleisen

Bambus

Bambusrock

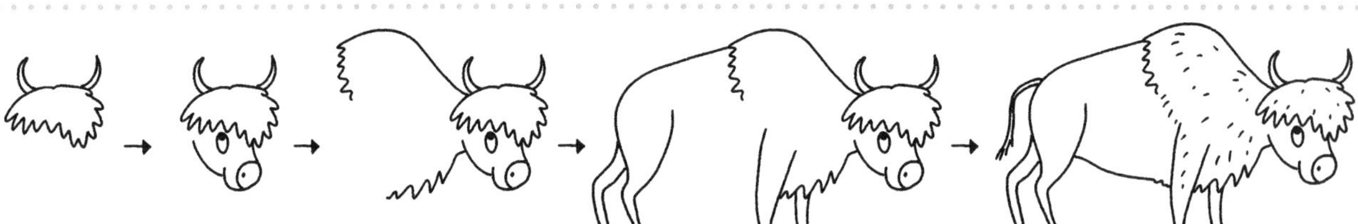

Bison

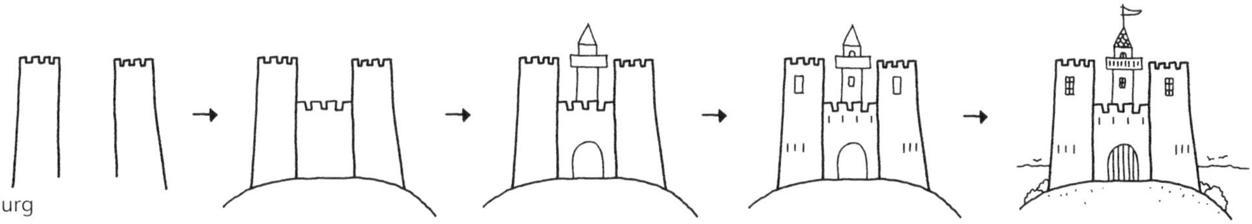
Burg

Bäcker*in

Blumenstrauß

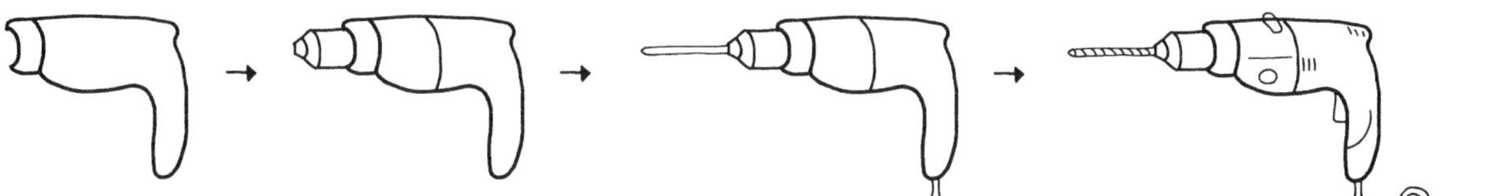
Bohrmaschine

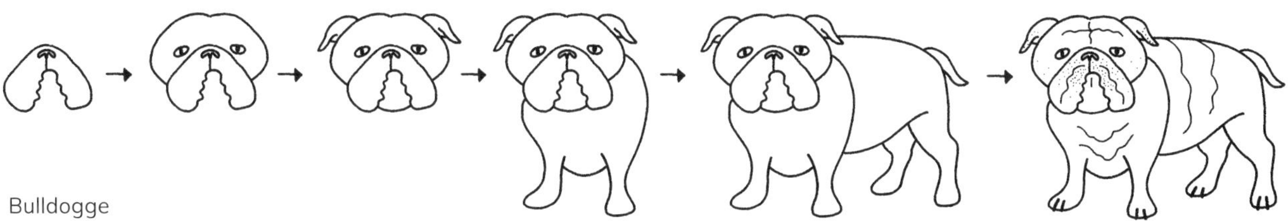
Bulldogge

Buggy

Baum

Clown

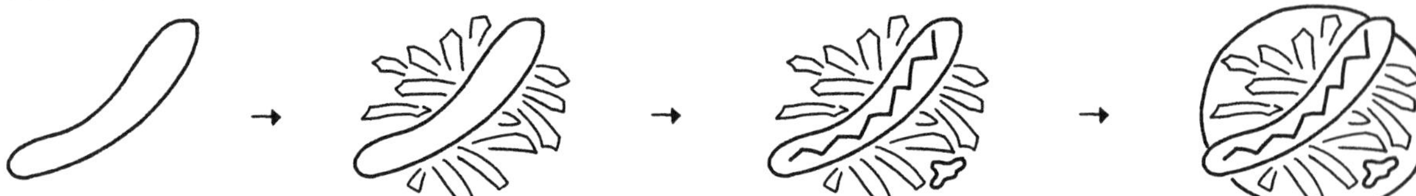

Currywurst mit Pommes

Chauffeur

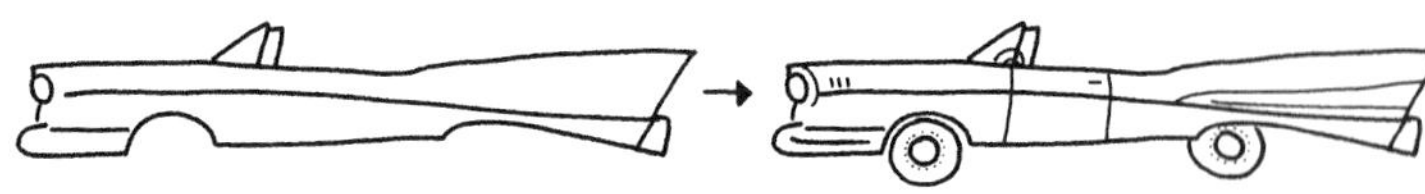

Chevrolet

Cello

Collie

Coburger Fuchsschaf

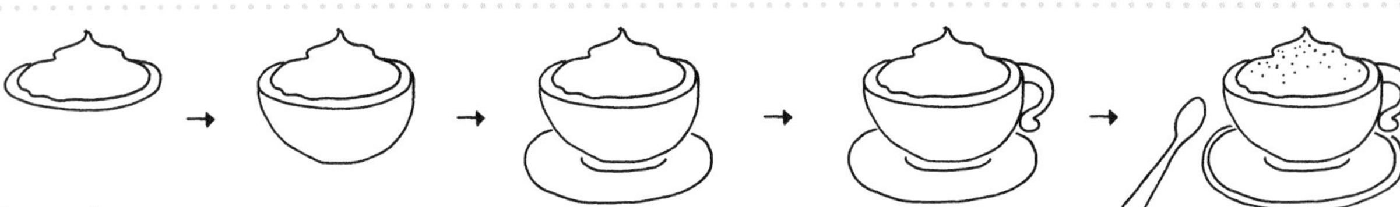

Cappuccino

Chemieprofessor*in

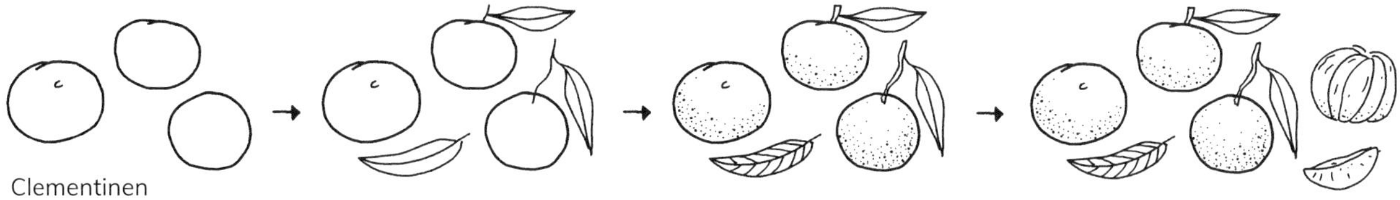

Clementinen

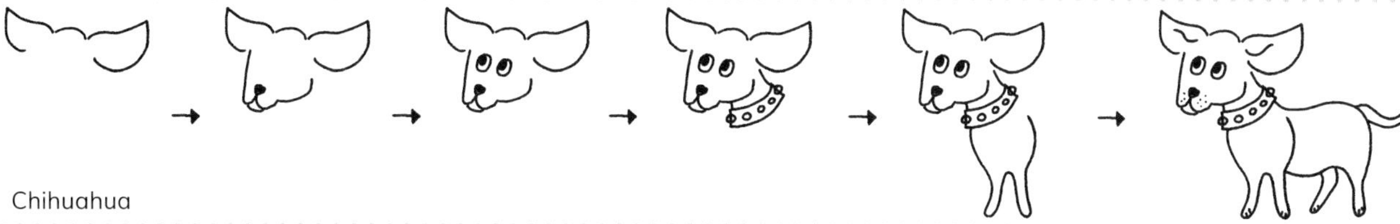

Chihuahua

Computer

Champignon

Champion

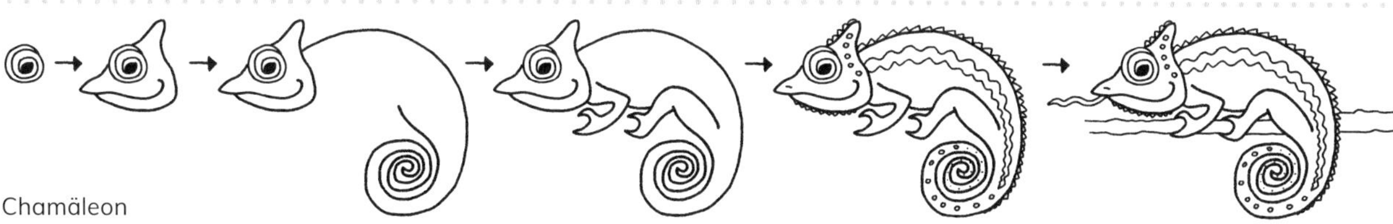

Chamäleon

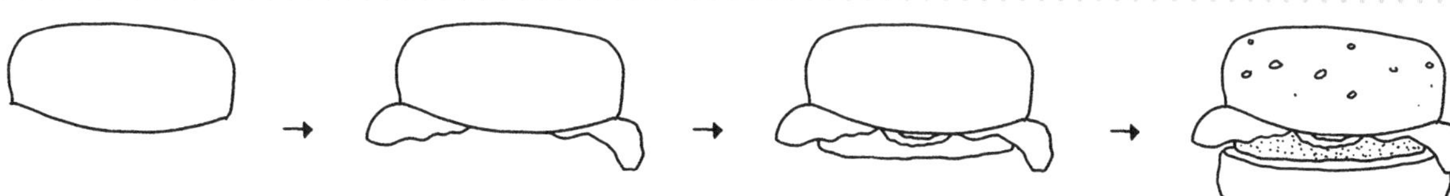

Cheeseburger

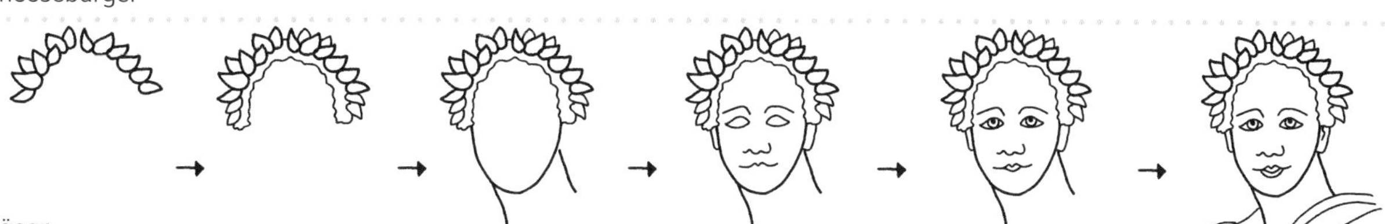

Cäsar

EINFACH LUSTIGE TIERE

Mit ein paar Linien kannst du dir einen ganzen Zoo an Tieren zeichnen. Klar – in echt sehen sie anders aus, aber du wirst überrascht sein, mit wie wenigen Strichen du eine Katze, einen Hund oder einen Elefanten zeichnen kannst – ganz einfach.

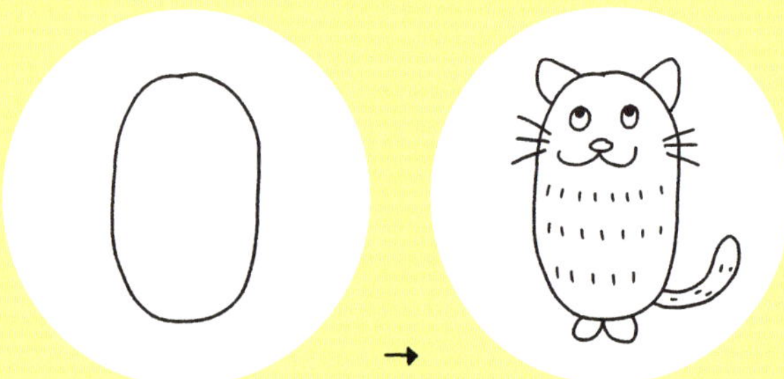

Katze

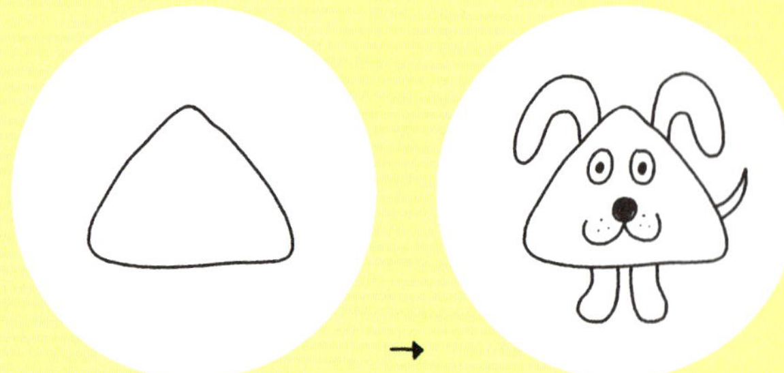

Hund

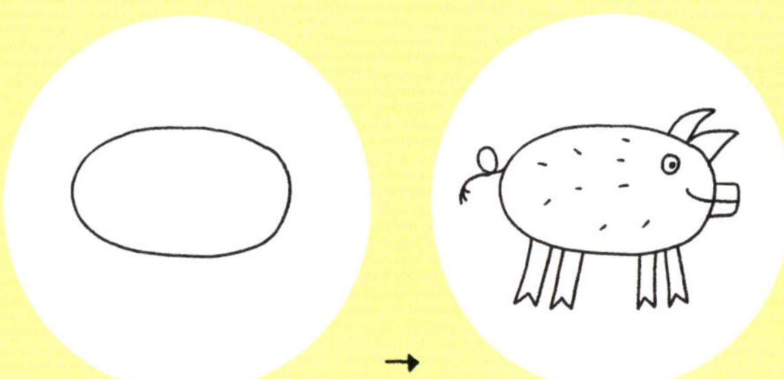

Schwein

Schaf

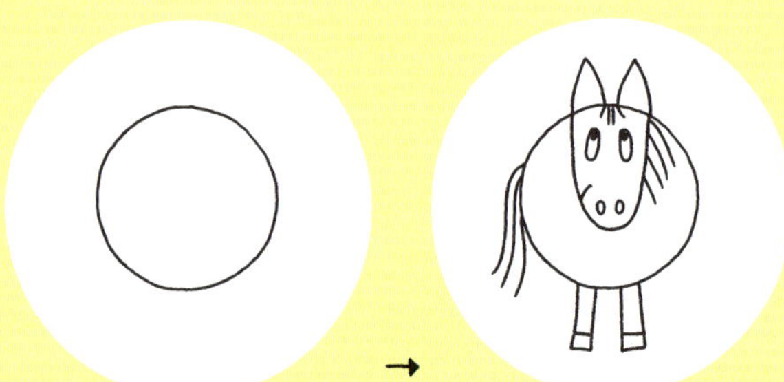

Pferd

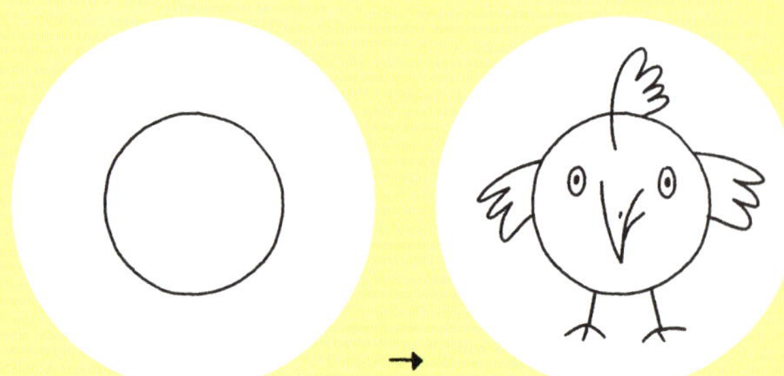

Huhn

Kuh

Esel

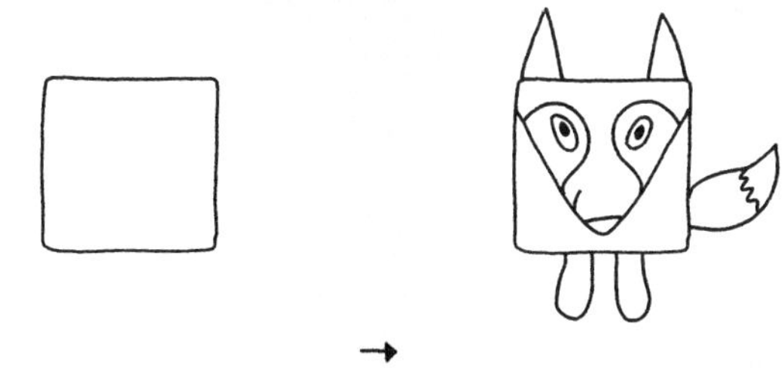

Fuchs

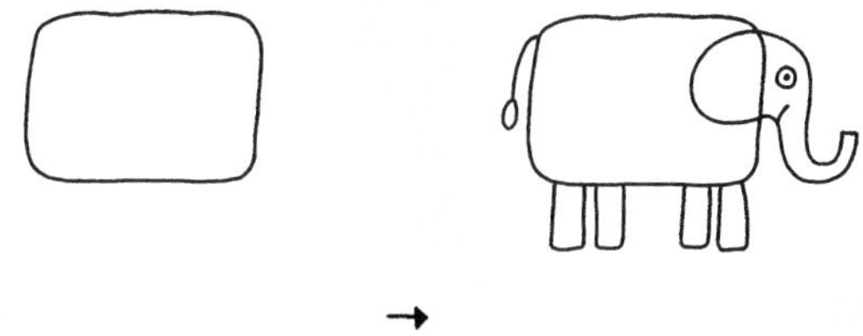

Elefant

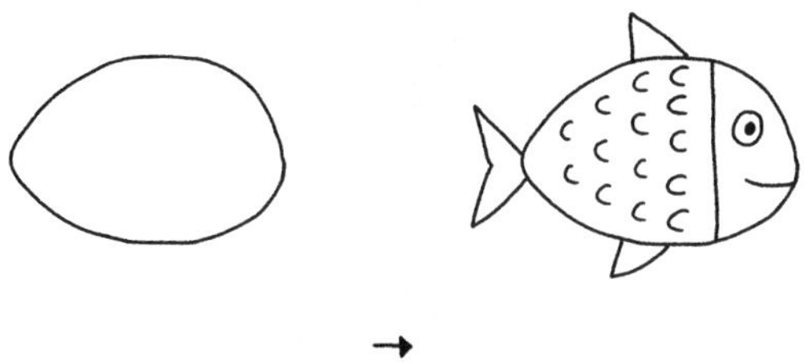

Fisch

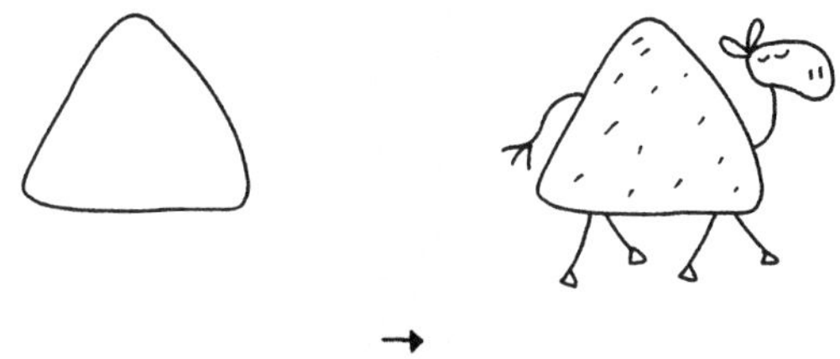

Kamel

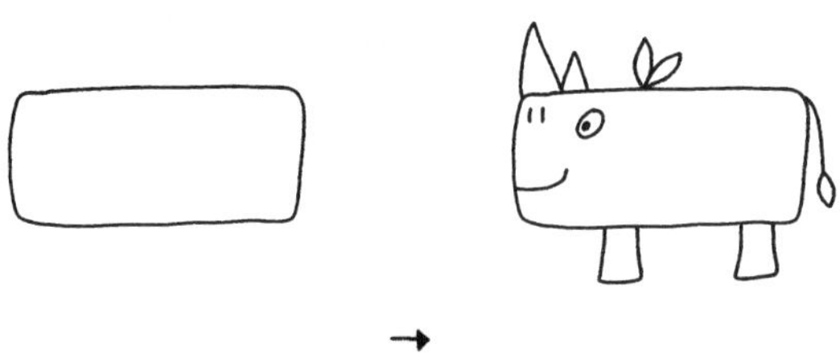

Nashorn

Tiger

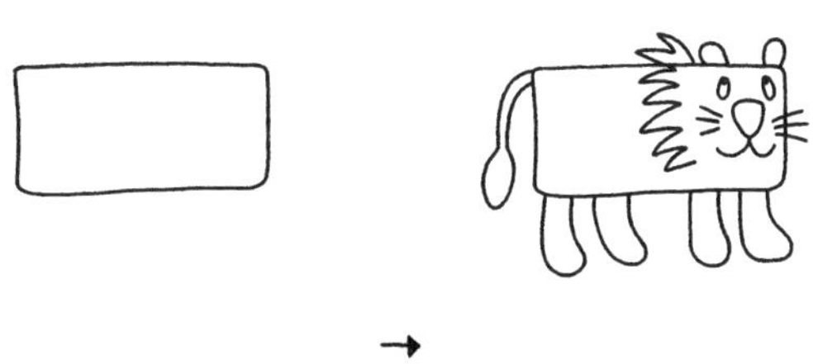

Löwe

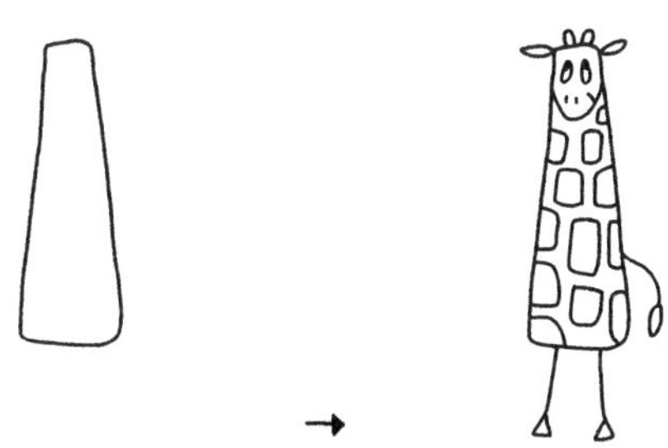

Giraffe

Schildkröte

Pinguin

Dromedar

Dahlie

Daunenjacke

Dampflok

Dachs

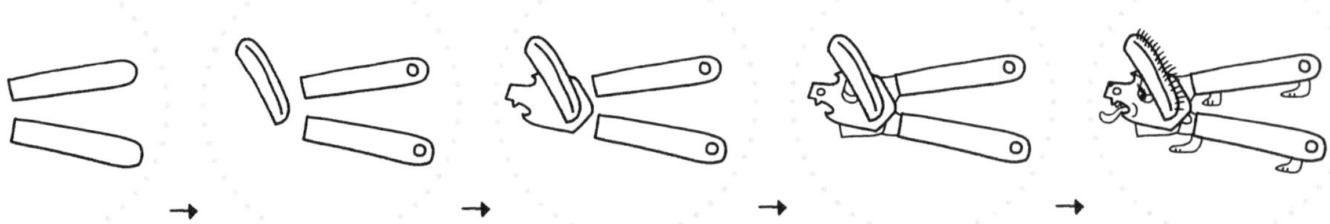

Dosenöffner

Drehorgel

Diva

Delfin

Dinosaurier

Dogge

Damenhandtasche

Dompteur

Dom

Damenkleid

Drehstuhl

Dampfnudel mit Vanillesoße

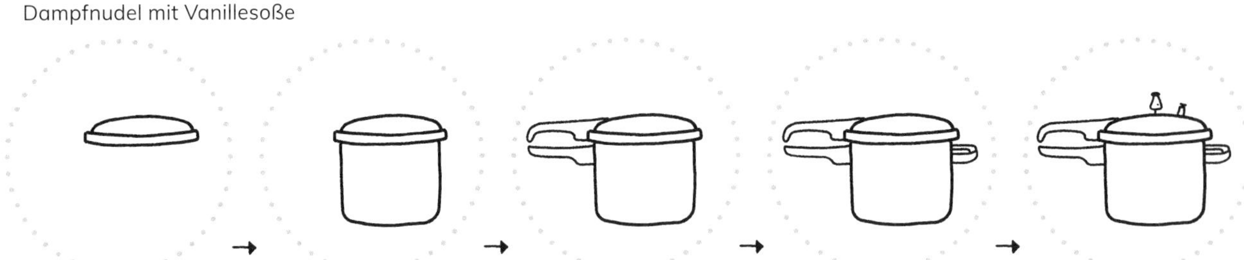

Dampfkochtopf

Damhirsch

Duschkopf

Dressurpferd

Damenfahrrad

Dreckspatz

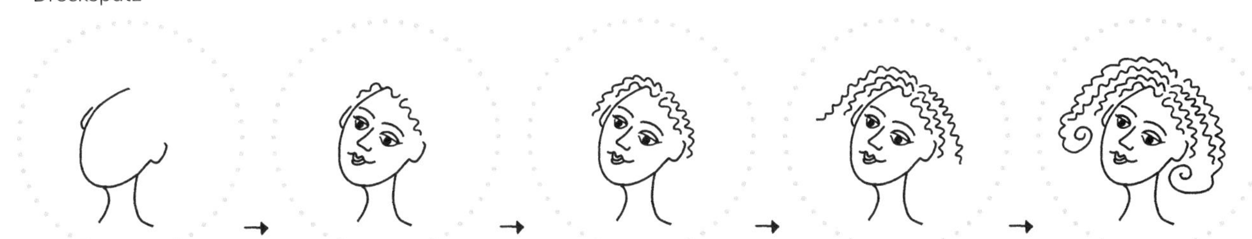

Dauerwelle

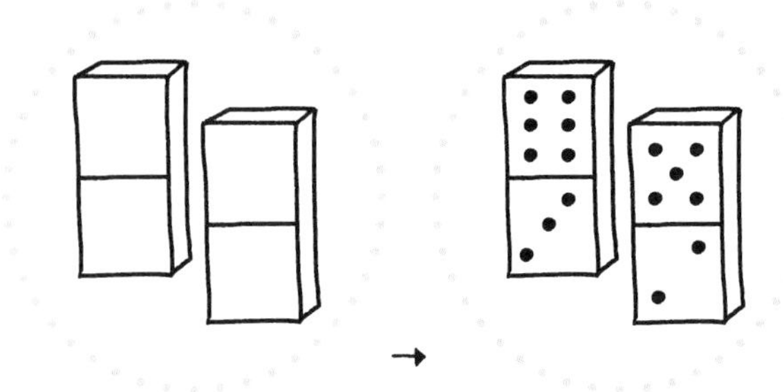

Dominostein

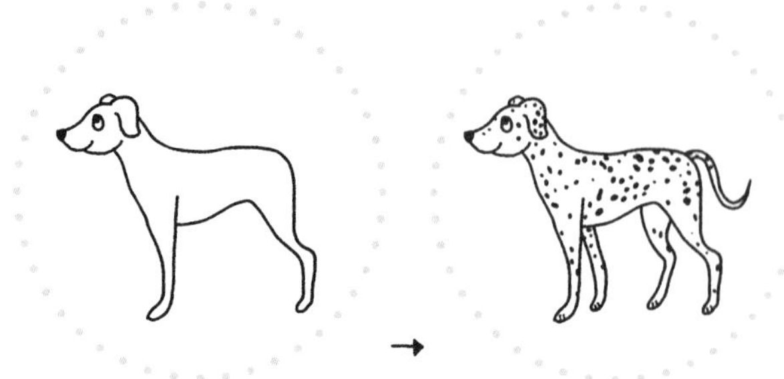

Dalmatiner

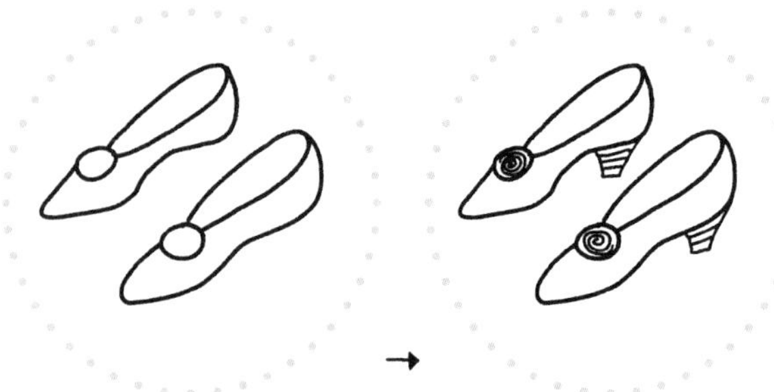

Damenschuhe

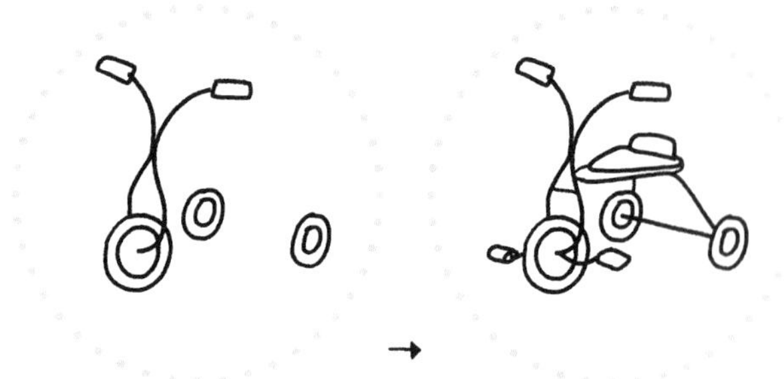

Dreirad

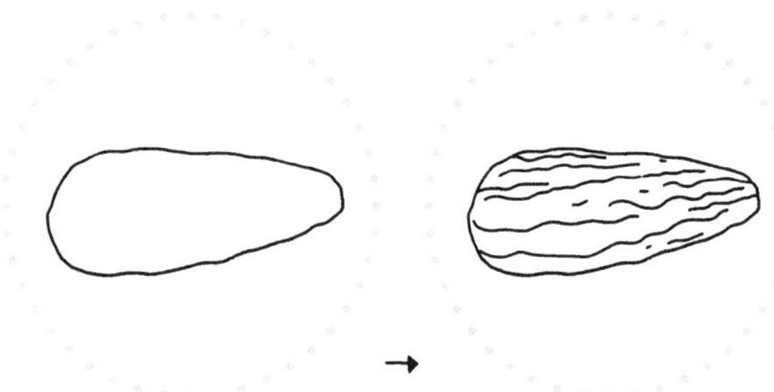

Dattel

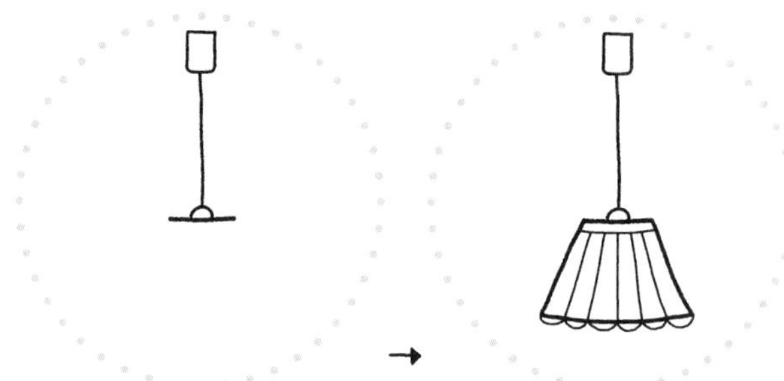

Deckenlampe

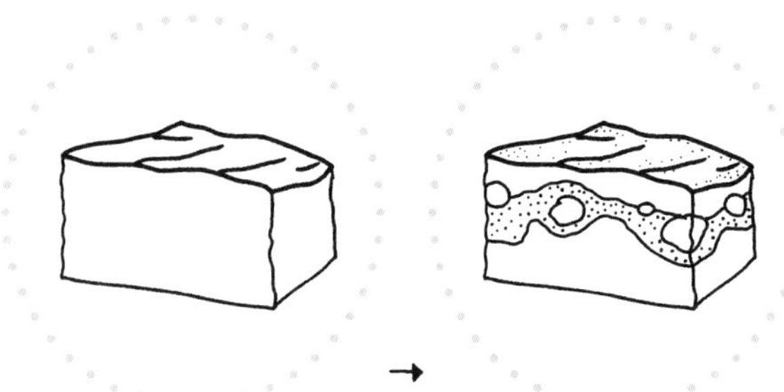

Donauwelle

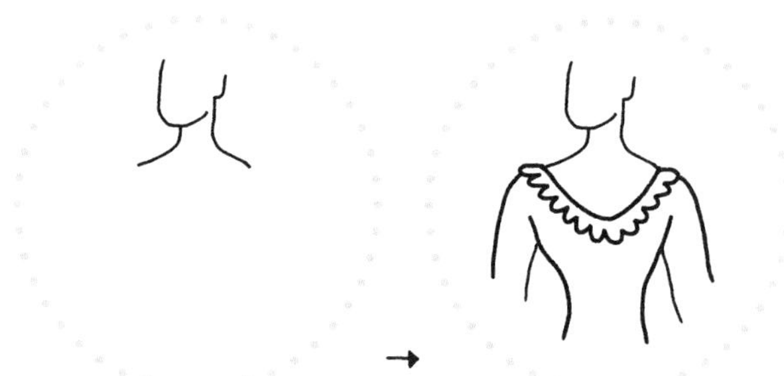

Dekolleté

Detektiv

Dankeskarte

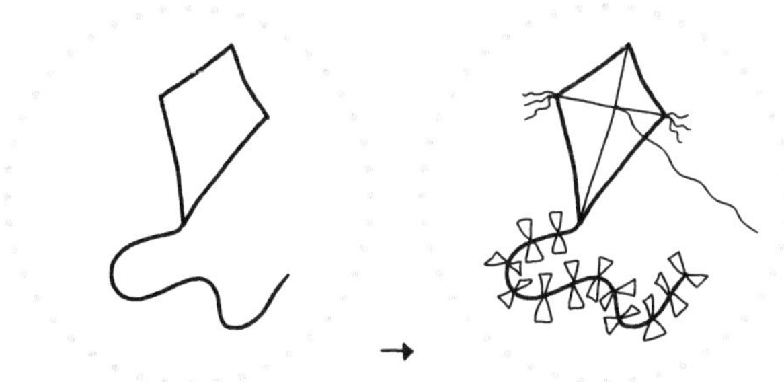

Drachen

Daumen

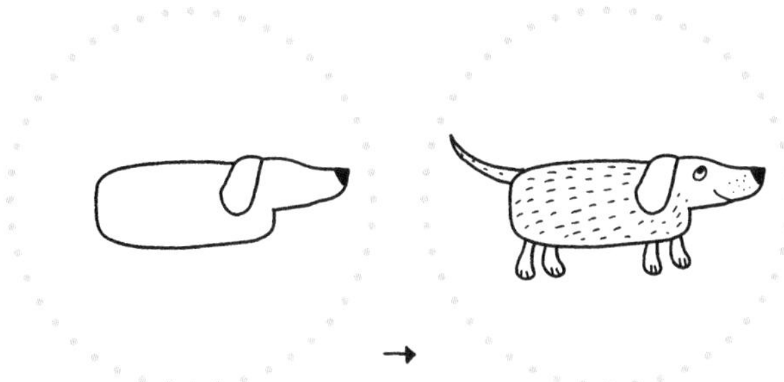

Dackel

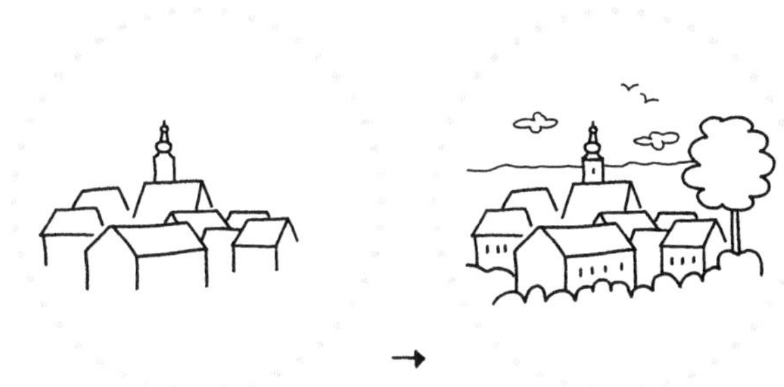

Dorf

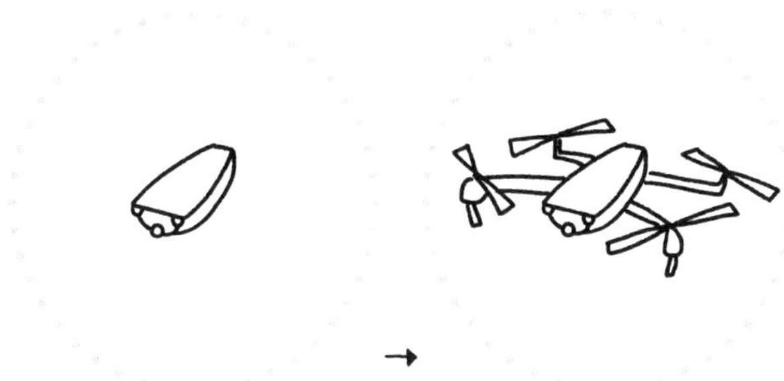

Drohne

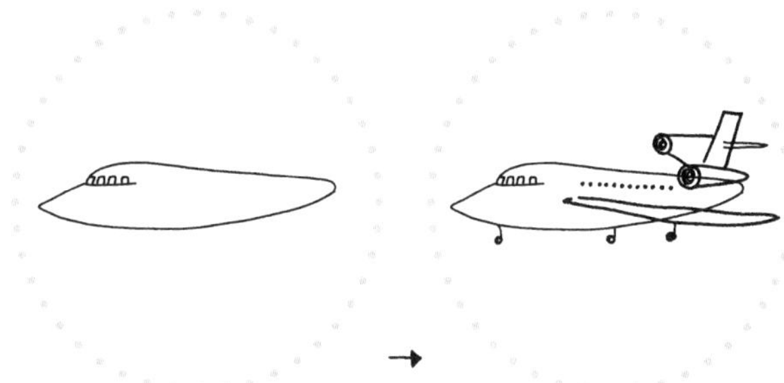

Düsenflugzeug

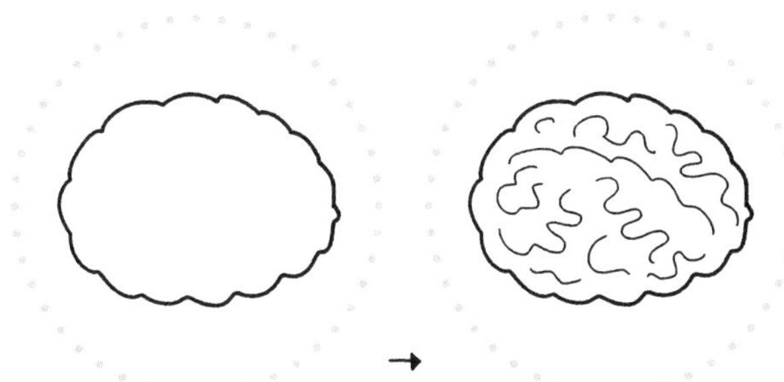

Denkorgan

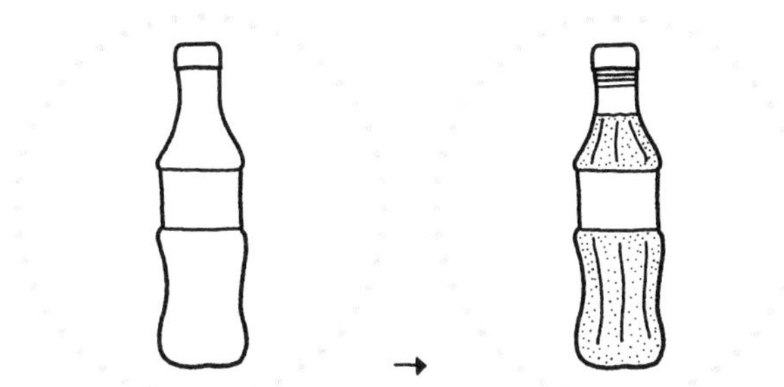

Dickmacher

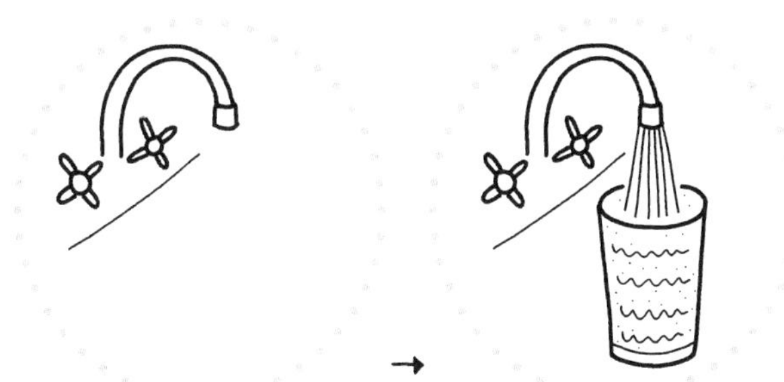

Durstlöscher

Dingo

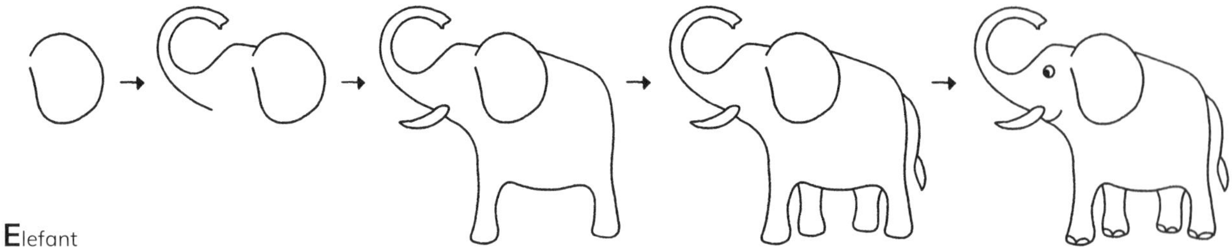

Elefant

Engel

Esel

Eis in der Waffel

Eisbecher

Eisbär

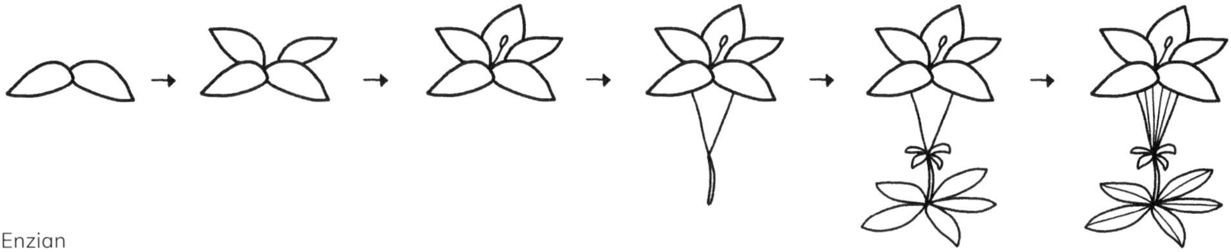

Enzian

Edelweiß

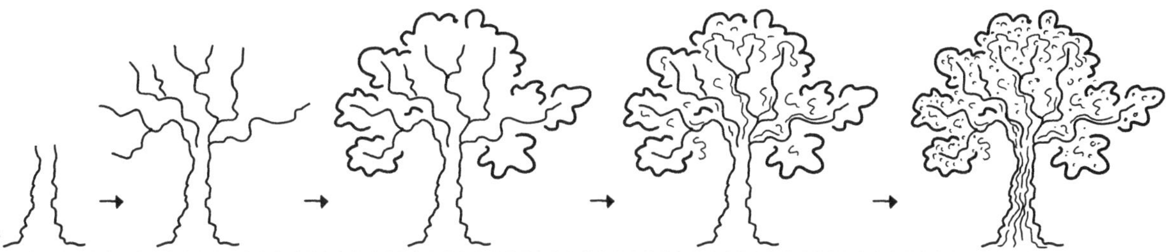

Eiche

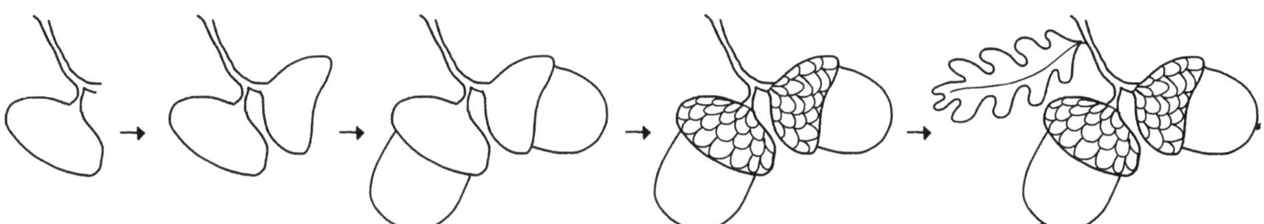

Eichel

Eichelhäher

Eichhörnchen

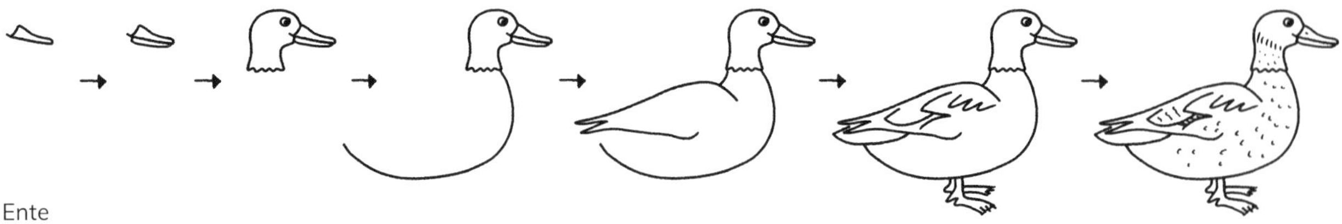

Ente

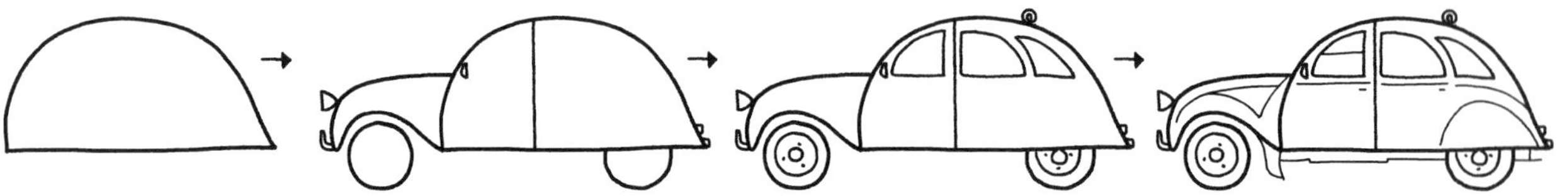

Ente 2CV

Emu

Elfe

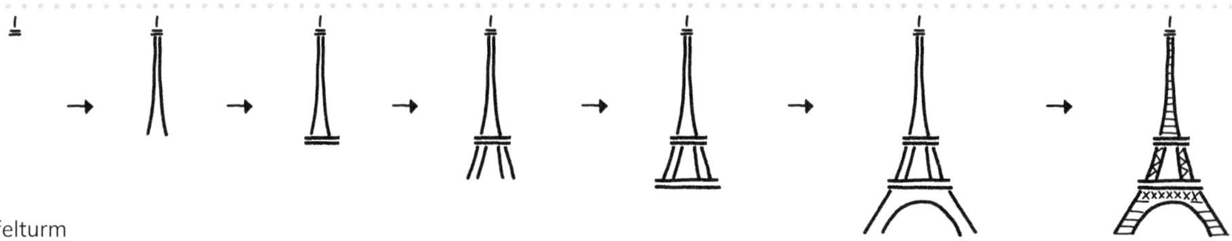

Eiffelturm

Eule

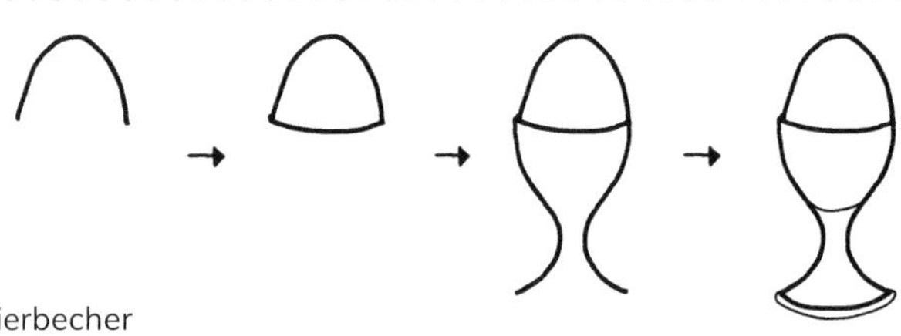

Eierbecher

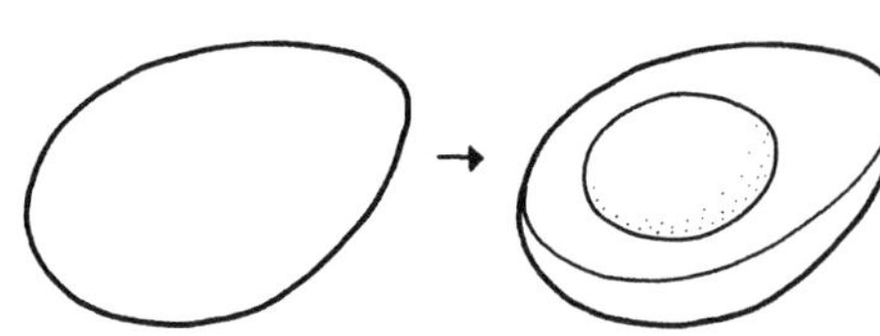

Ei

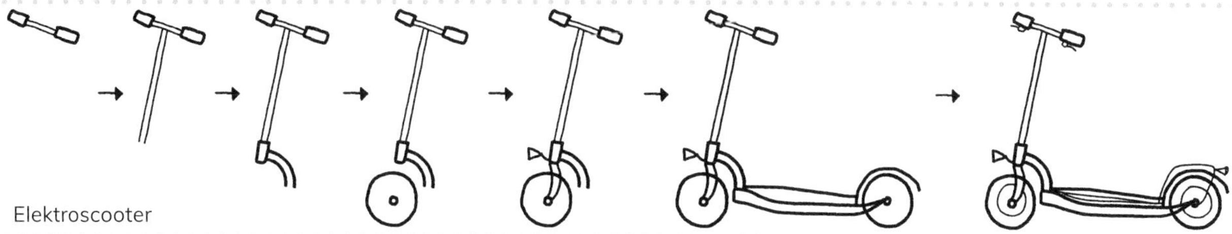

Elektroscooter

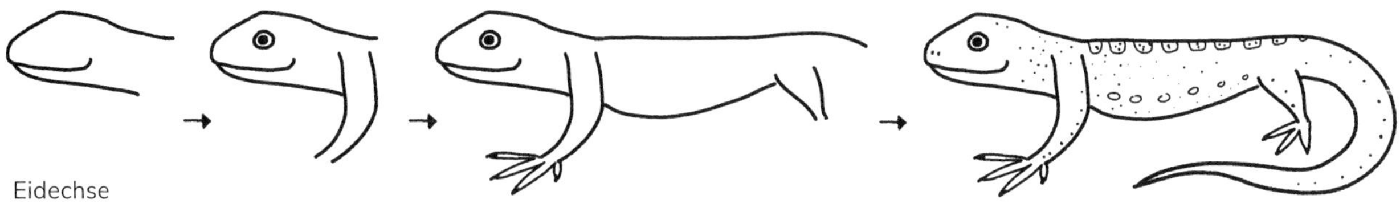

Eidechse

Eimer

Erstklässler*in

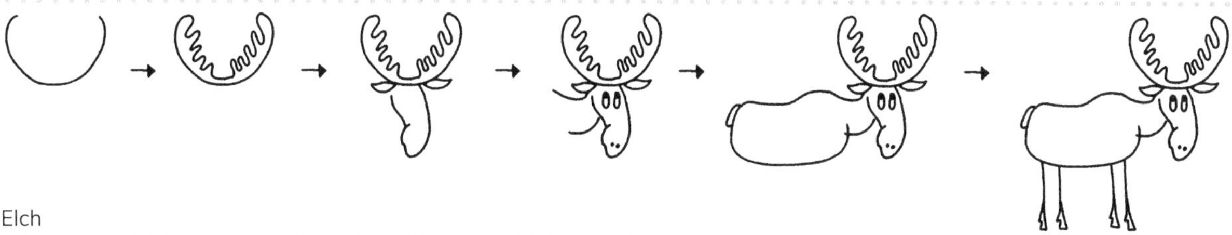

Elch

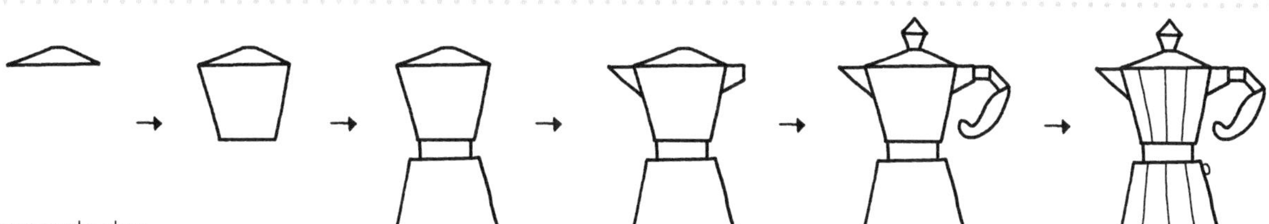

Espressokocher

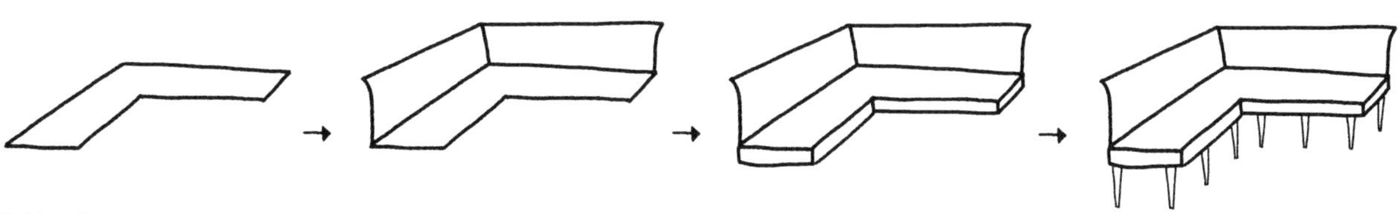

Eckbank

Eisenbahn

Eisenbahnbrücke

Einbrecher*in

Einkaufstasche

Einhorn

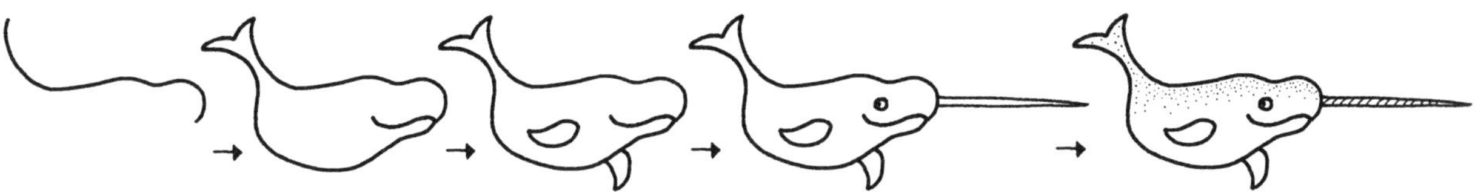

Einhornwal

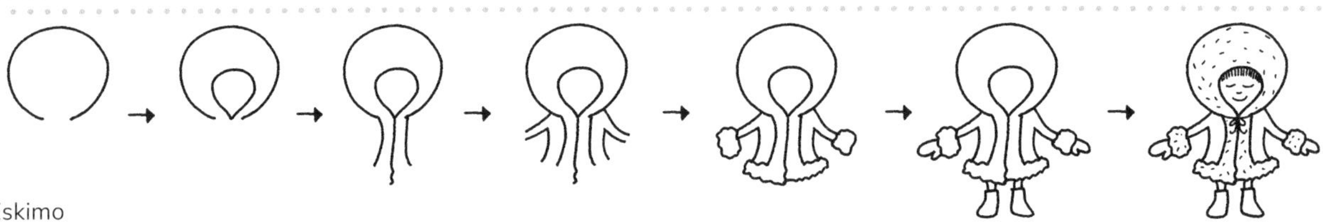

Eskimo

Expander

Erdbeere

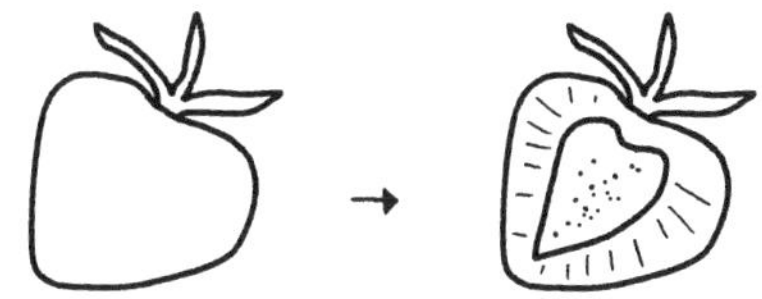

Erdbeere aufgeschnitten

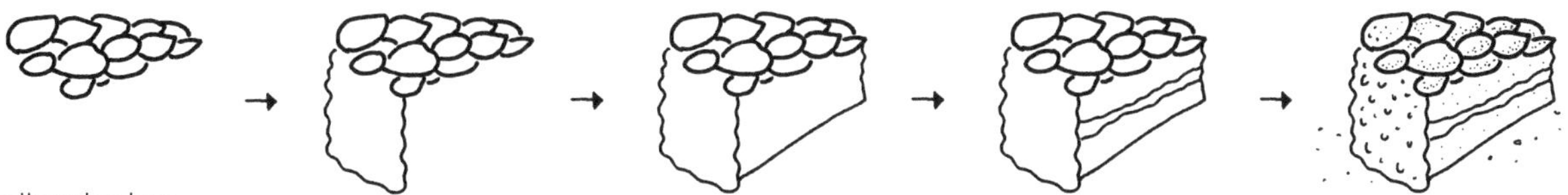

Erdbeerkuchen

Essiggurke

Erzbischof

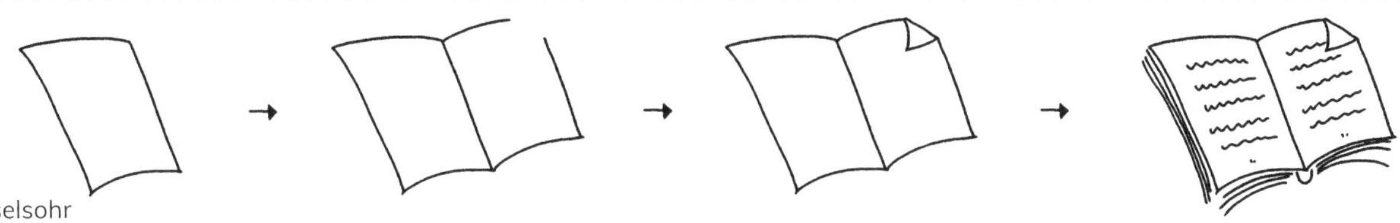

Eselsohr

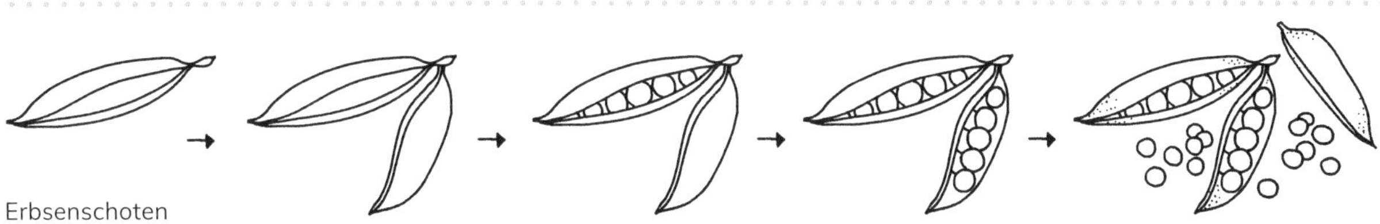

Erbsenschoten

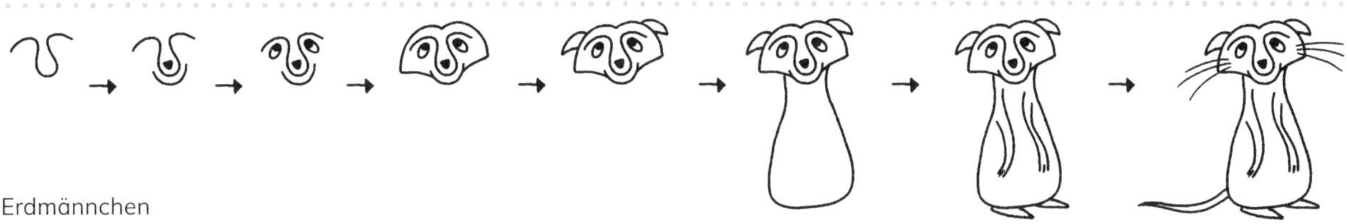

Erdmännchen

Einmachglas

RUND UM DIE SCHULE

Von Schultüten, Stiften, Heften und Büchern bis hin zur Schultasche und dem Pausenbrot – wir zeichnen (fast) alles, was man für die Schule braucht.

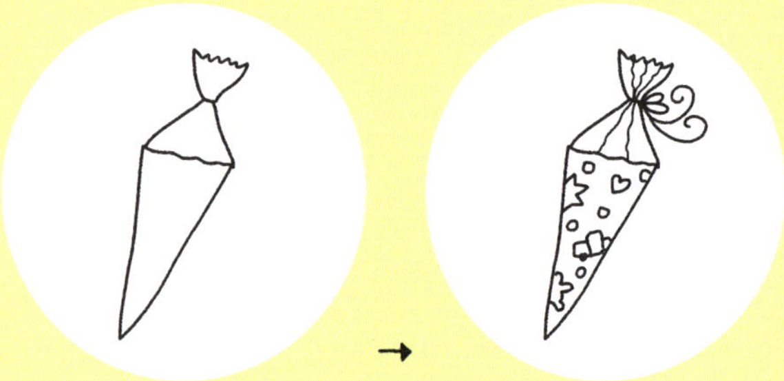

Schultüte

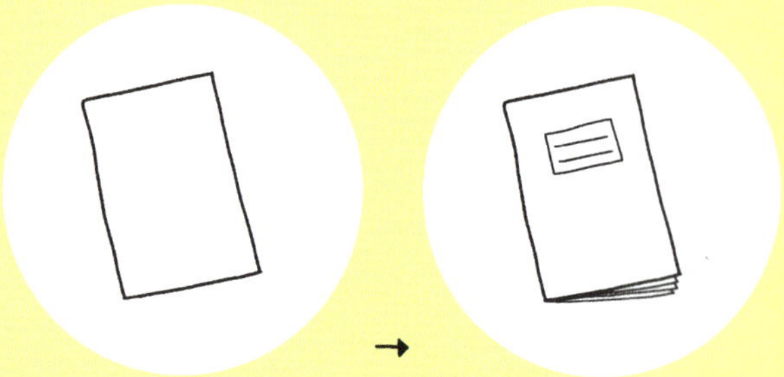

Heft

Buch

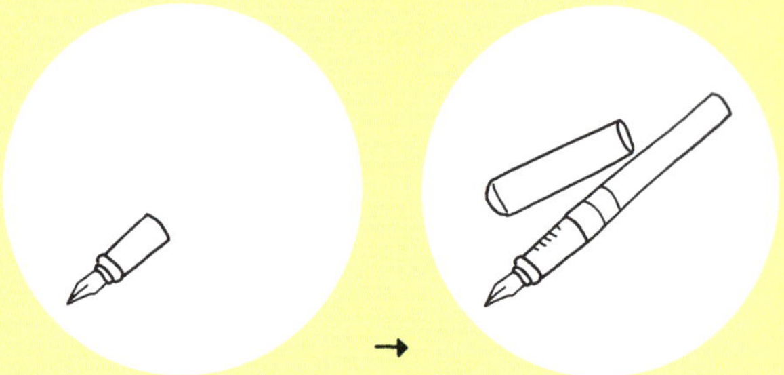

Füller

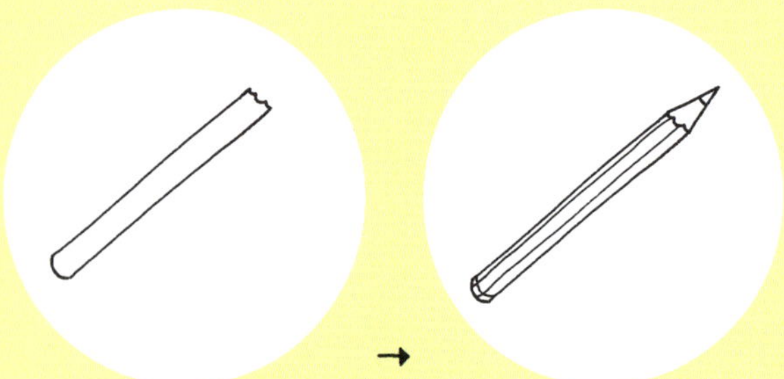

Bleistift

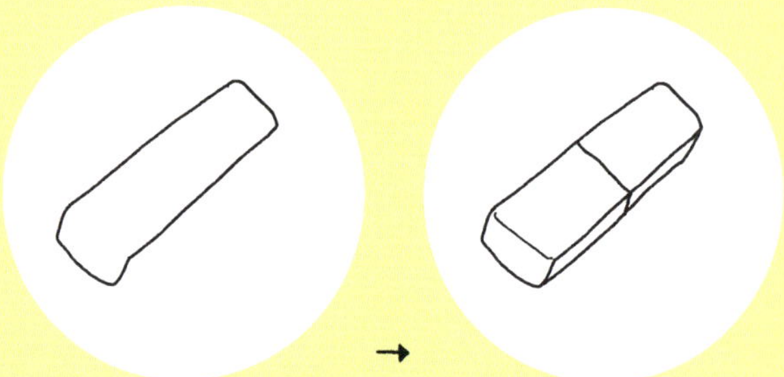

Radiergummi

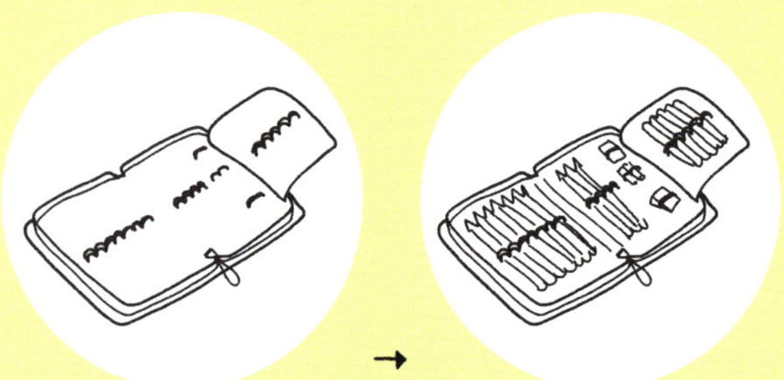

Federmäppchen

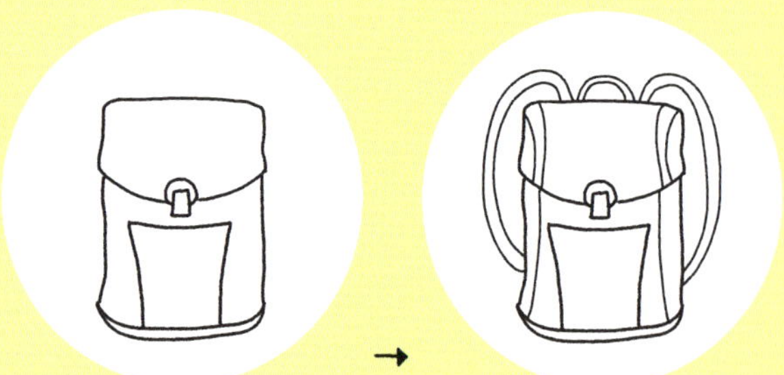

Schultasche

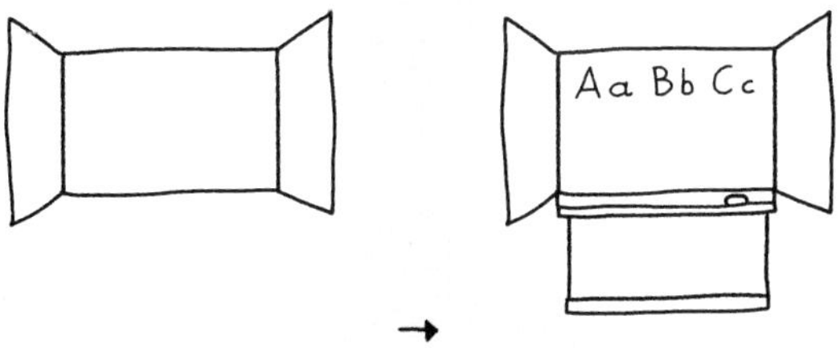

Schultafel

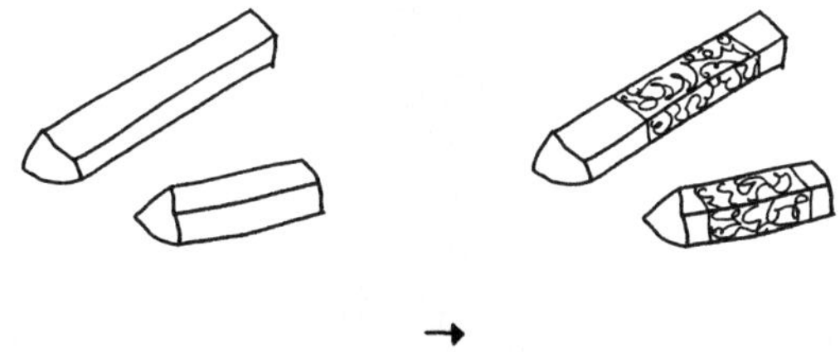

Kreide

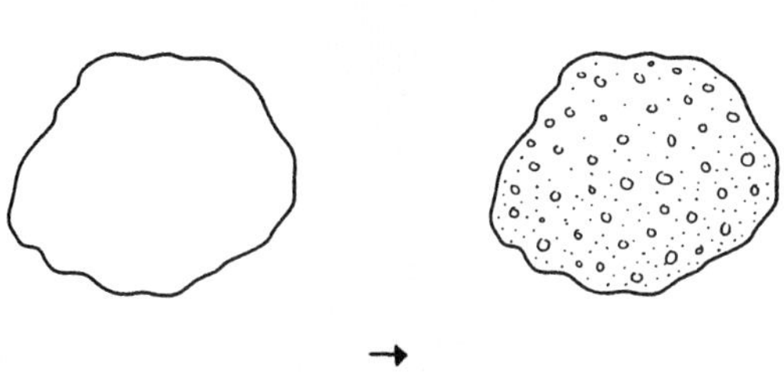

Tafelschwamm

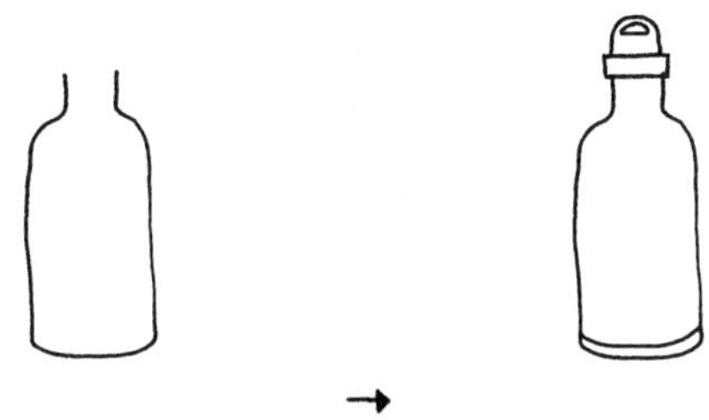

Trinkflasche

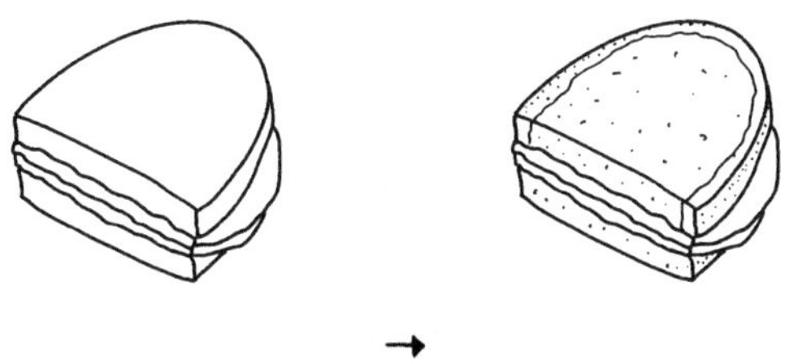

Pausenbrot

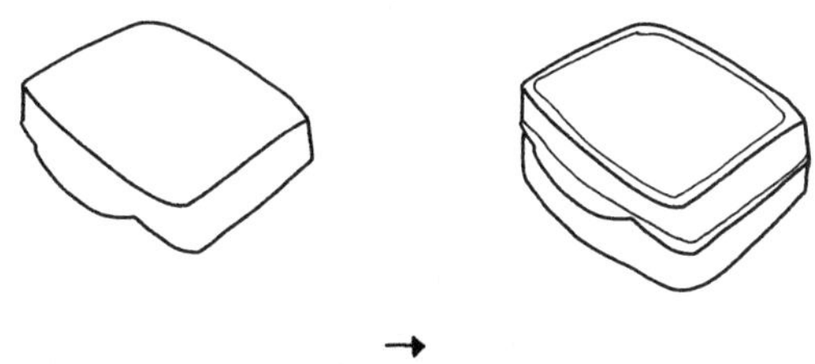

Brotbox

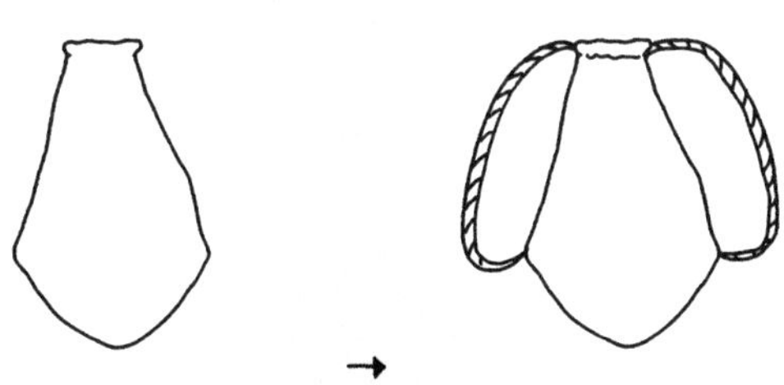

Turnbeutel

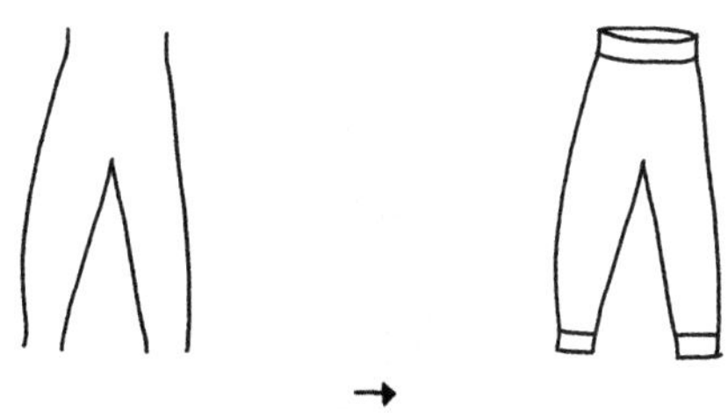

Turnhose

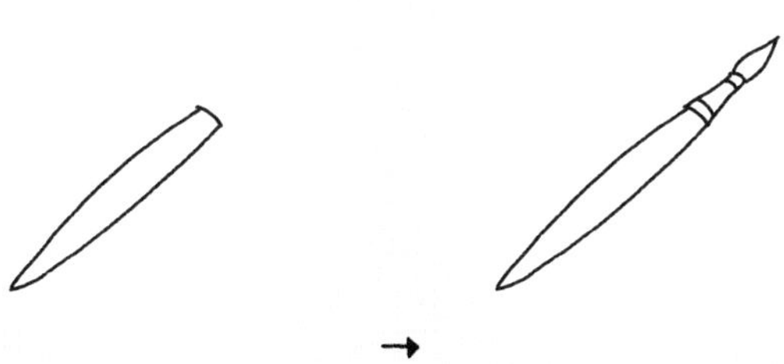

Pinsel

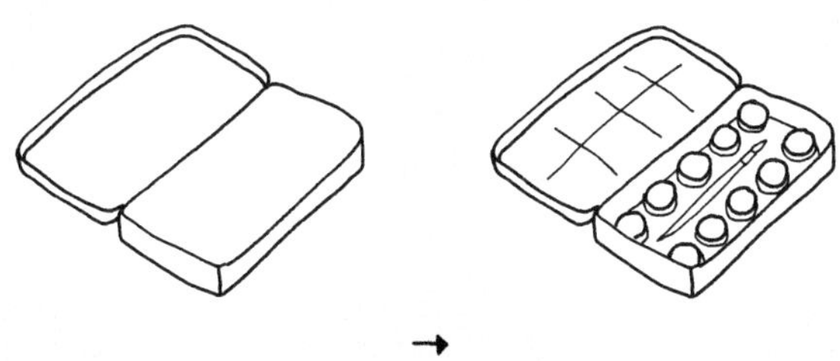

Malkasten

Ferrari

Fuchs

Fichte

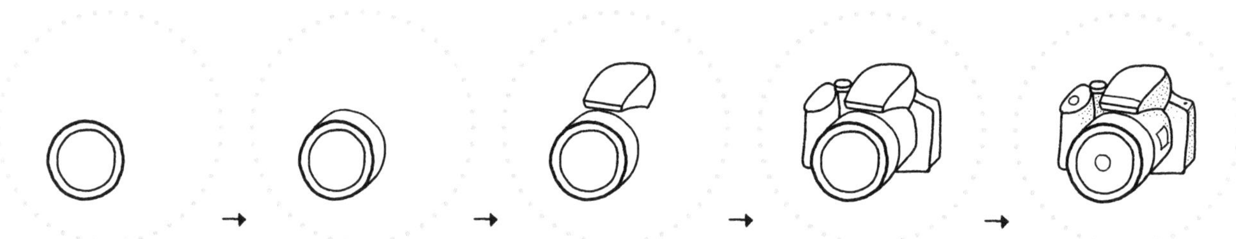

Fotoapparat

Flaschenöffner

Frettchen

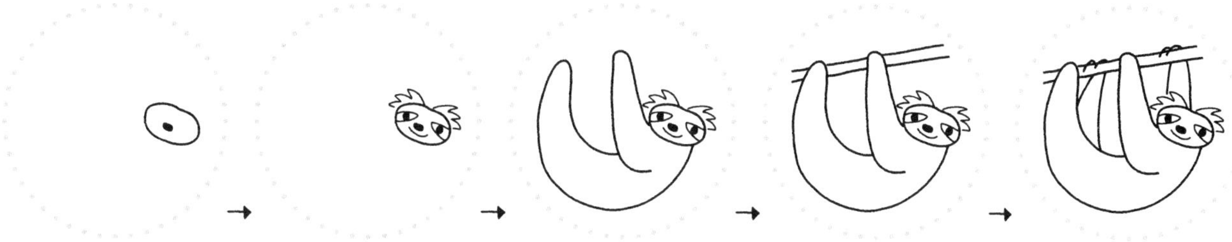

Faultier

Fink

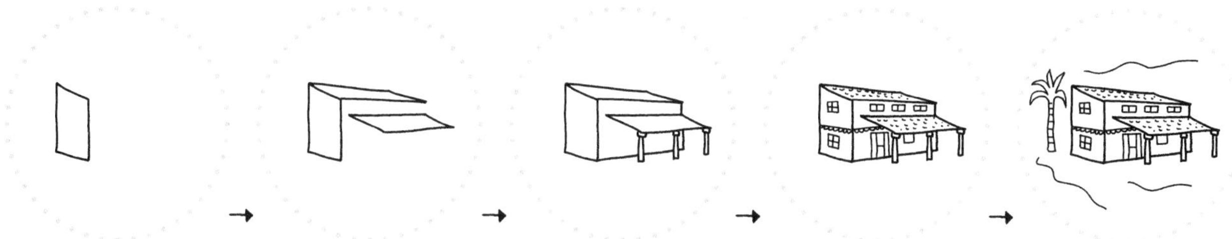

Finca

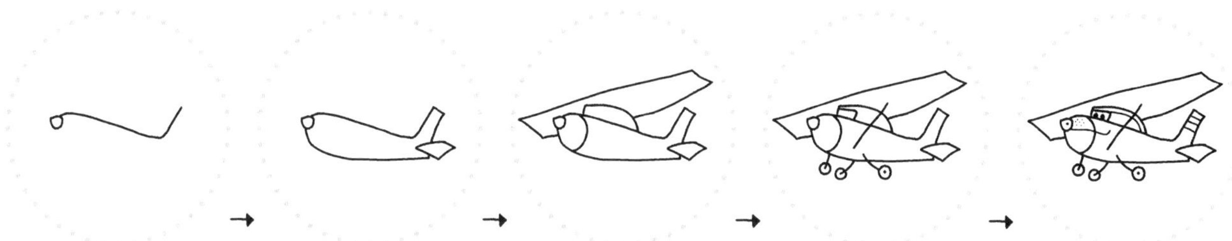

Flugzeug

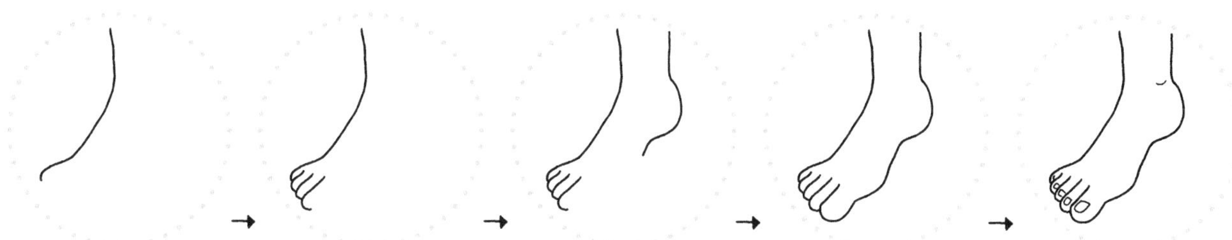

Fuß

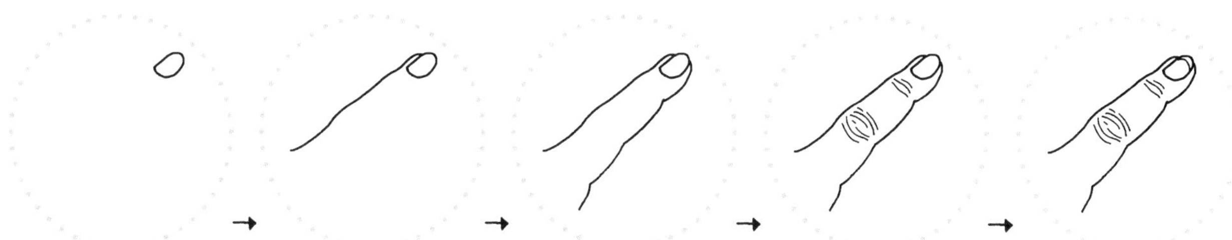

Finger

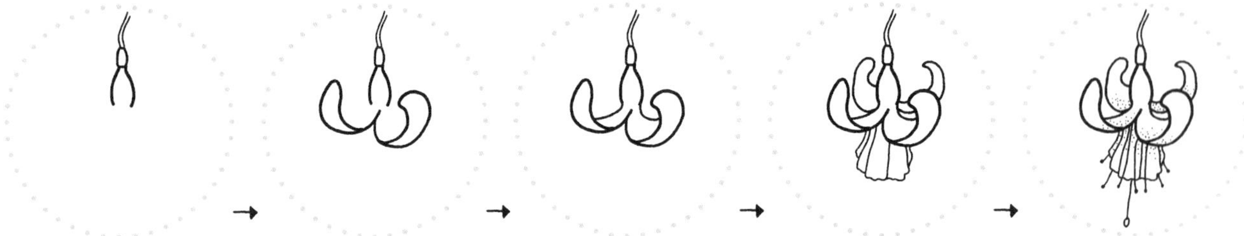

Fuchsie

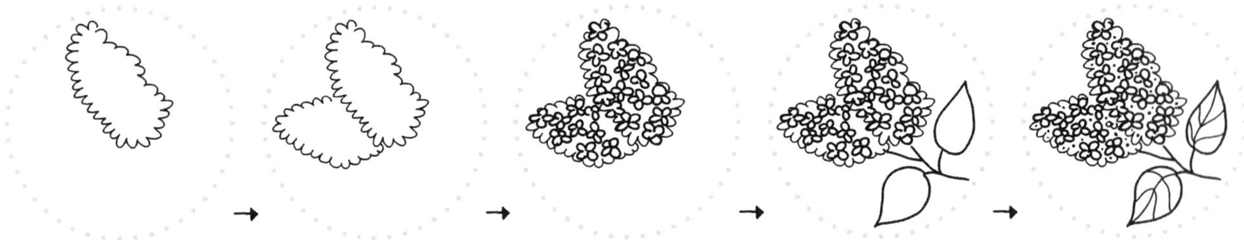

Flieder

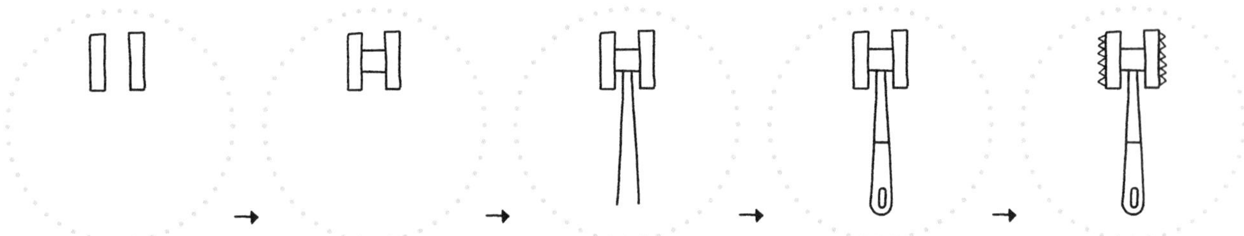

Fleischklopfer

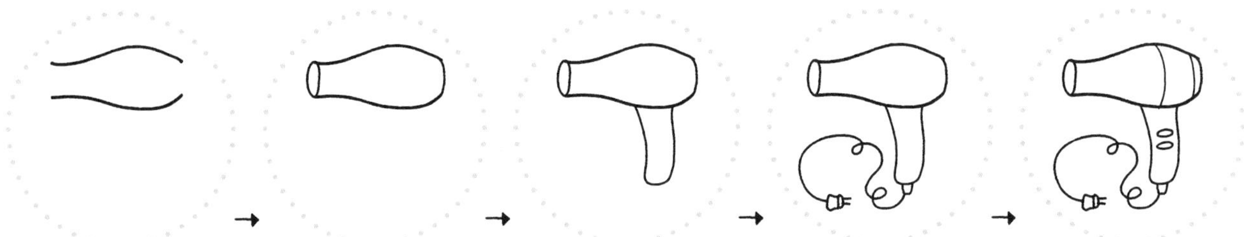

Föhn

Feigenblatt

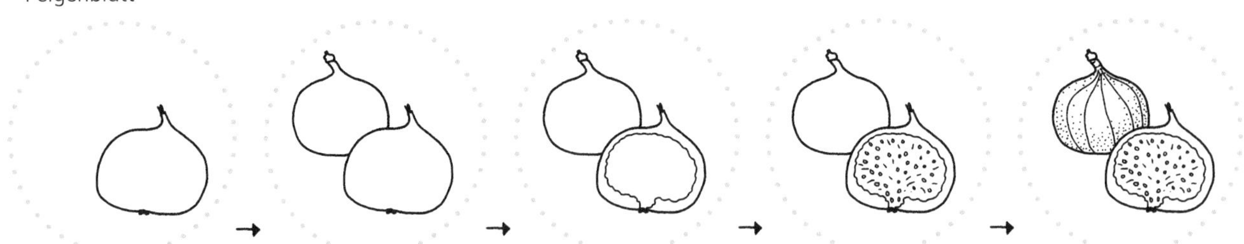

Feige

Fisch

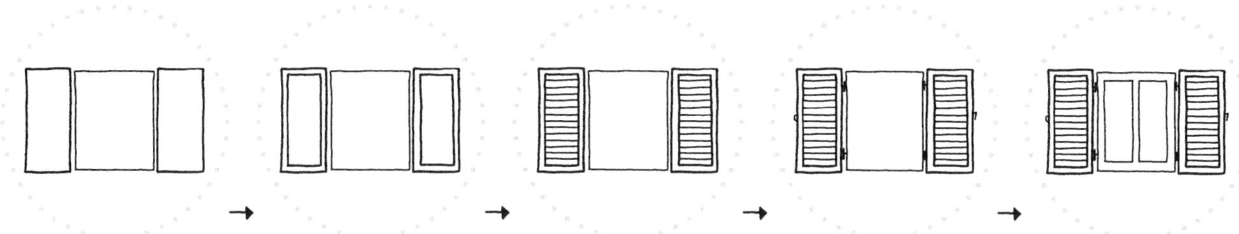

Fensterladen

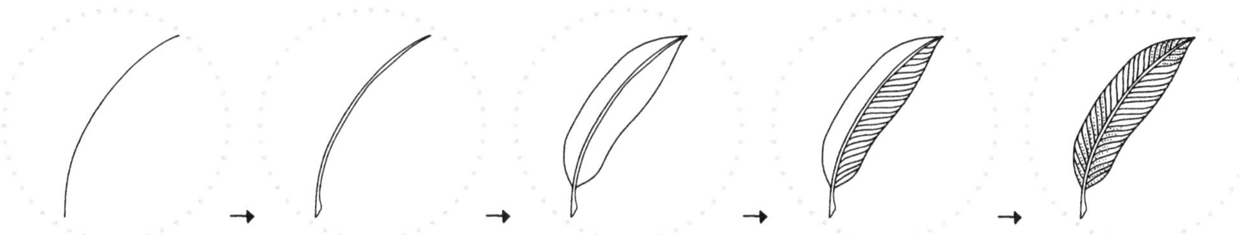

Feder

Feuerwehrauto

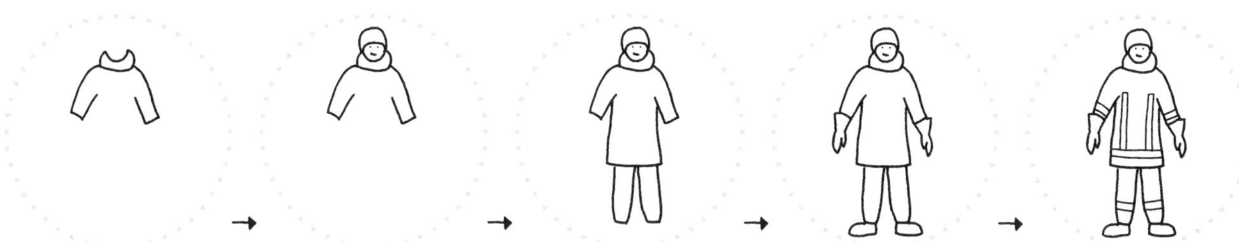

Feuerwehrmann*frau

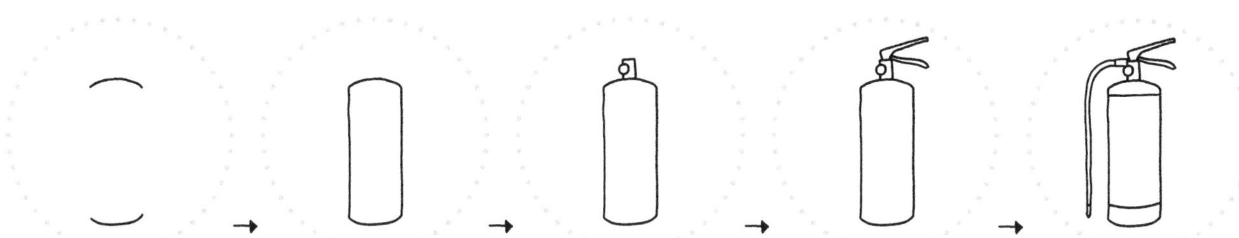

Feuerlöscher

Frosch

Fee

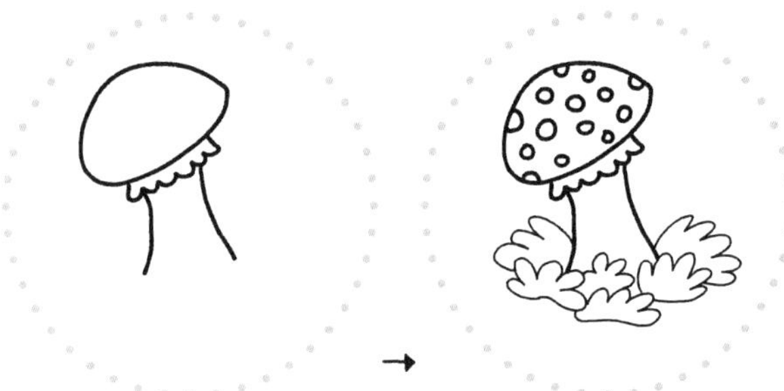

Fliegenpilz

Flamingo

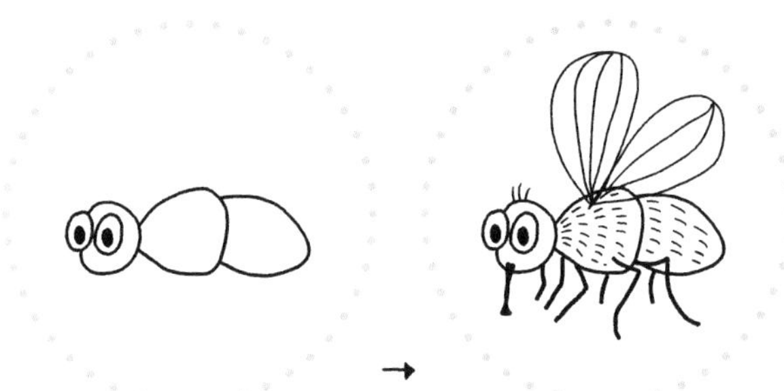

Fliege

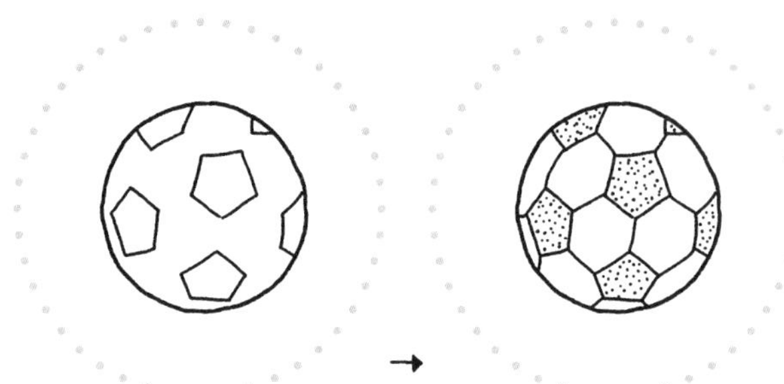

Fußball

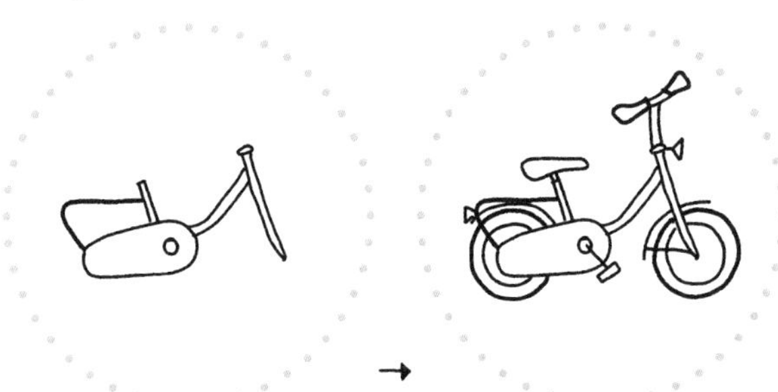

Fahrrad

Fledermaus

Feldmaus

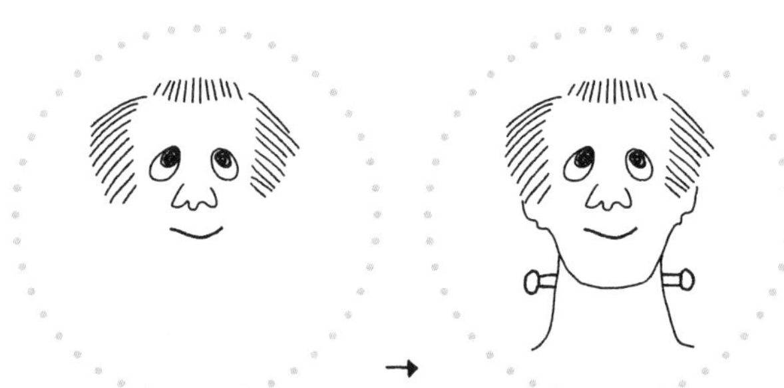

Frankensteins Monster

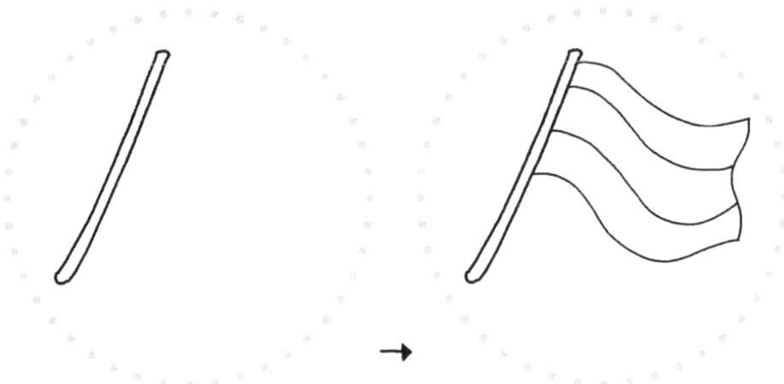

Flagge

Frack

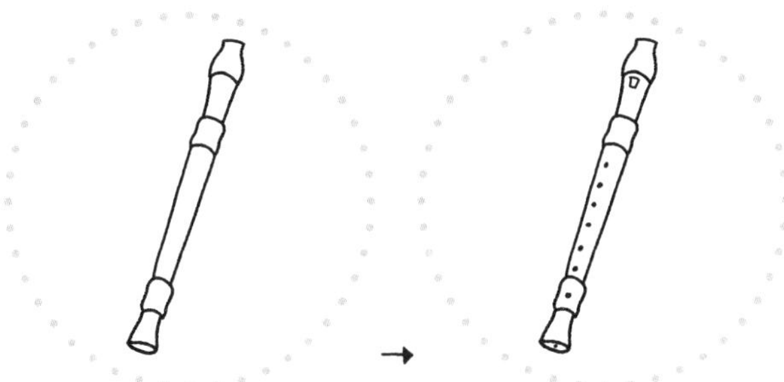

Flöte

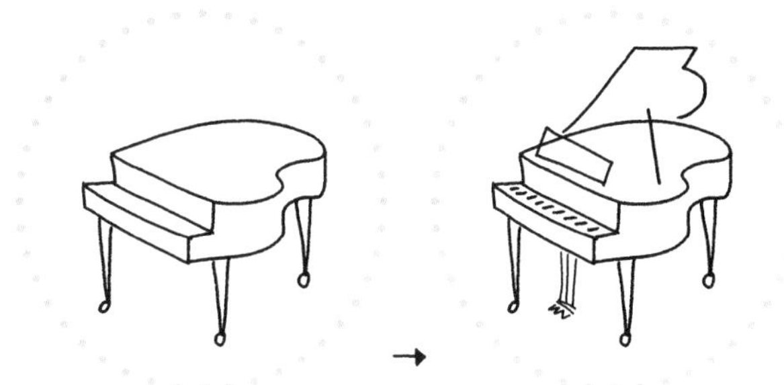

Flügel

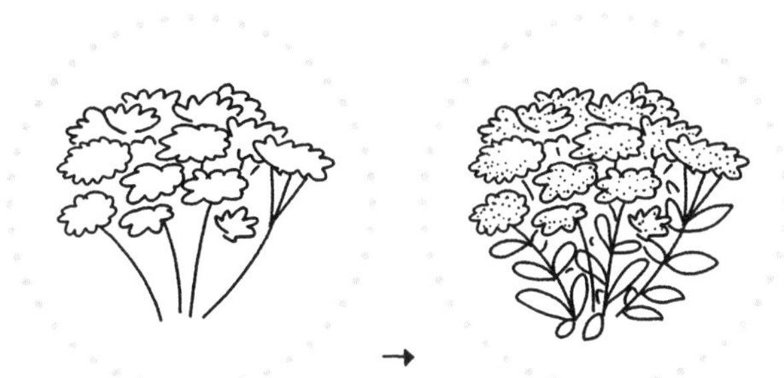

Fetthenne

Fernseher

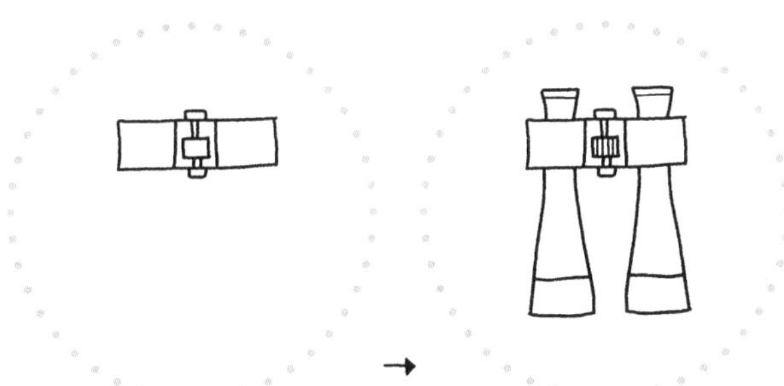

Fernglas

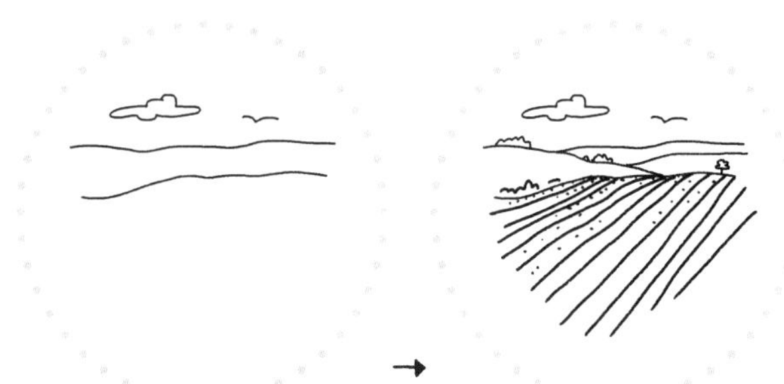

Feld

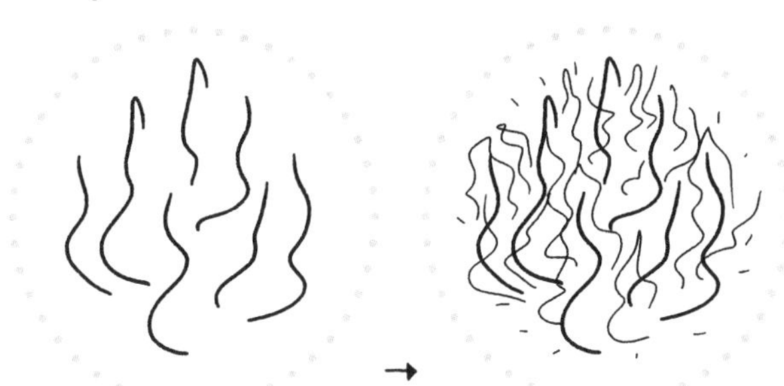

Feuer

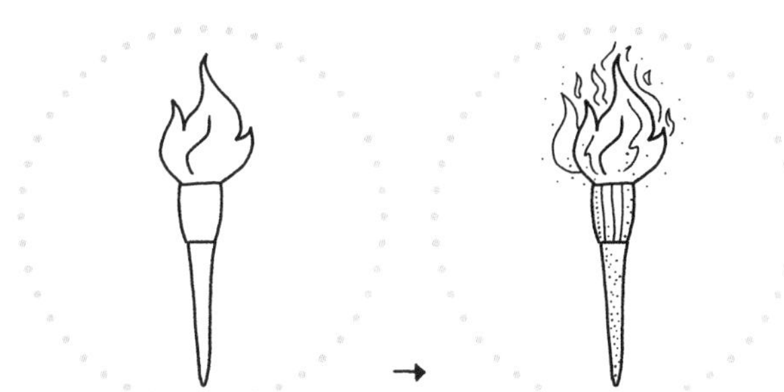

Fackel

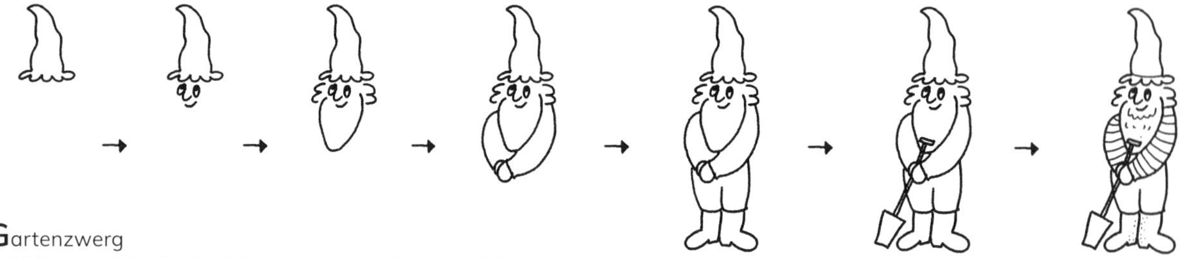

Gartenzwerg

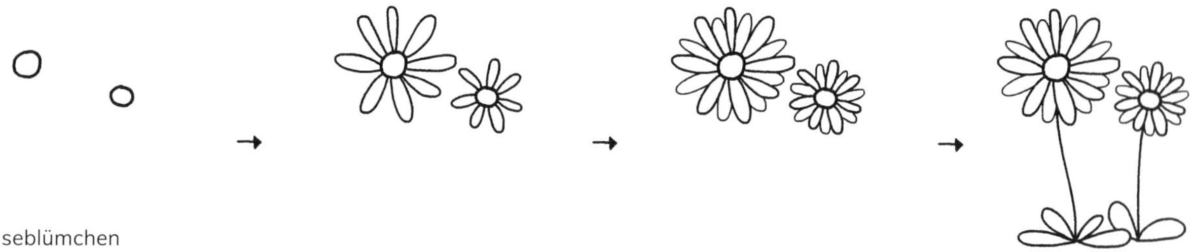

Gänseblümchen

Gans

Geranie

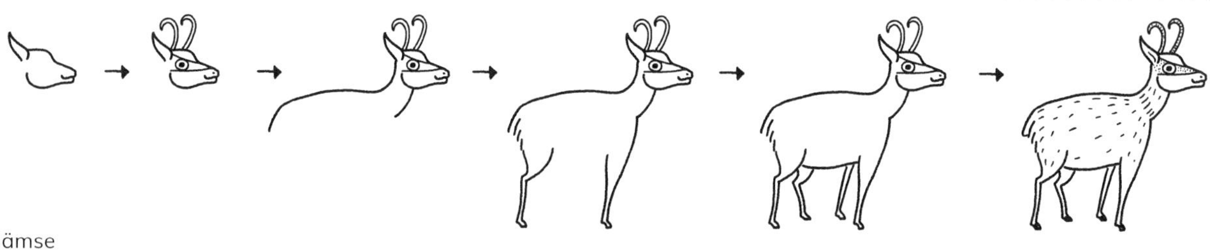

Gämse

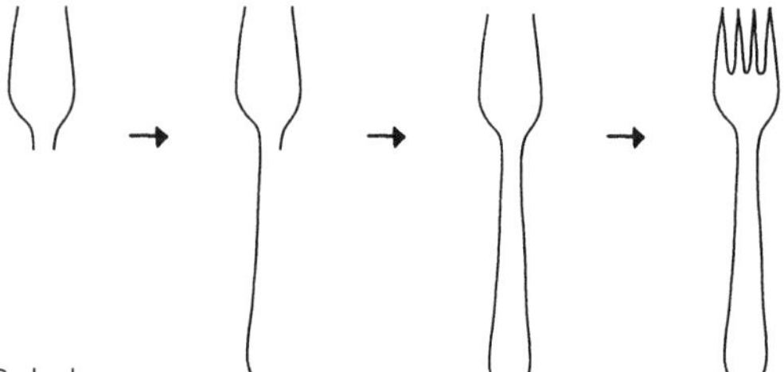

Gabel

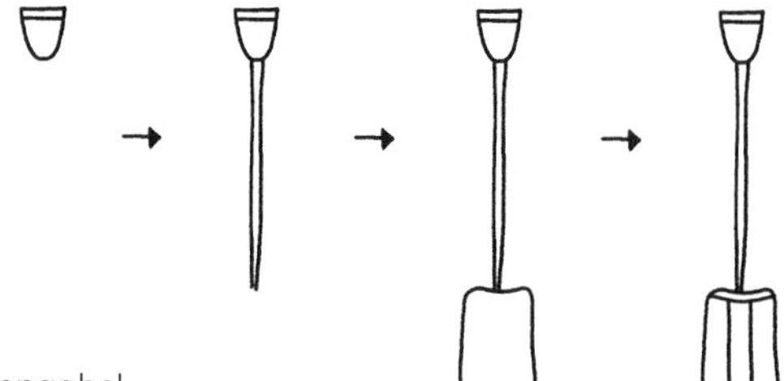

Gartengabel

Geburtstagstorte

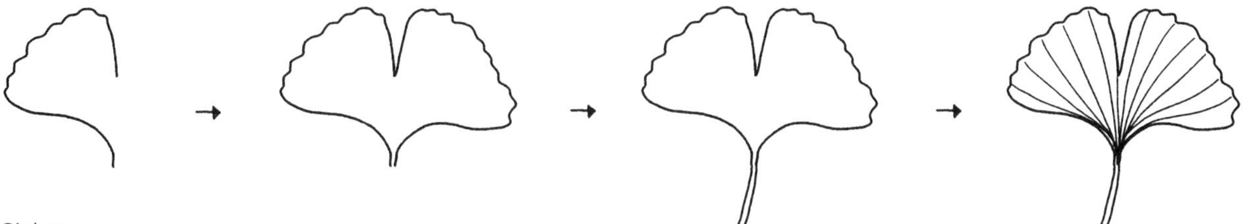

Ginkgo

Gewitter

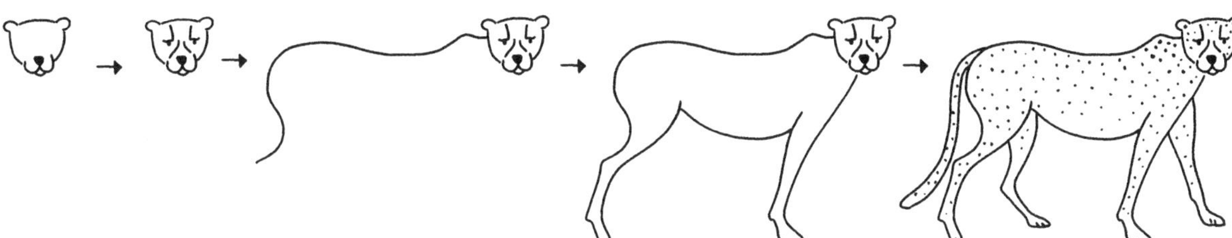

Gepard

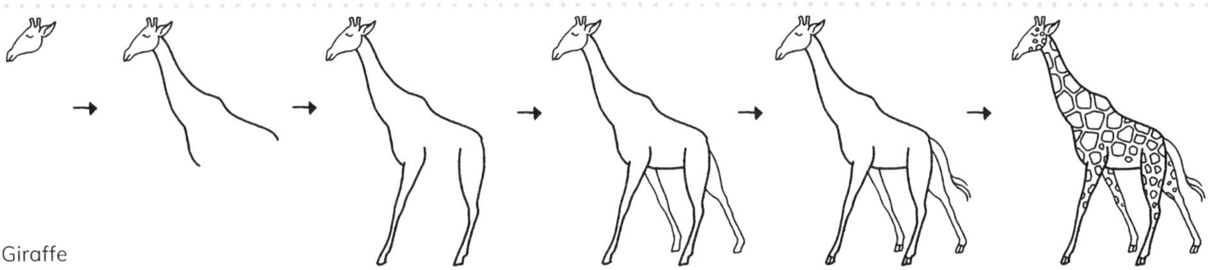

Giraffe

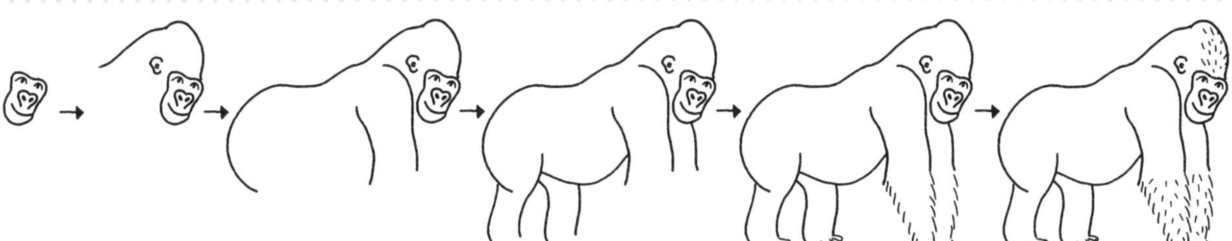

Gorilla

Geier

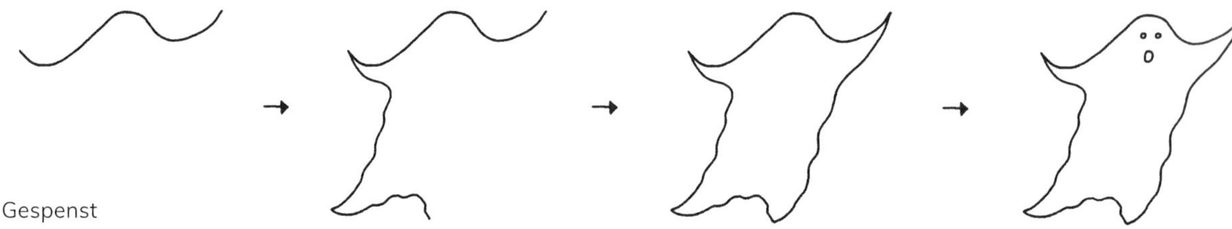

Gespenst

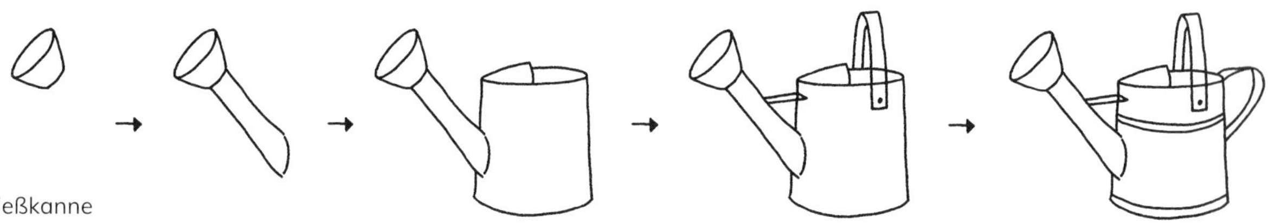

Gießkanne

Geländewagen

Gabelstapler

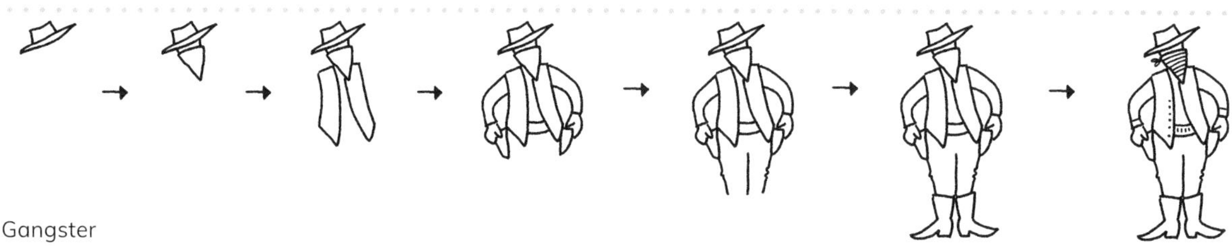

Gangster

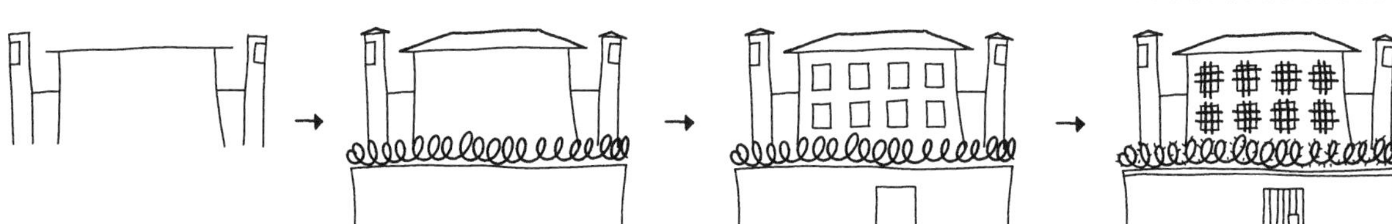

Gefängnis

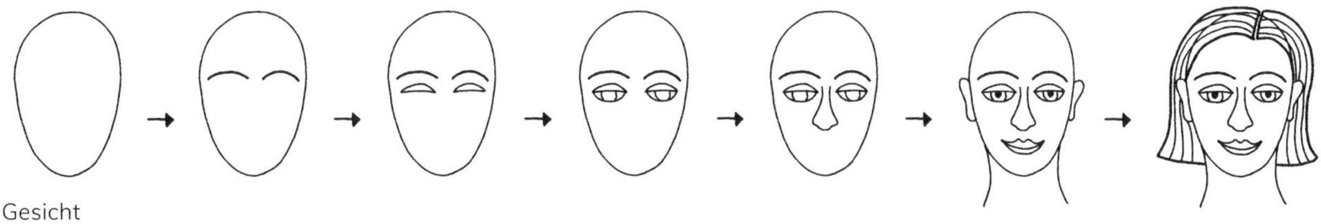

Gesicht

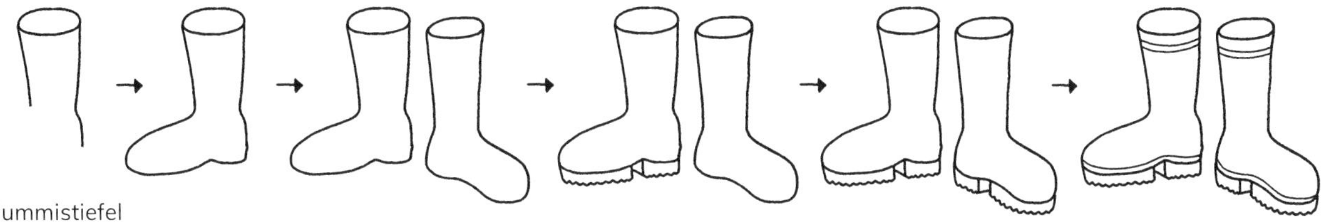

Gummistiefel

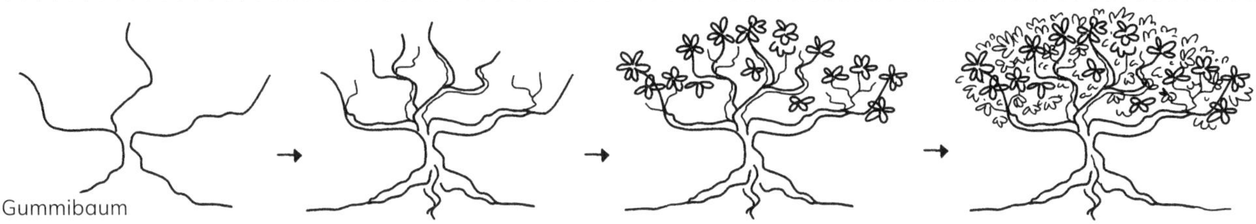

Gummibaum

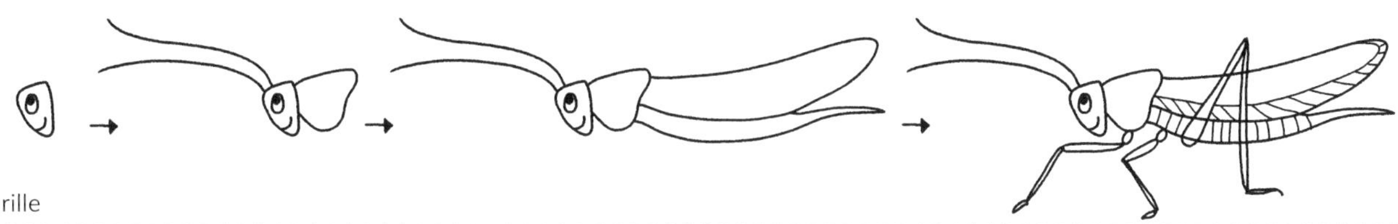

Grille

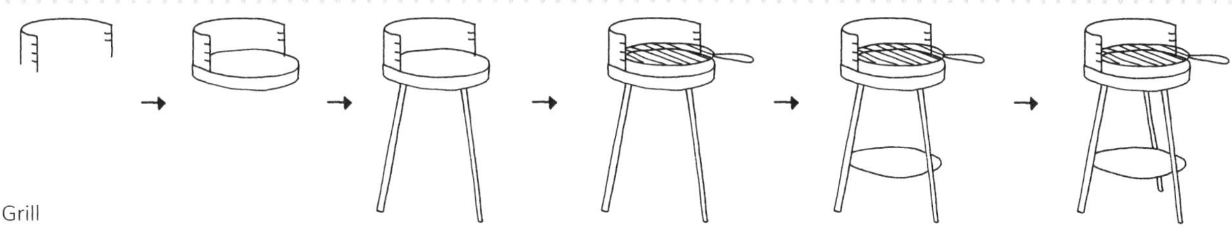

Grill

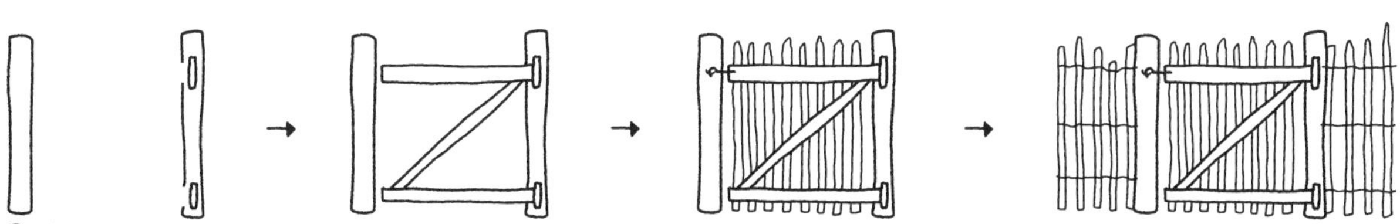

Gartenzaun

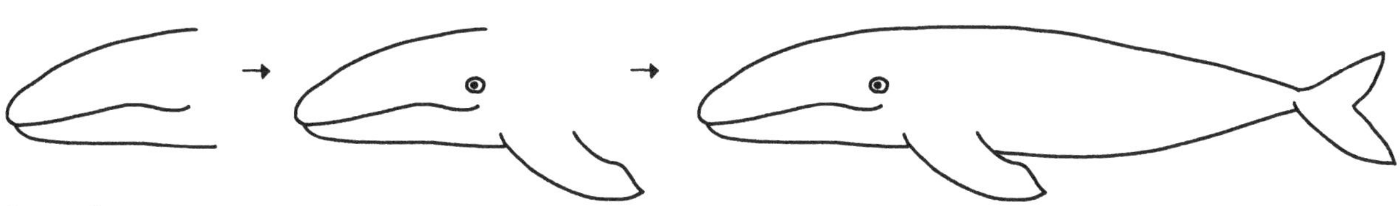

Grauwal

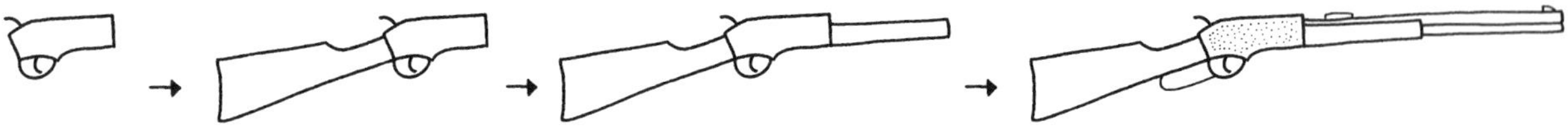

Gewehr

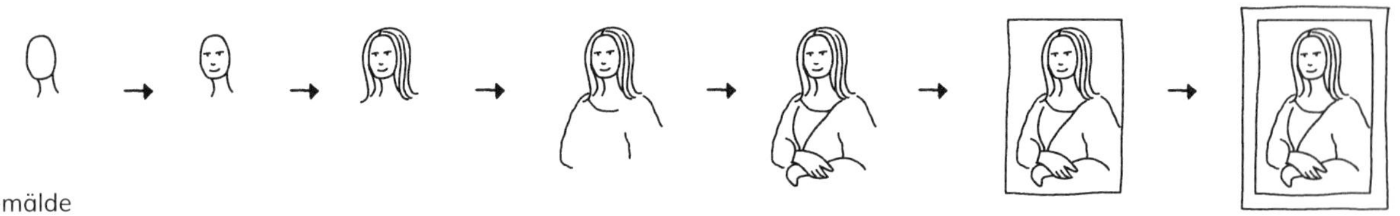

Gemälde

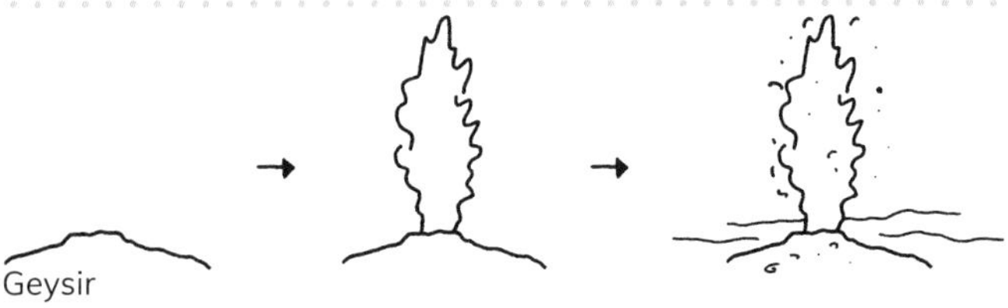

Geysir

Gelfrisur

Grasmücke

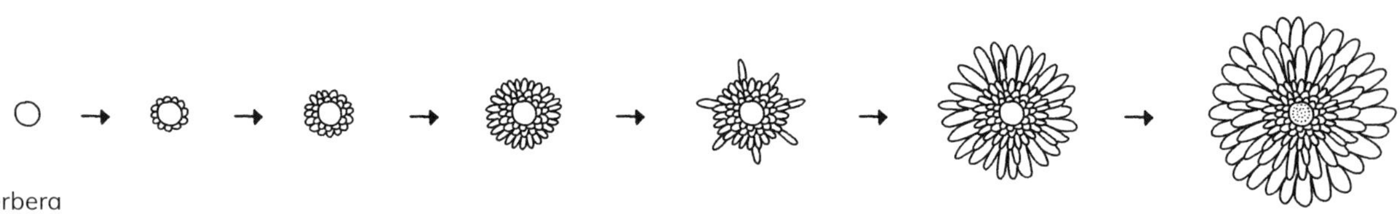

Gerbera

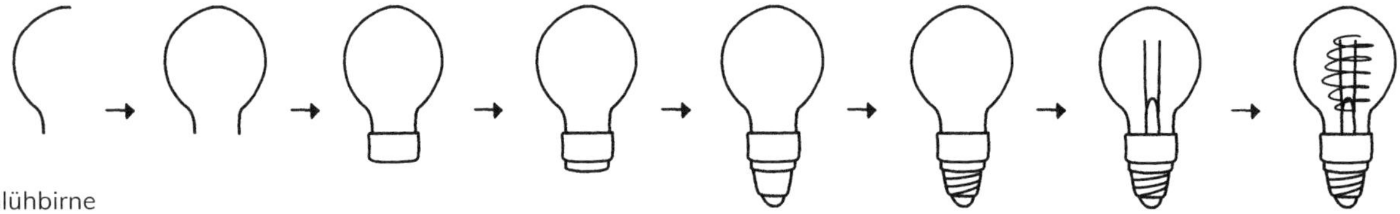

Glühbirne

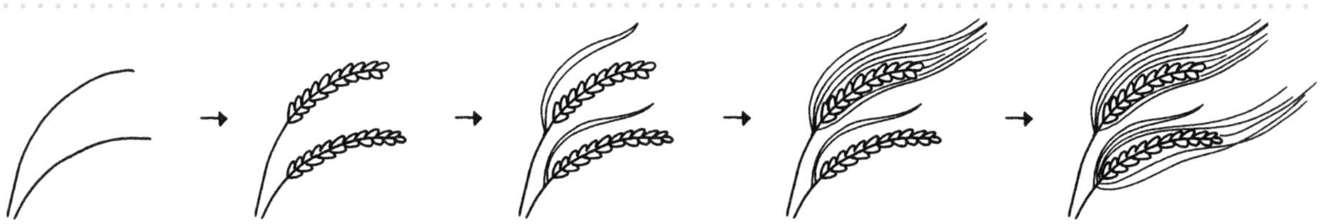

Gerste

Galopp

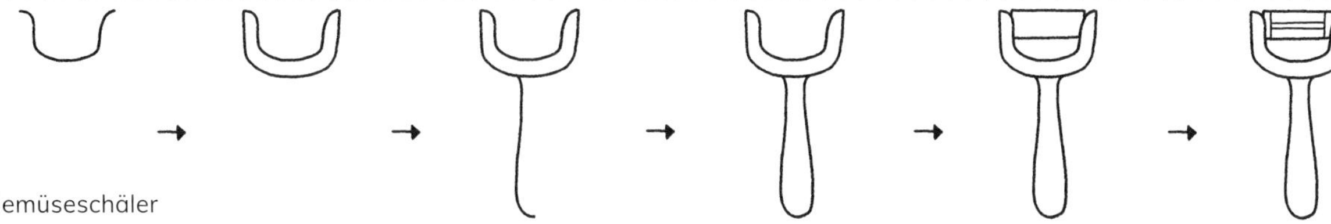

Gemüseschäler

Großstadt

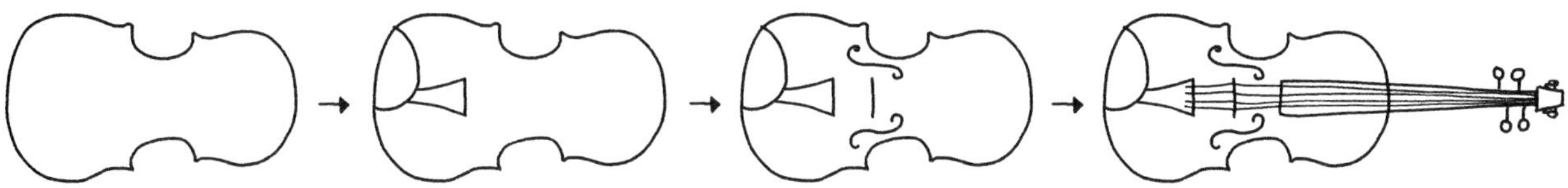

Geige

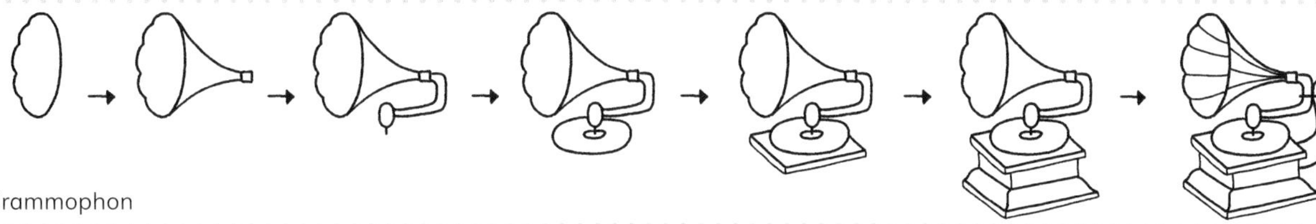

Grammophon

Grizzlybär

Gockel

Güterzug

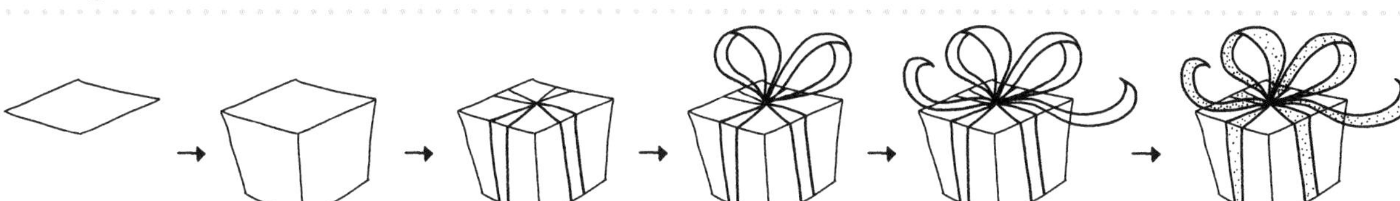

Geschenk

VIELFALT DER FISCHE

Vom Hai bis zum Seepferdchen, Fische gibt es unendlich viele: große, kleine, bunte, gemusterte, graue, schmale, runde – zeichne sie ab oder denk dir selbst neue Arten aus.

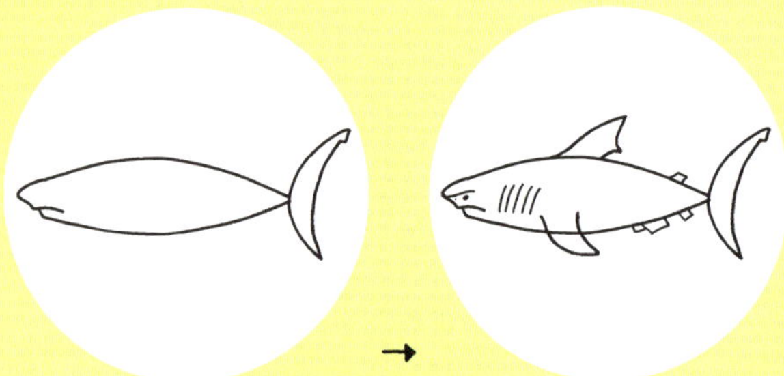

Hai

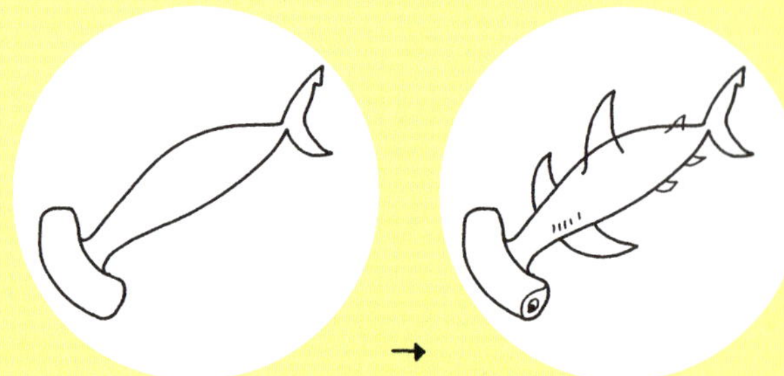

Hammerhai

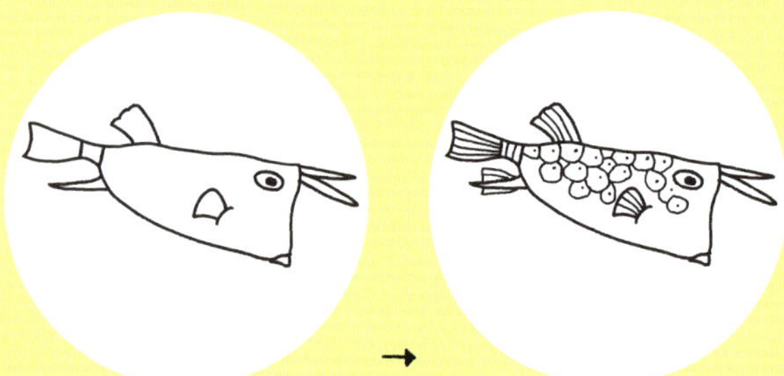

Kuhfisch

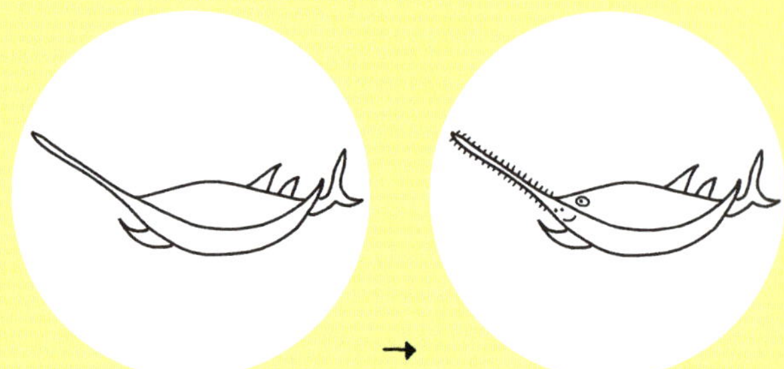

Sägefisch

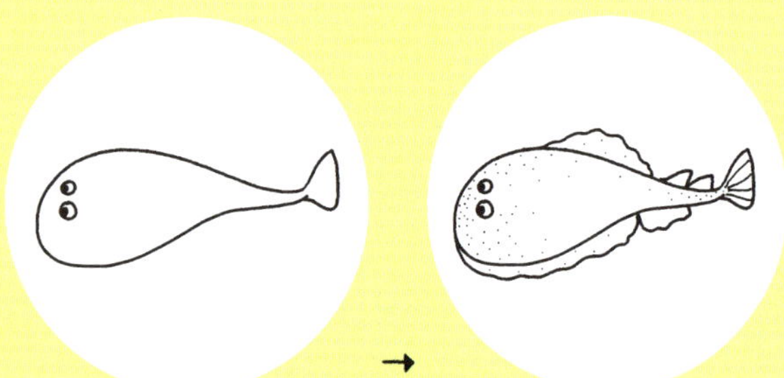

Zitterrochen

Igelfisch

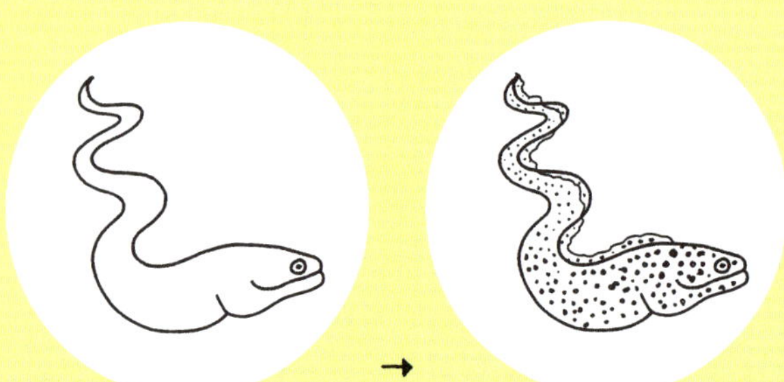

Netzmuräne

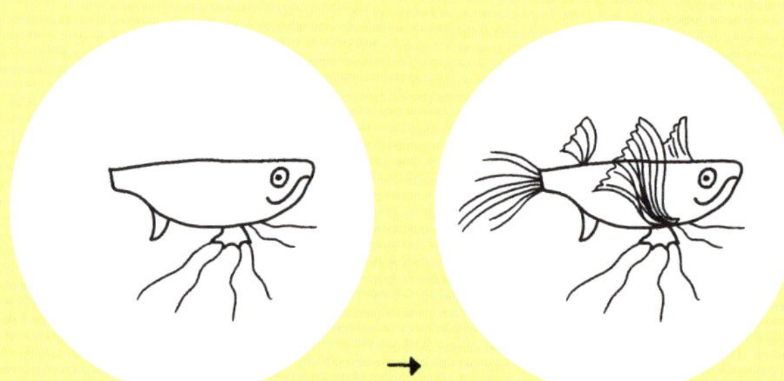

Schmetterlingsfisch

Sardine

Regenbogenforelle

Viperfisch

Piranha

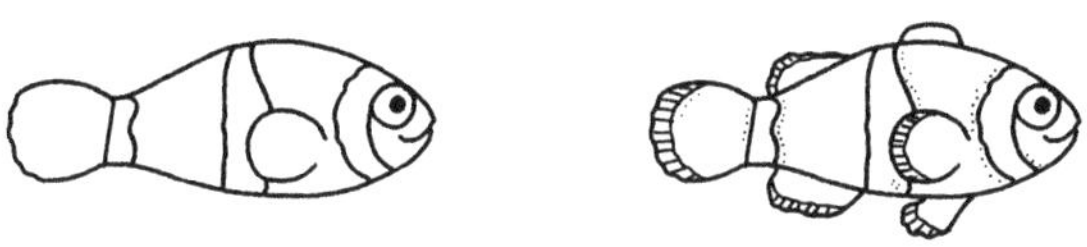

Clownfisch

Goldfisch

Pinzettenfisch

Seeteufel

Flugfisch

Seepferdchen

Hund

Henne

Hahn

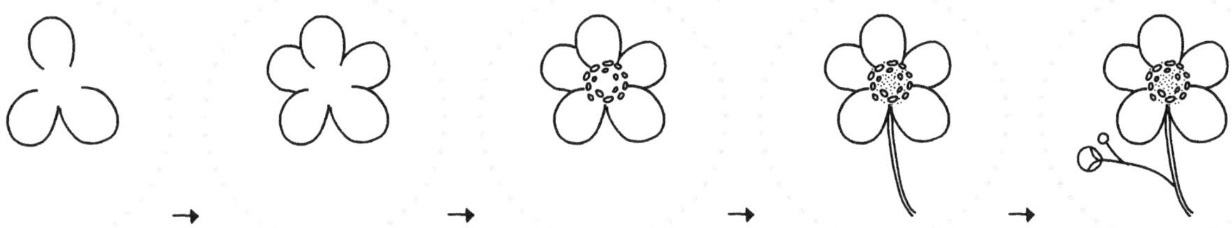

Hahnenfuß

Hexe

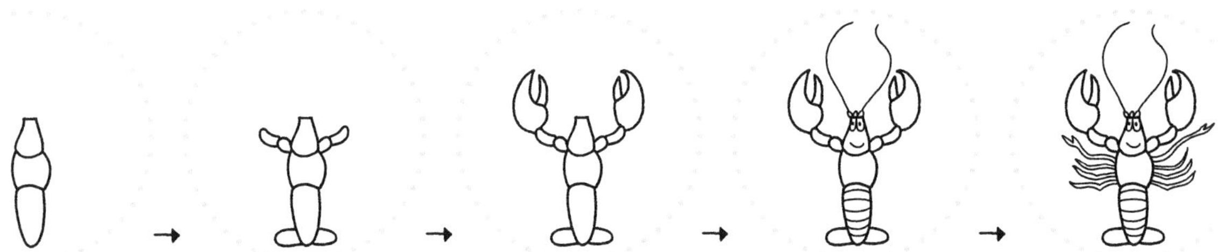

Hummer (Tier)

Hummer (Auto)

Hornveilchen

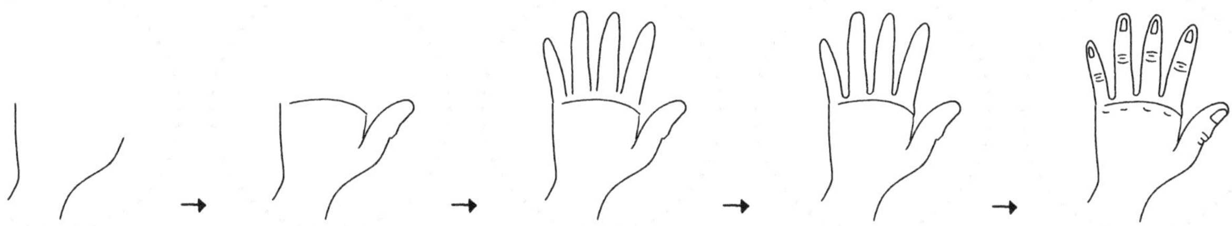

Hand

Handtasche

Hase

Harpune

Hermelin

Haarbürste

Harlekin

Hornisse

Hornochse

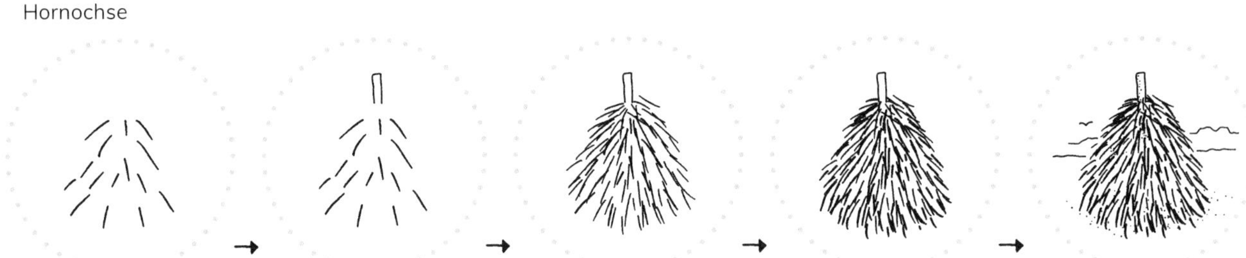

Heuhaufen

Habicht

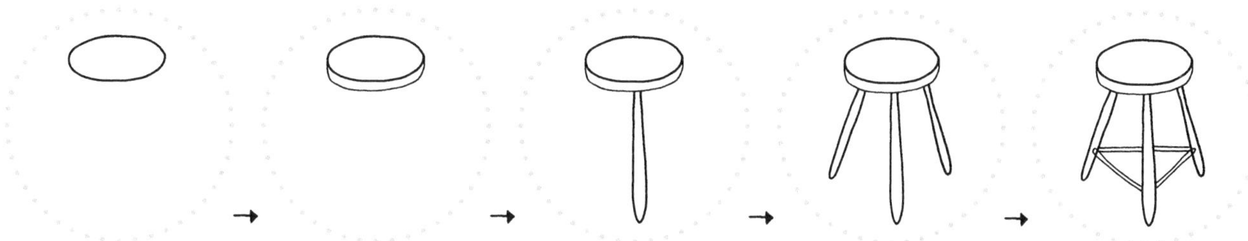

Hocker

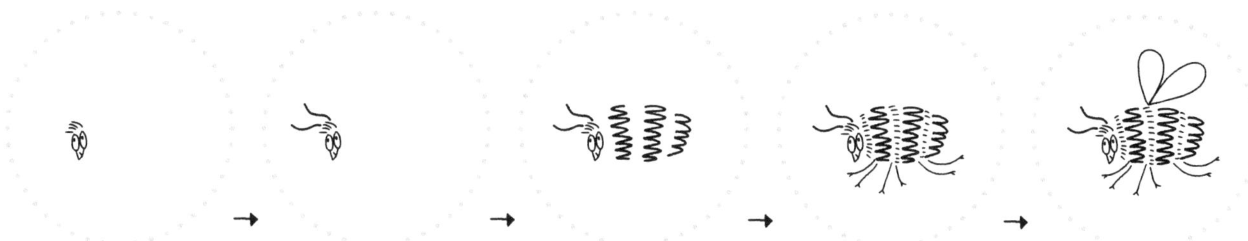

Hummel

Hafer

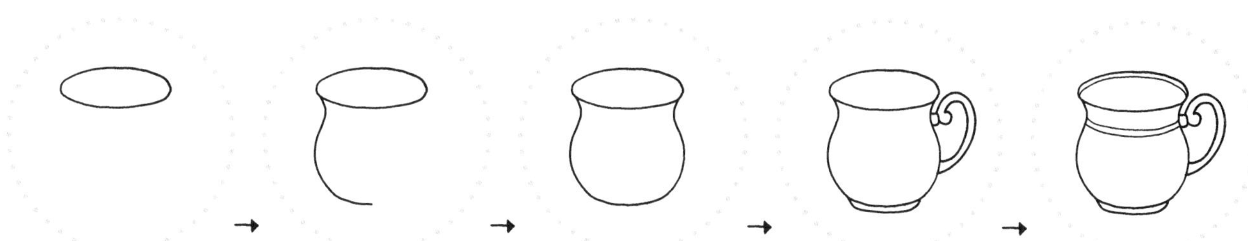

Haferl

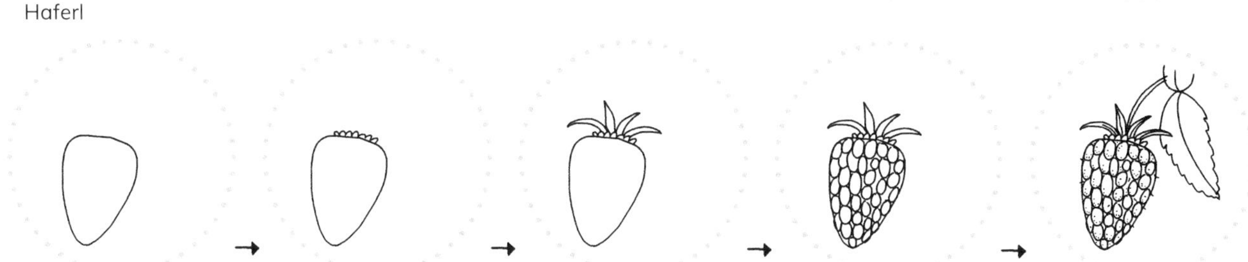

Himbeere

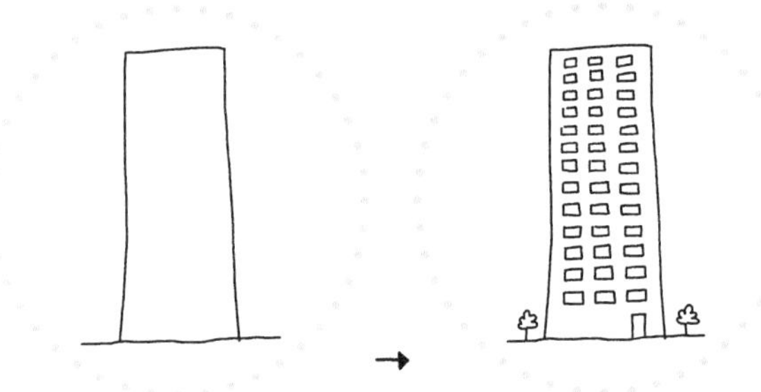

Hochhaus

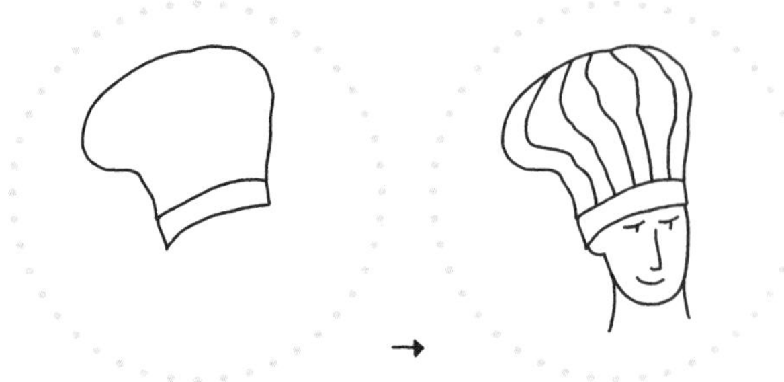

Haube

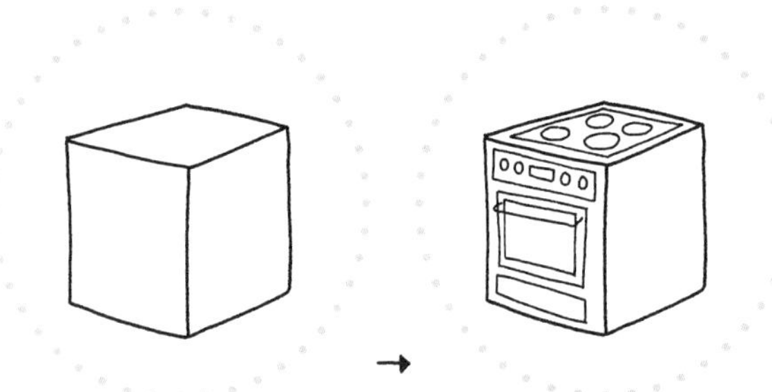

Herd

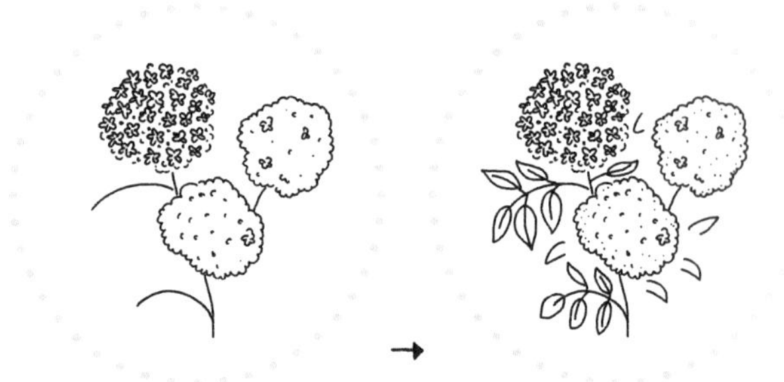

Holunder

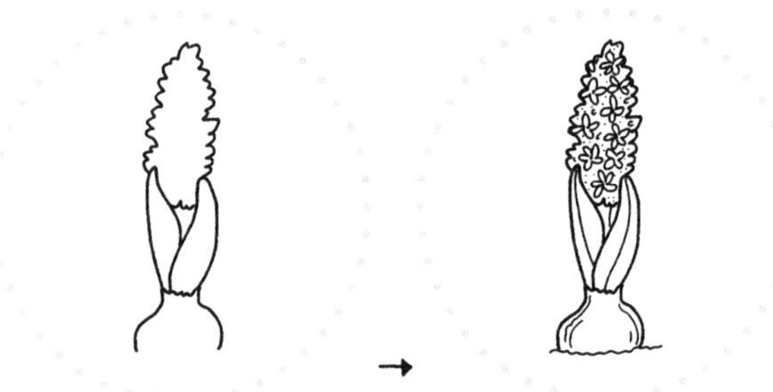

Hyazinthe

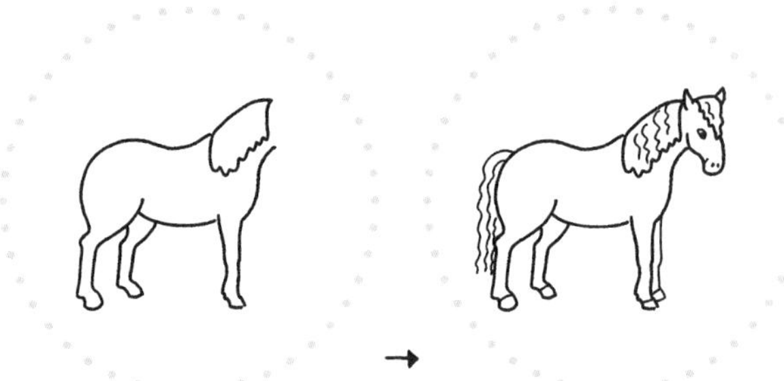

Haflinger

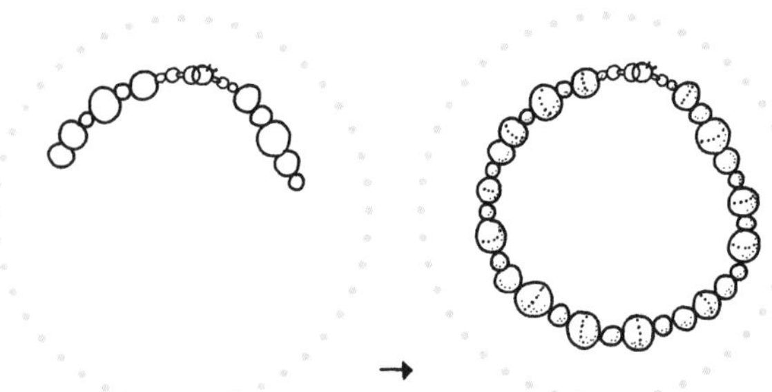

Halskette

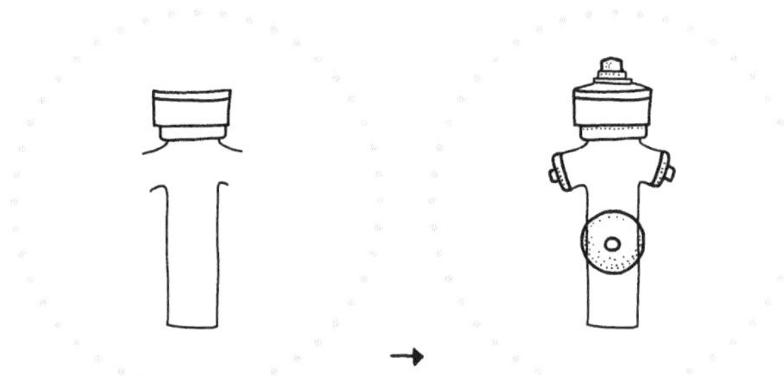

Hydrant

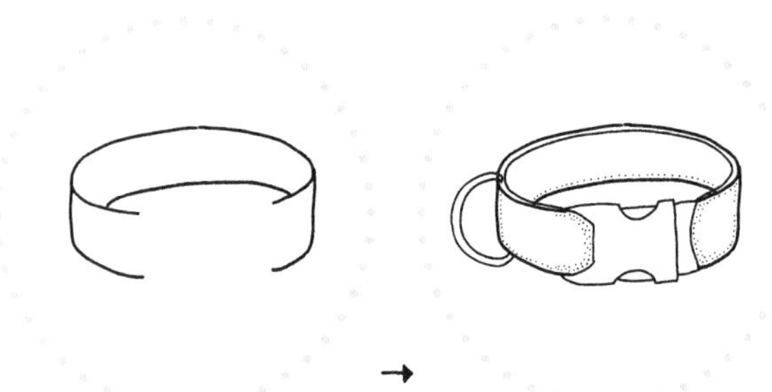

Hundehalsband

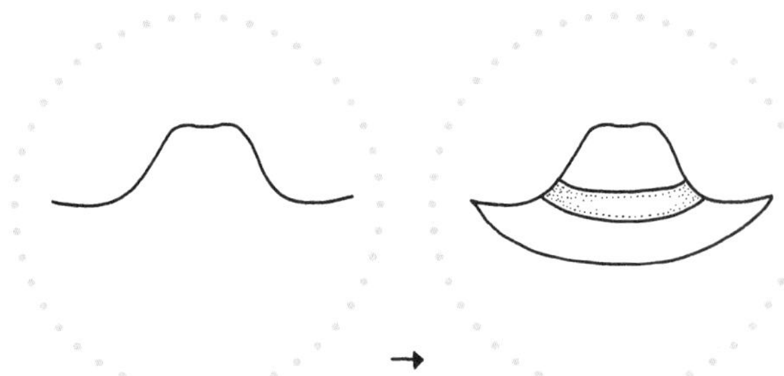

Hut

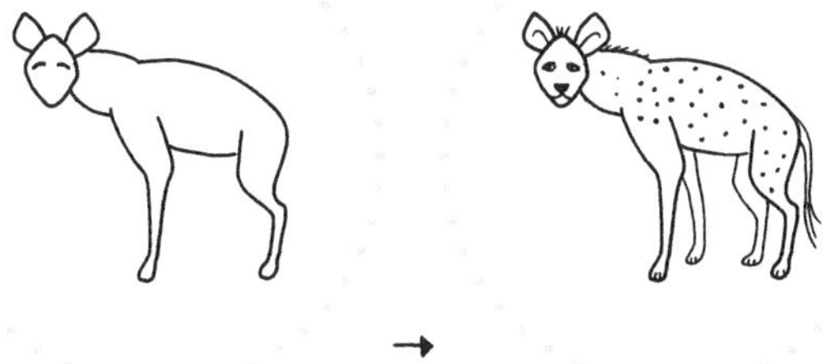

Hyäne

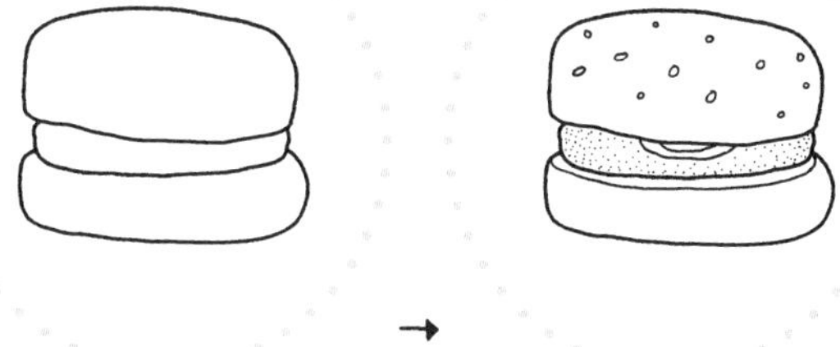

Hamburger

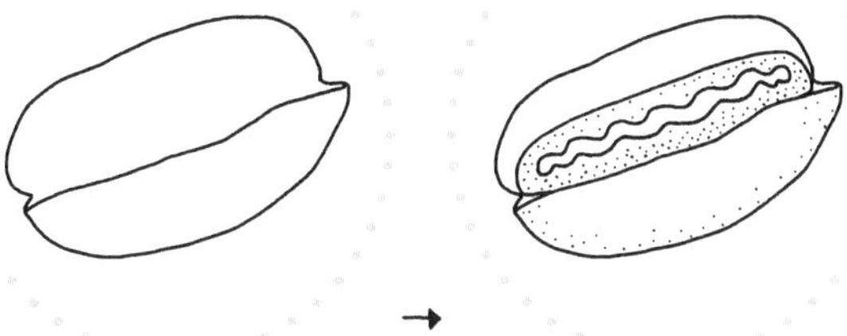

Hotdog

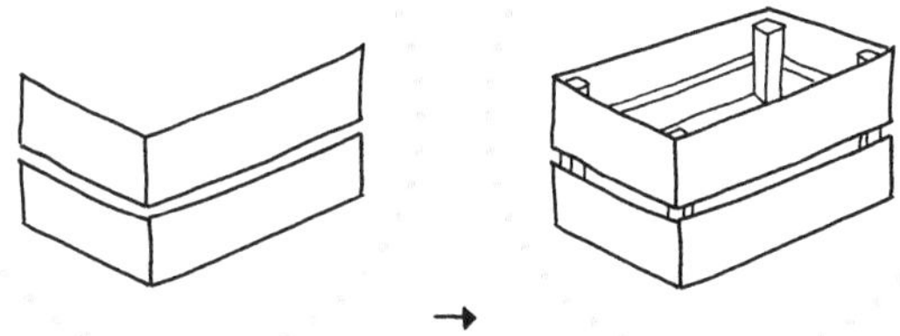

Holzkiste

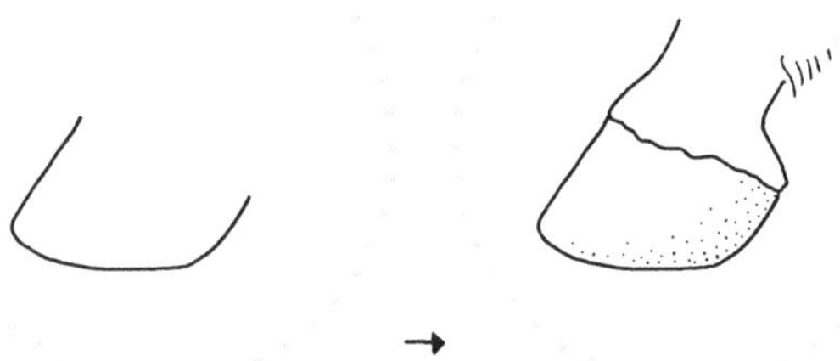

Huf

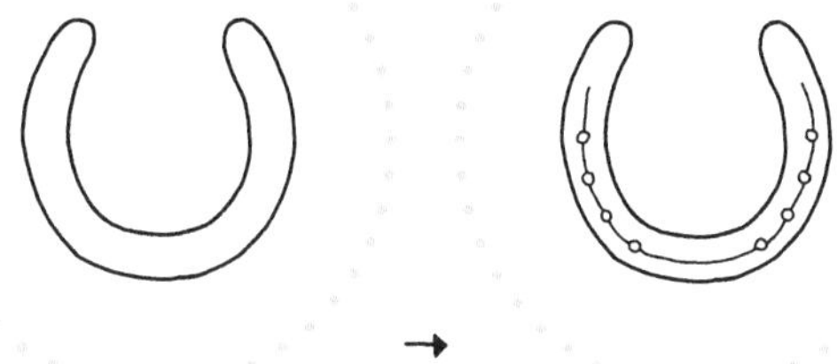

Hufeisen

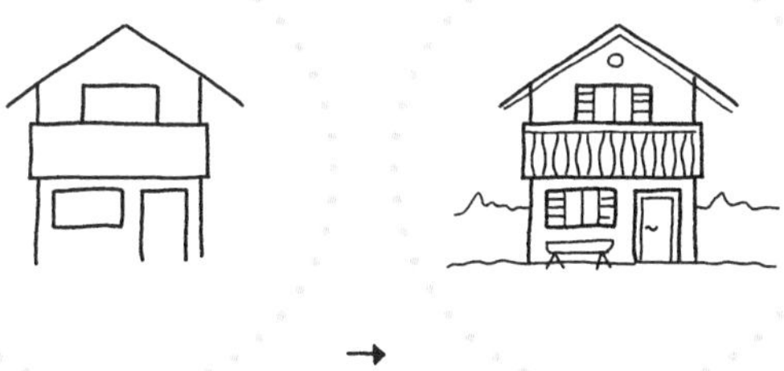

Hütte

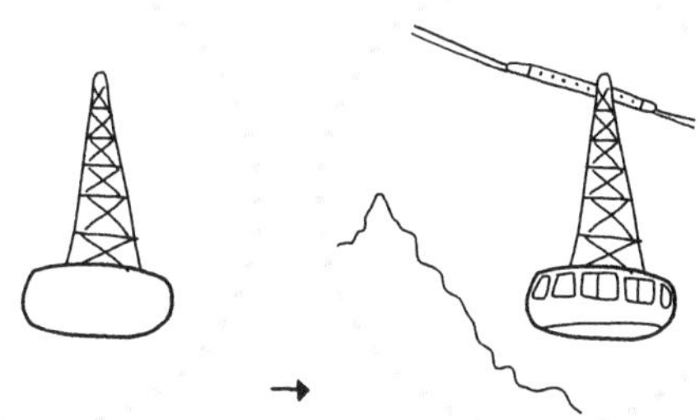

Hochseilbahn

Hemd

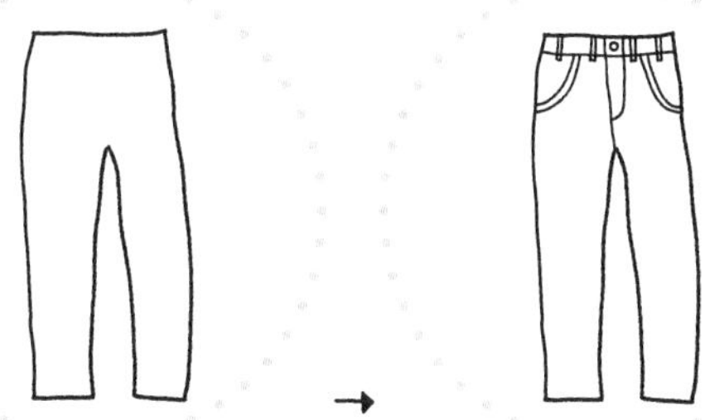

Hose

Igel

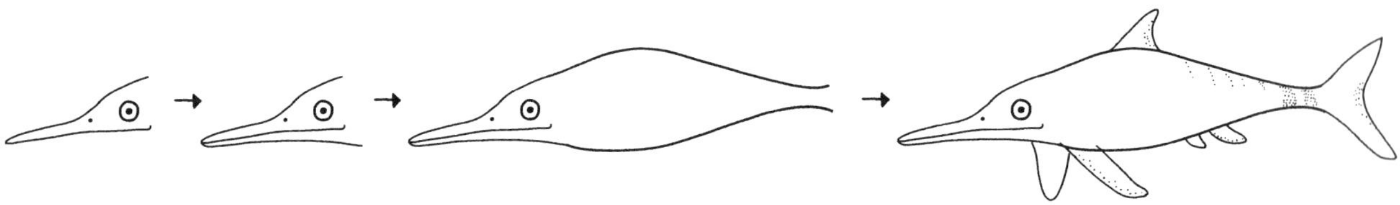

Ichthyosaurus

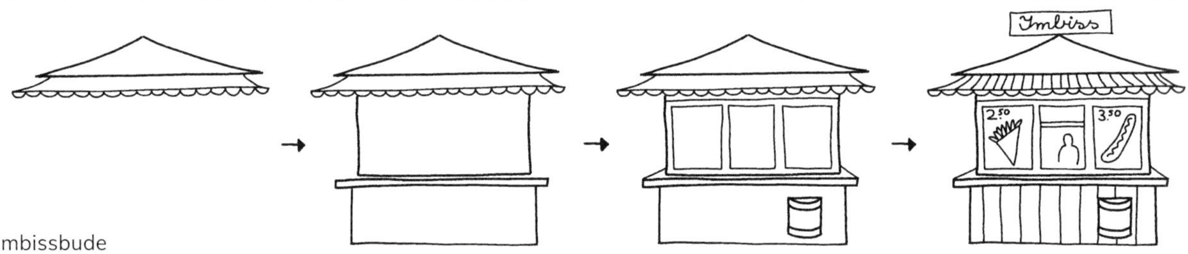

Imbissbude

ICE

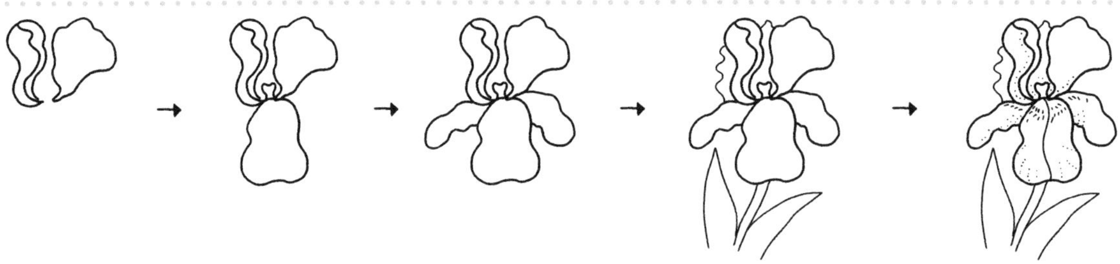

Iris

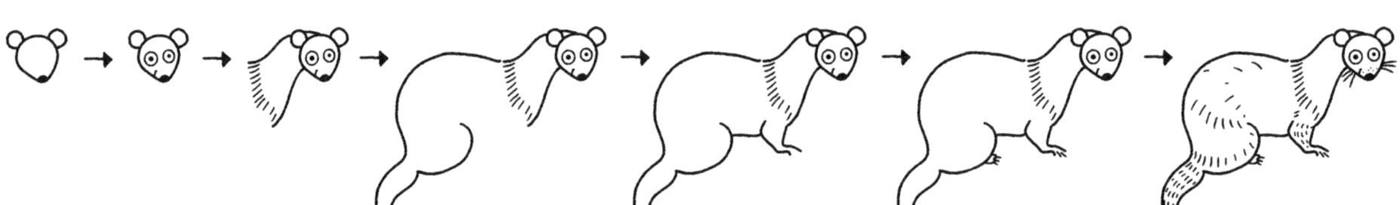

Iltis

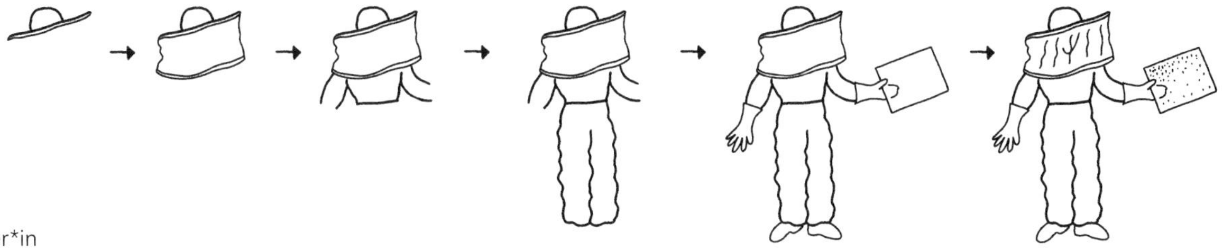

Imker*in

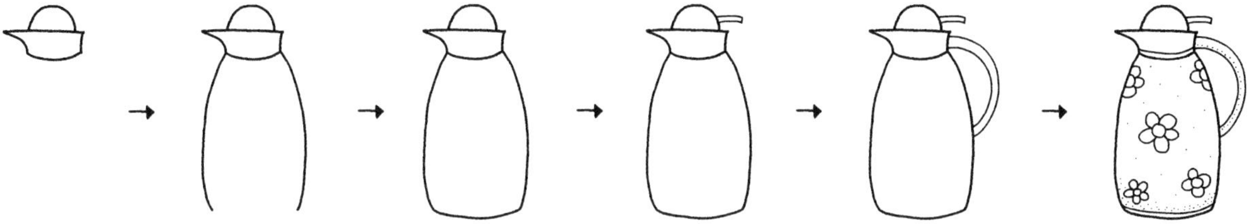

Isolierkanne

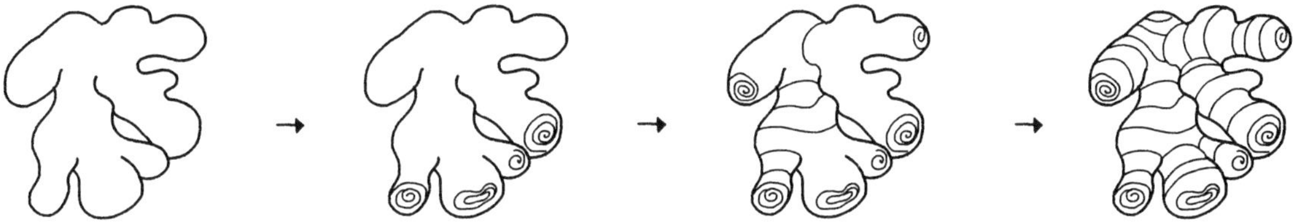

Ingwer

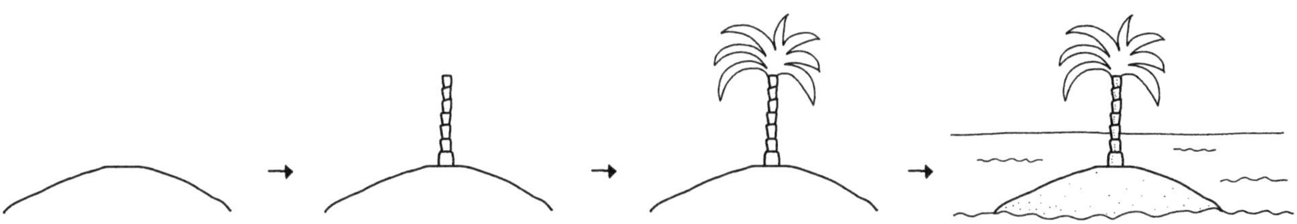

Insel

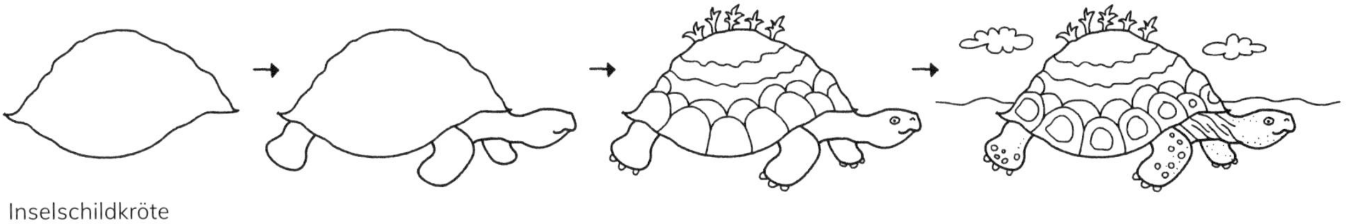

Inselschildkröte

Indischer Elefant

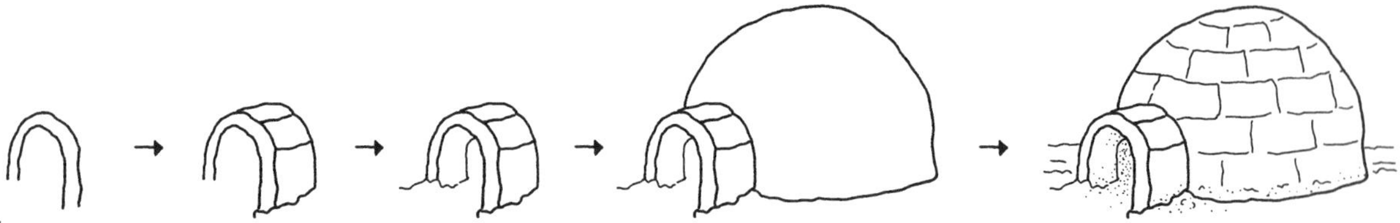

Iglu

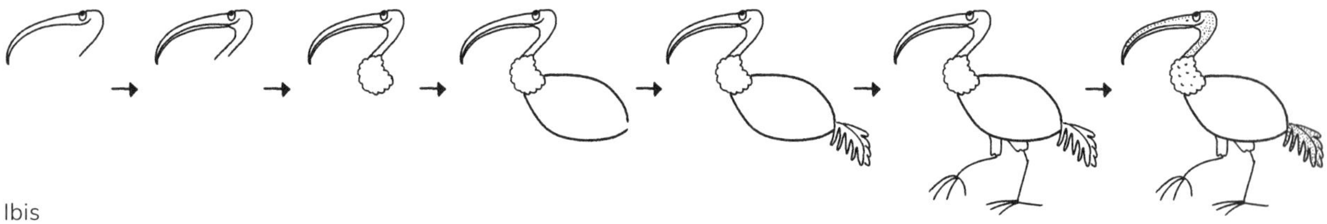

Ibis

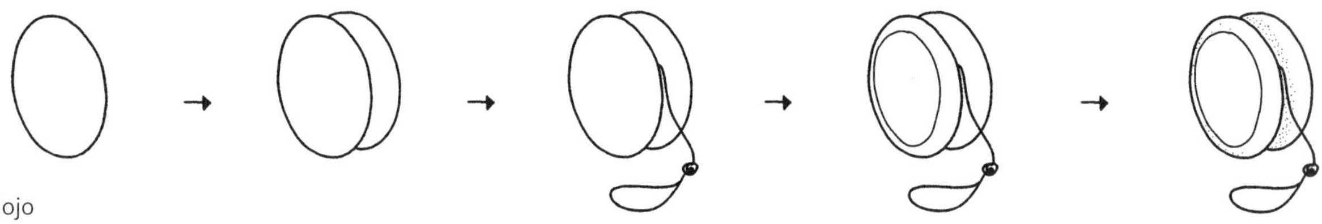

Jojo

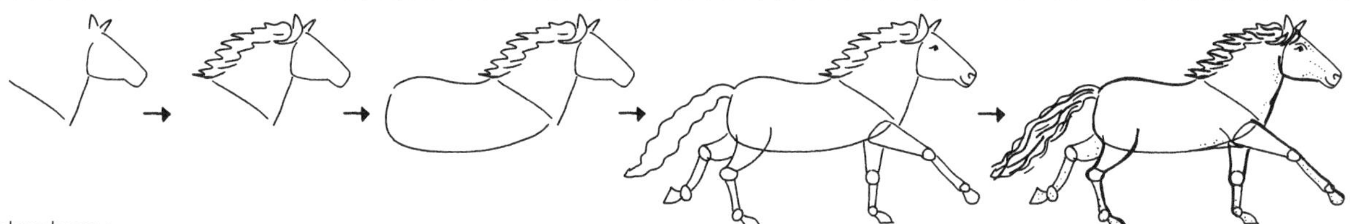

Islandpony

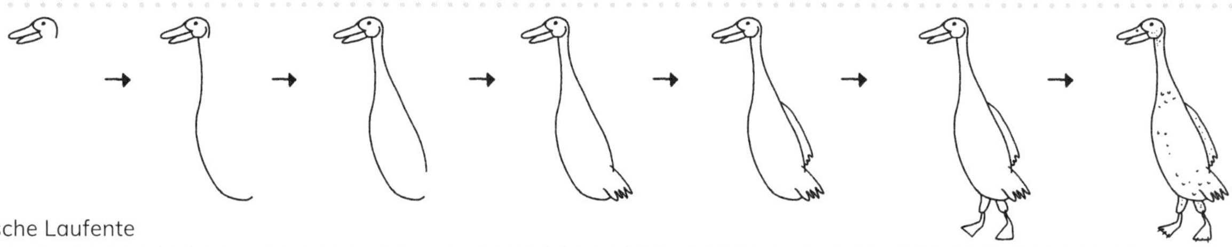

Indische Laufente

Immergrün

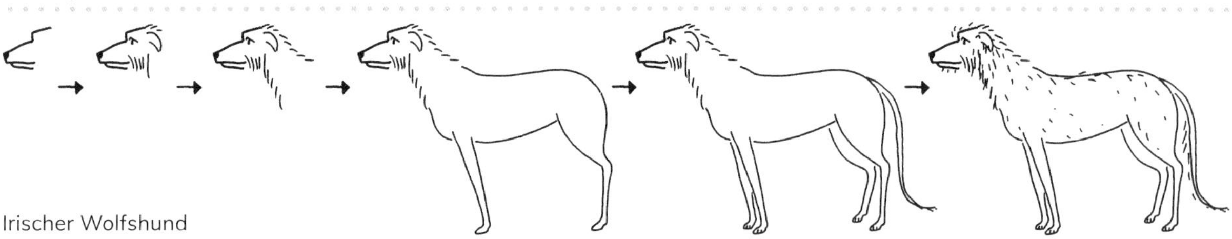

Irischer Wolfshund

Jaguar

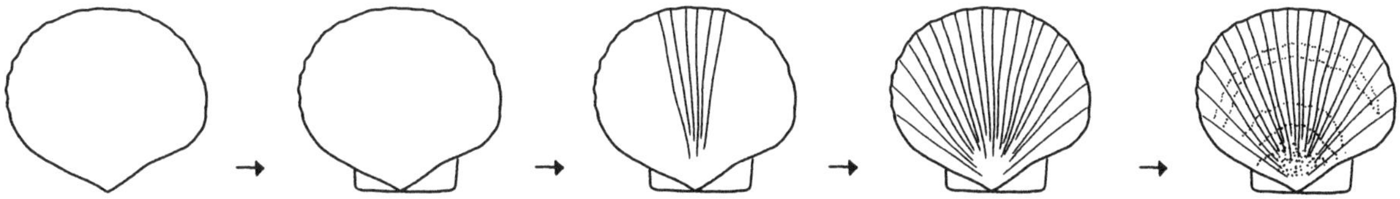

Jakobsmuschel

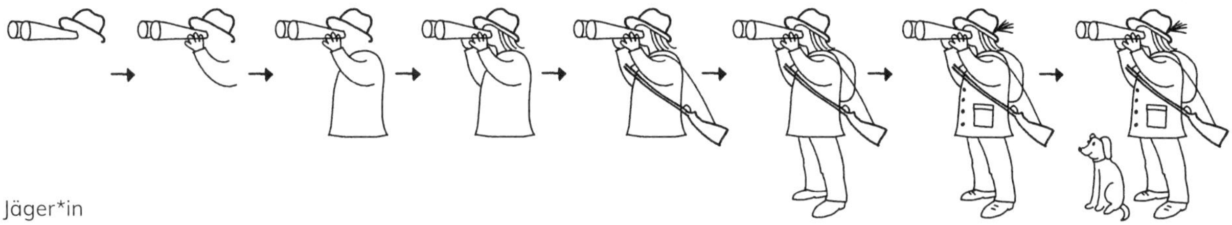

Jäger*in

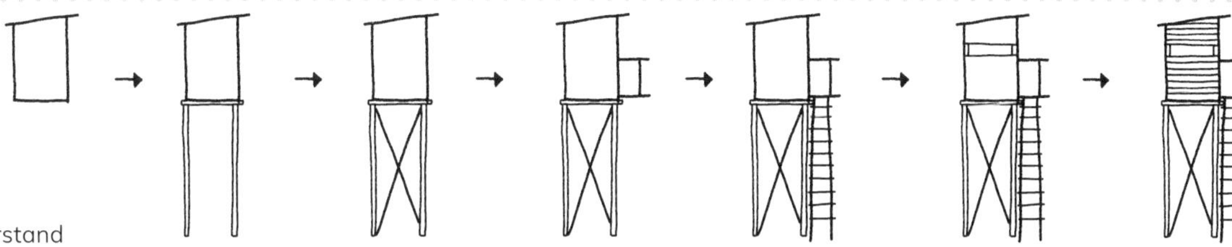

Jägerstand

Jagdschloss

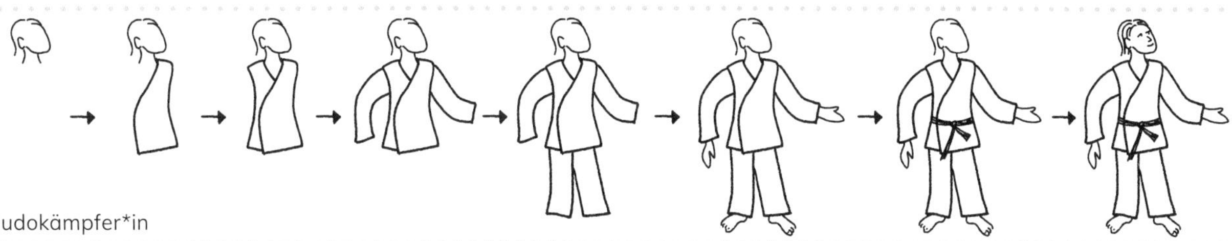

Judokämpfer*in

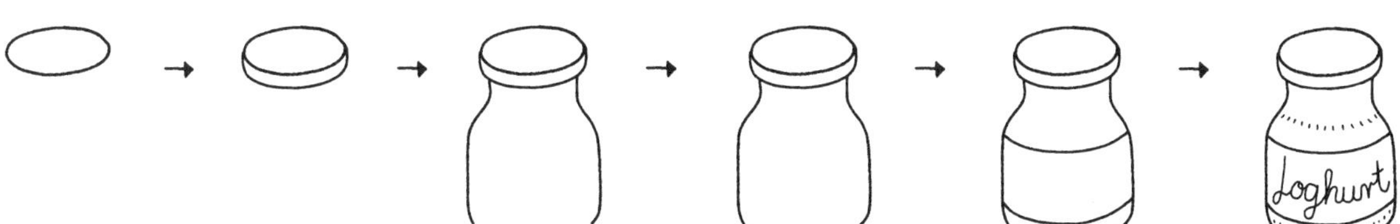

Joghurtglas

Jalousie

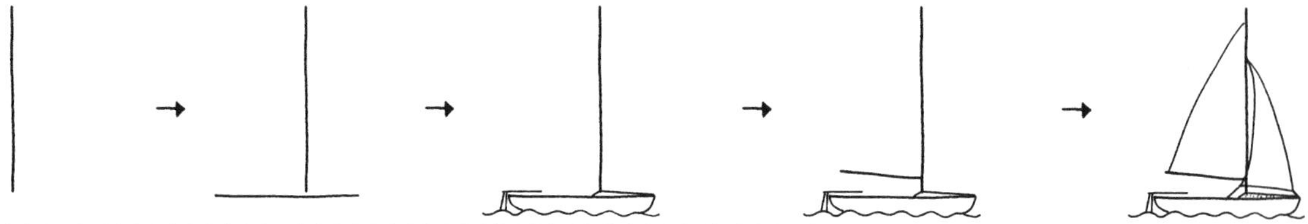

Jolle

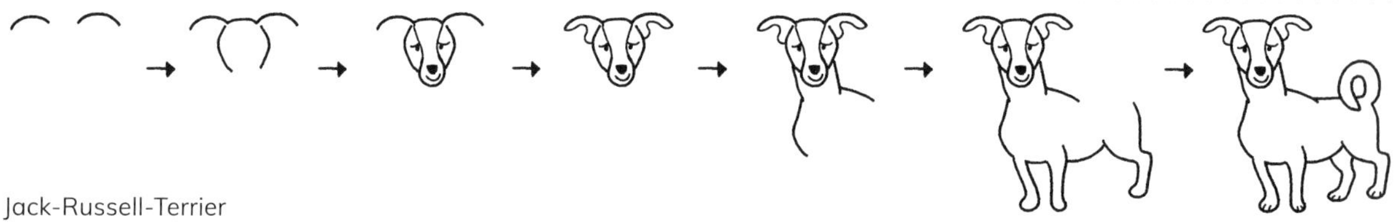

Jack-Russell-Terrier

Japanische Zierkirsche

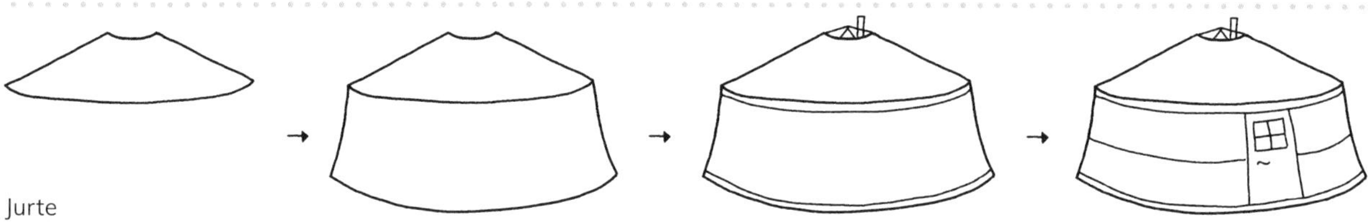

Jurte

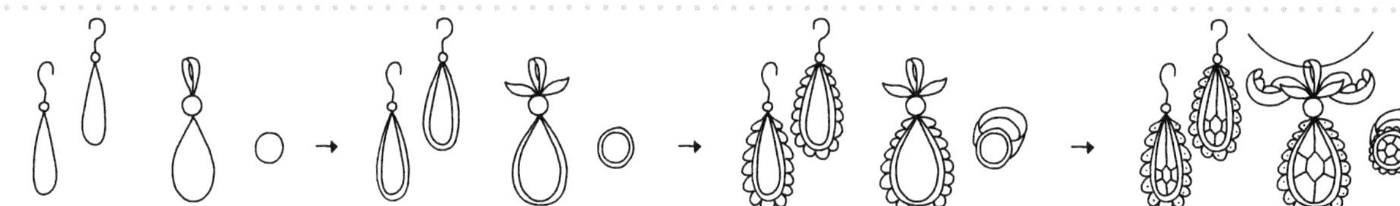

Juwelen

Juwelendieb

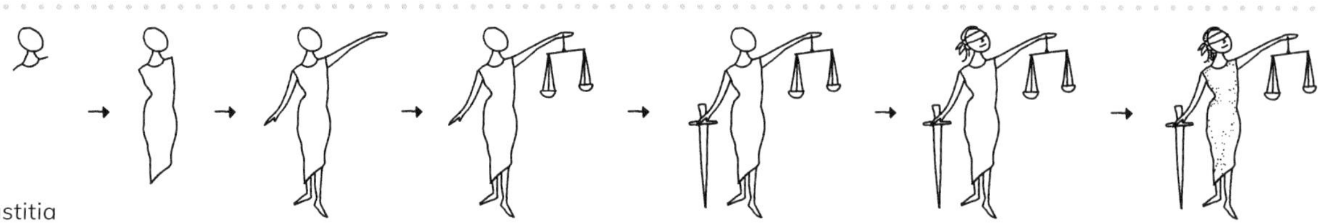

Justitia

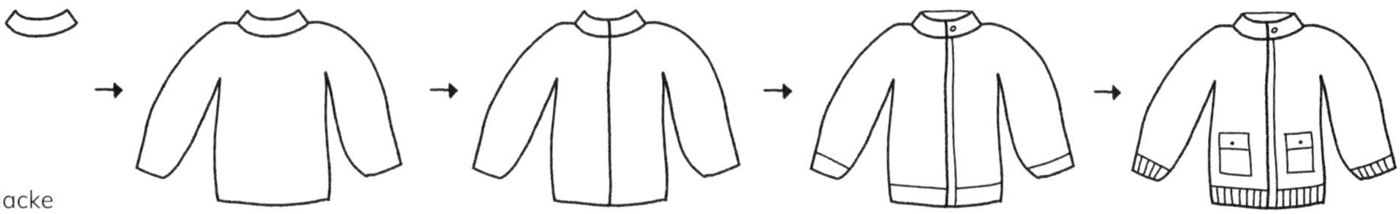
Jacke

Jackett

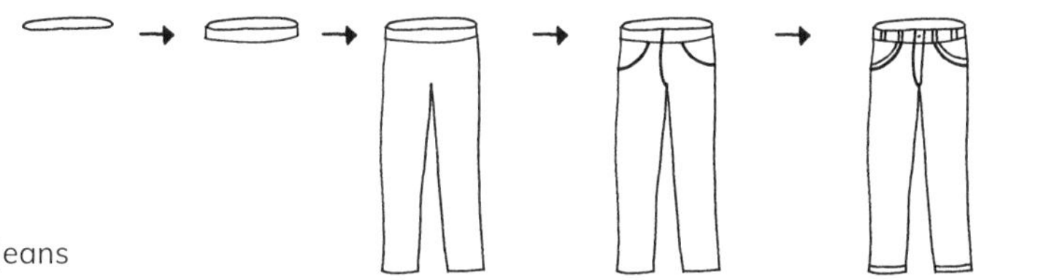
Jeans

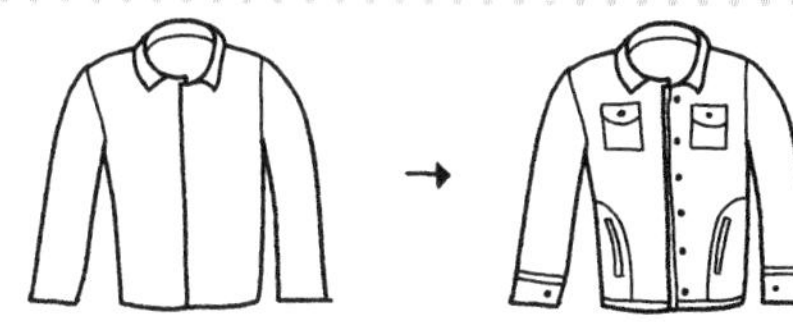
Jeansjacke

Jonglieren

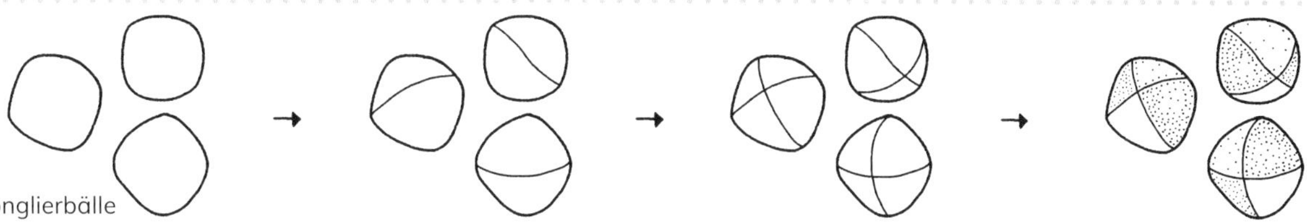
Jonglierbälle

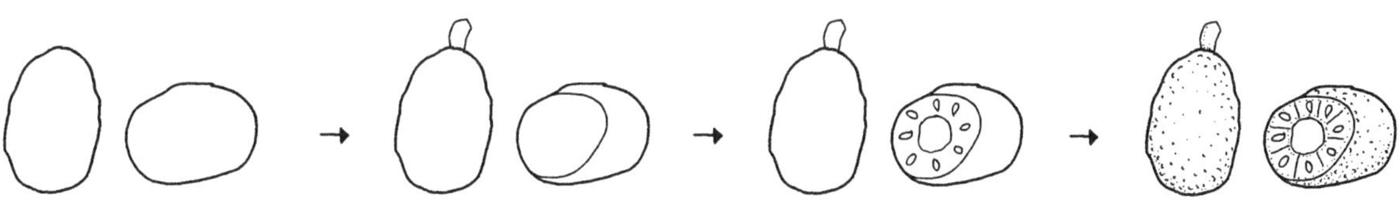
Jackfrucht

Jeep

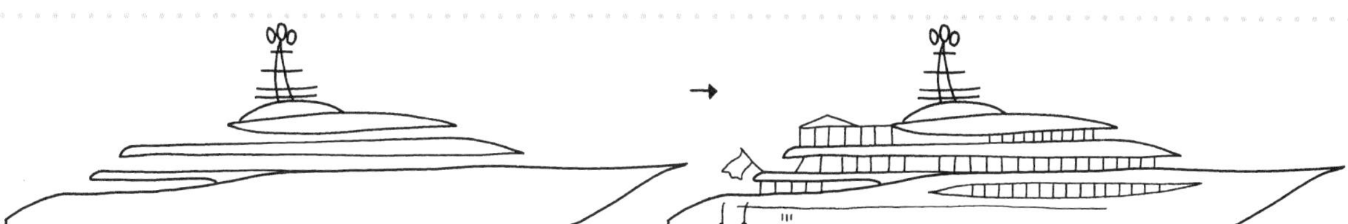
Jacht

MOTIVE FÜR GEBURTSTAGE

Ob Geburtstagskarten oder Einladungen zu deiner Geburtstagsfeier – hier findest du Anregungen für selbst gezeichnete Glückwünsche und Einladungen.

Alles Gute!

Geburtstagstorte

Fünfzigster

Geschenk

Sekt

Überraschung

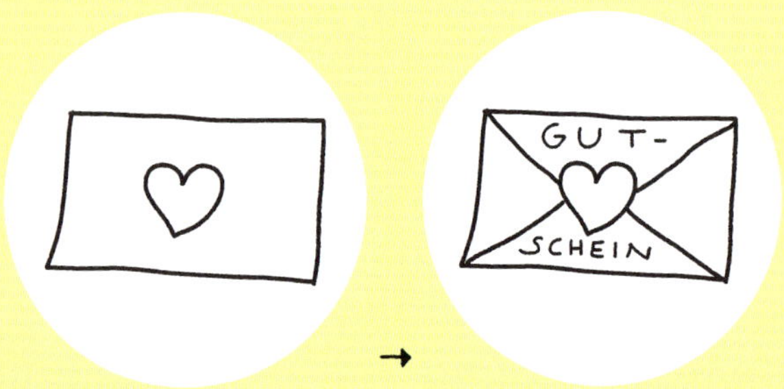

Gutschein

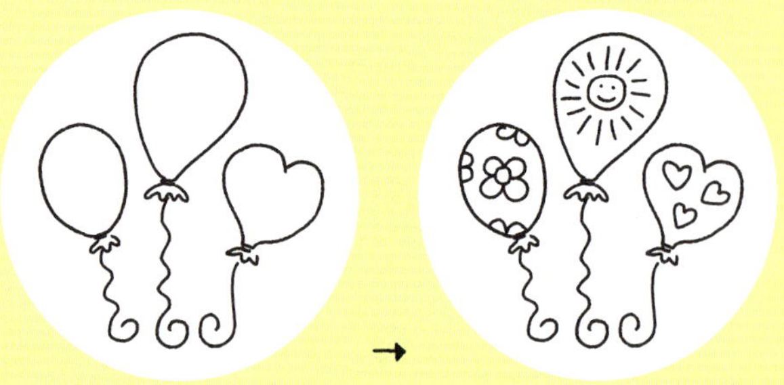
Luftballons

Cupcake

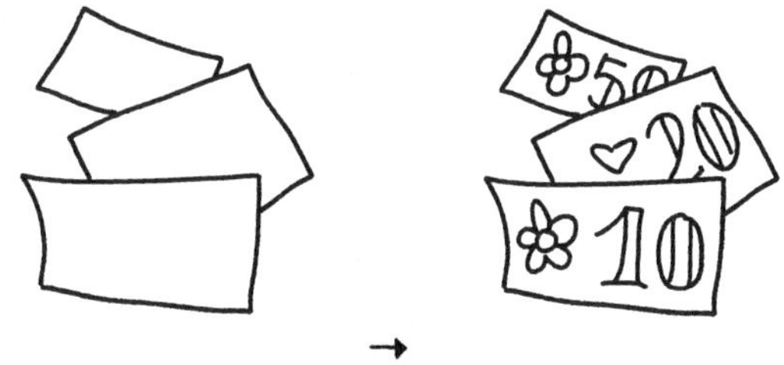

Geld

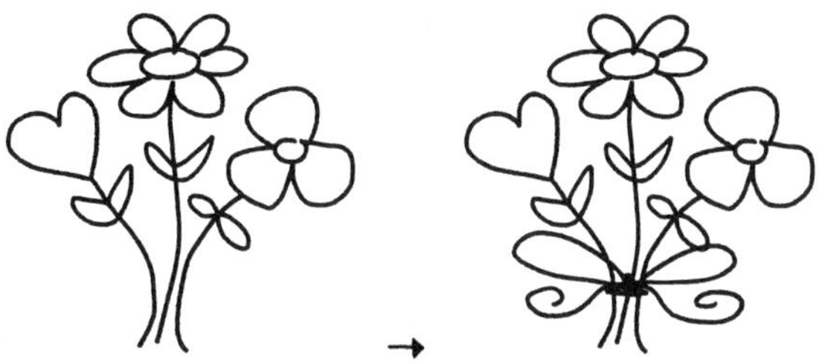

Blumenstrauß

Happy Birthday

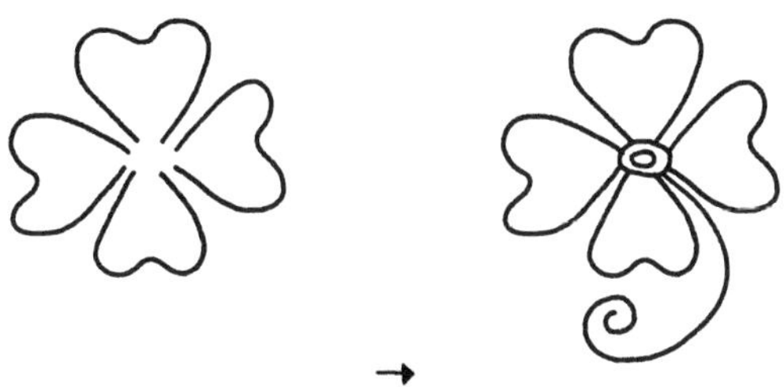

Kleeblatt

Bärchen

Party

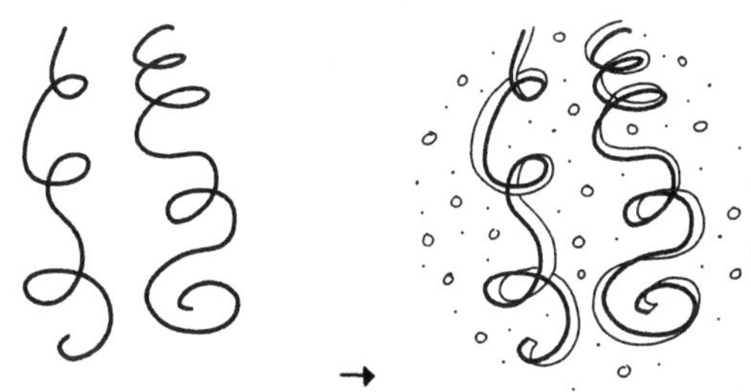

Luftschlangen

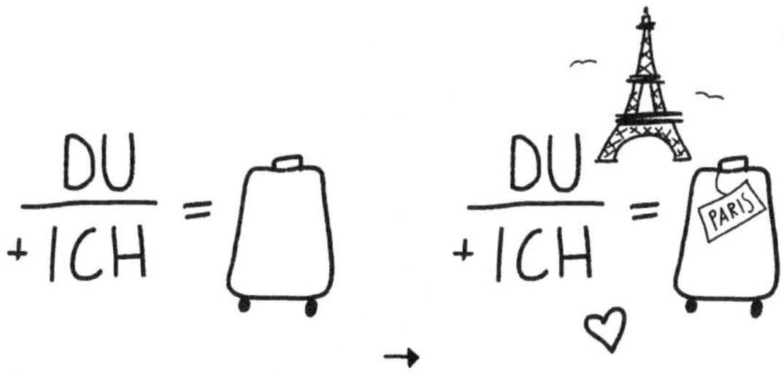

Reisegutschein

Glücksschwein

Kamel

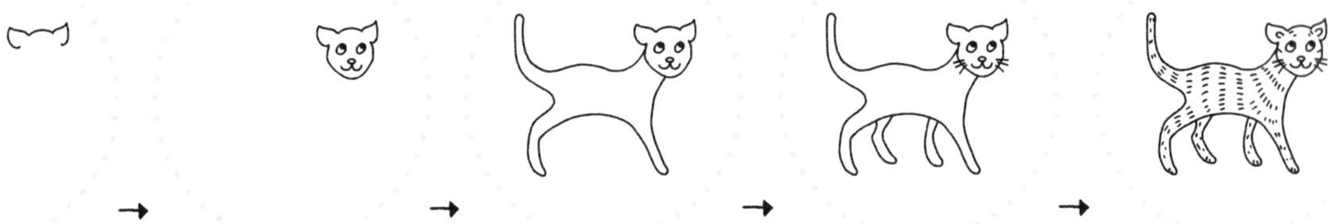

Katze, stehend

Katze, sitzend

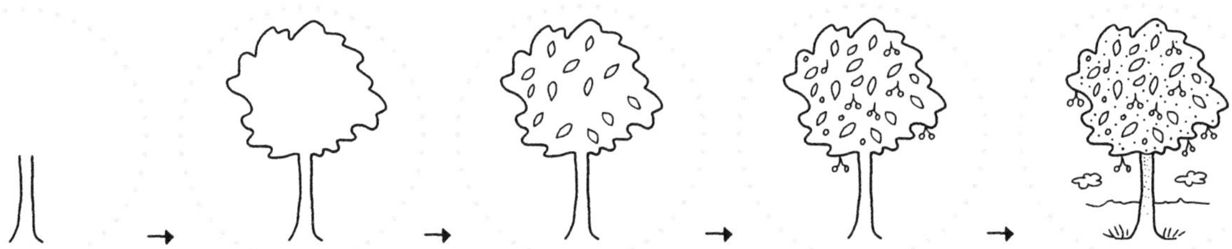

Kirschbaum

Kaktus

Kranich

Koch/ Köchin

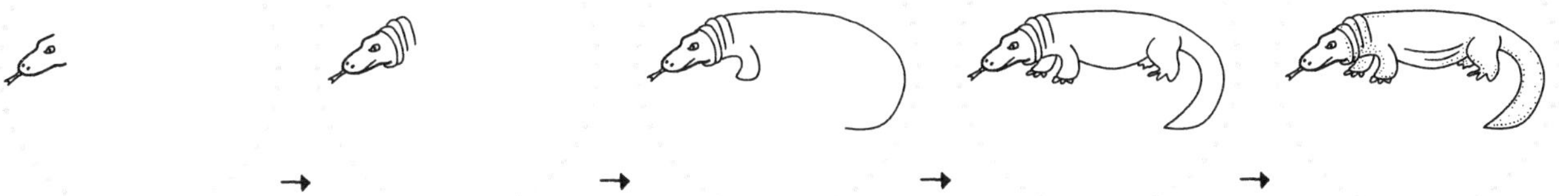

Komodowaran

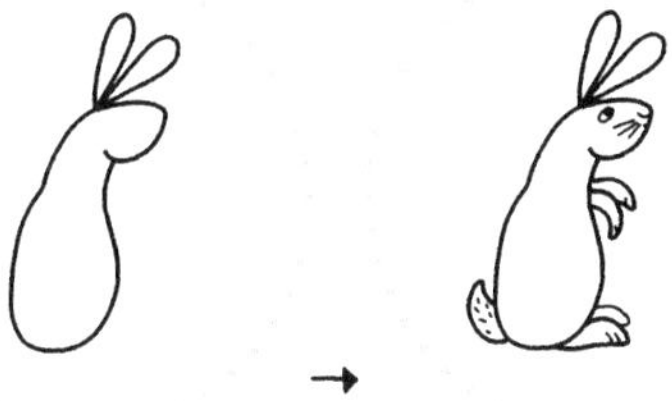

Kaninchen 1

Kaninchen 2

Karotte

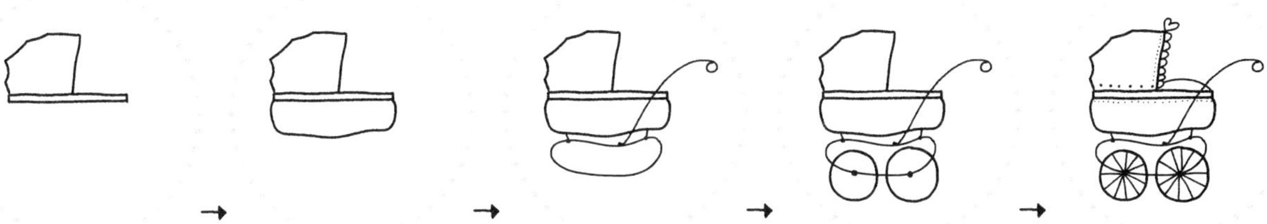

Kinderwagen

Kampfhund

Kolibri

Kakadu

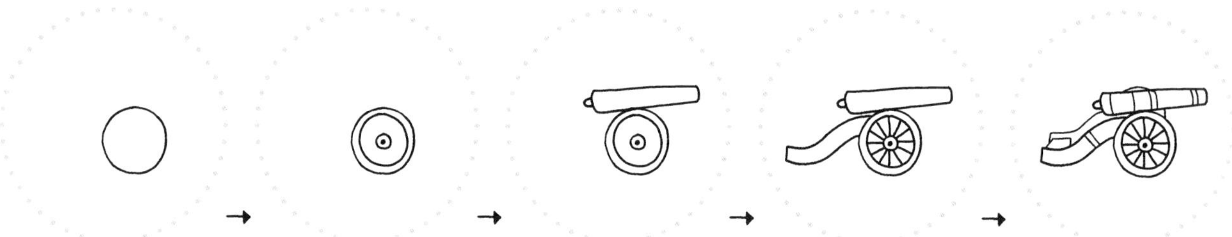

Kanone

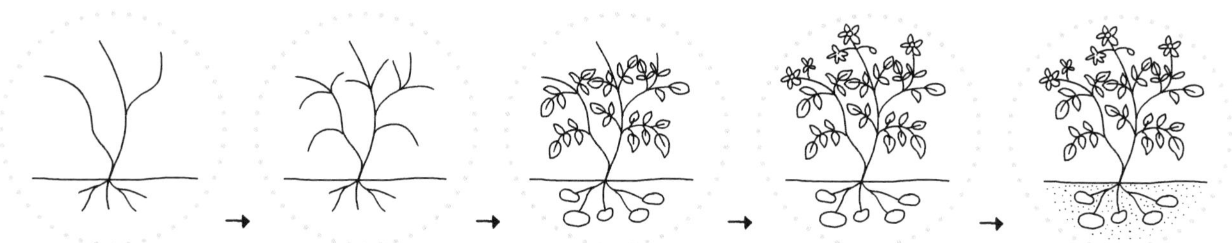

Kartoffelpflanze

Kajak

Kipplader

Kuh

Känguru

Krankenwagen

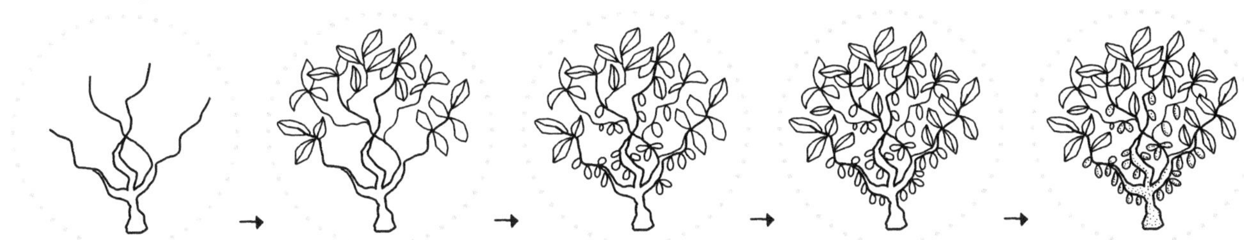

Kakaobaum

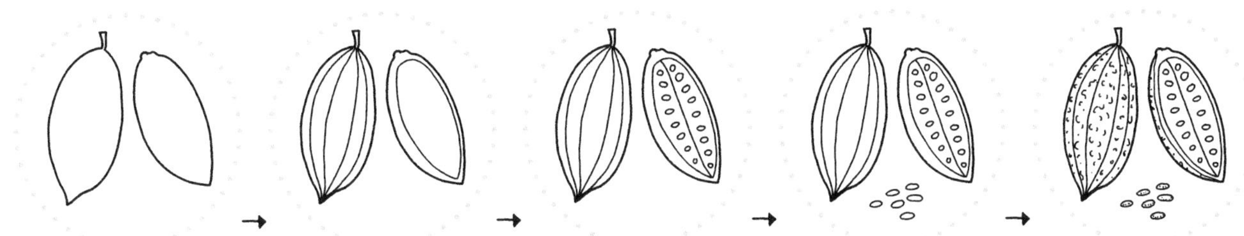

Kakaofrucht

Kletteraffe

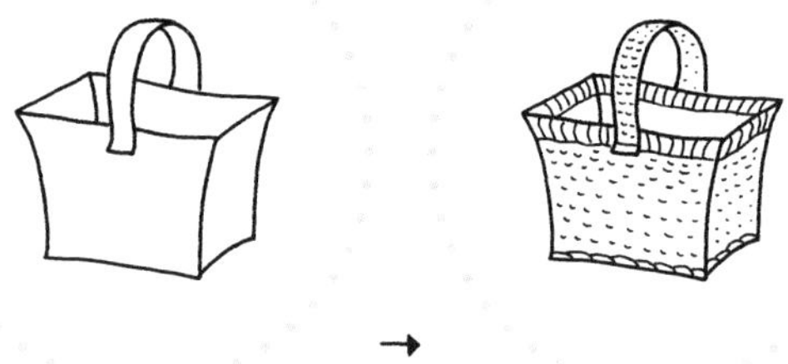
Korb

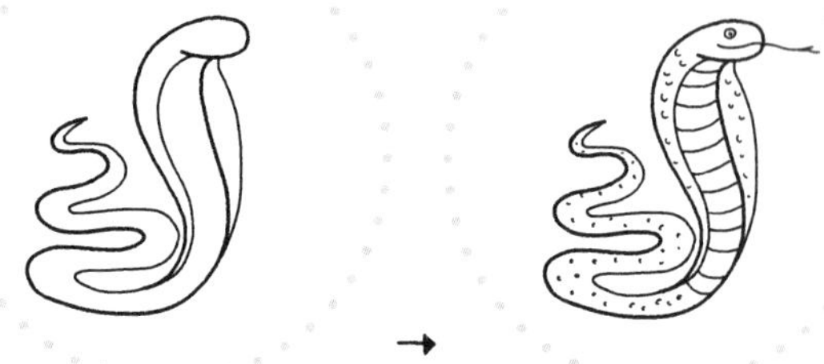
Kobra

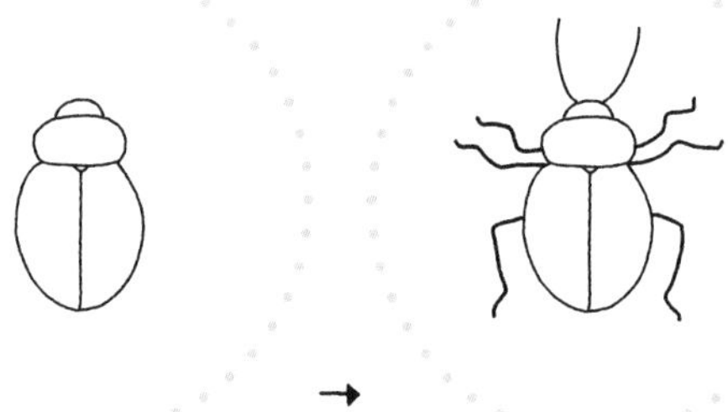
Käfer (Tier)

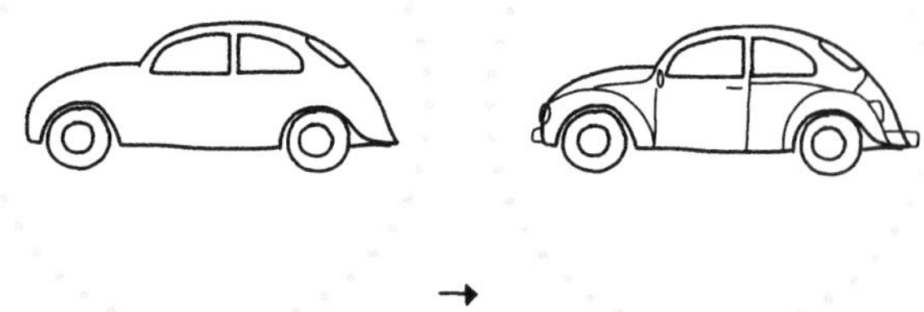
Käfer (Auto)

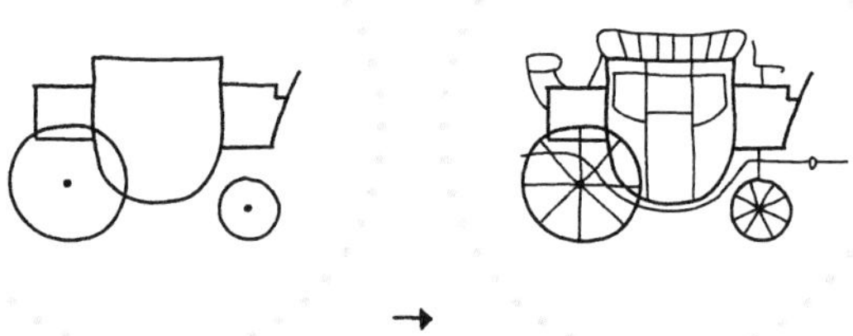
Kutsche

Kürbis

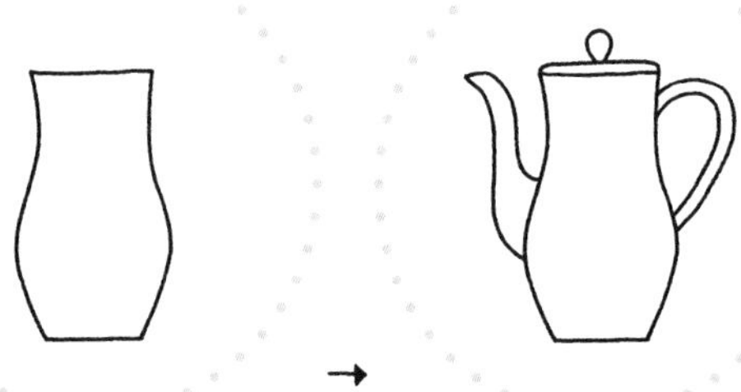
Kaffeekanne

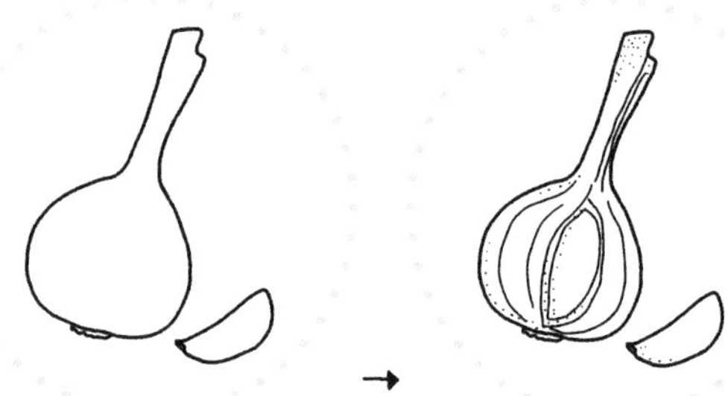
Knoblauch

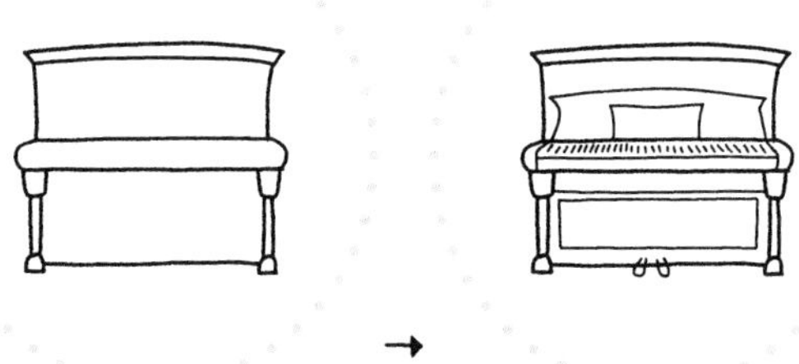
Klavier

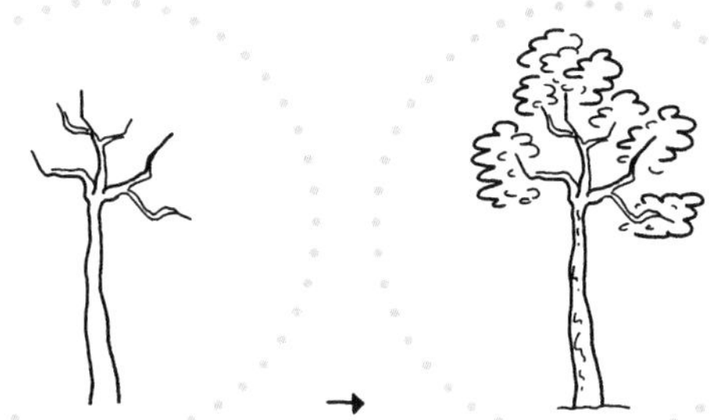
Kiefer

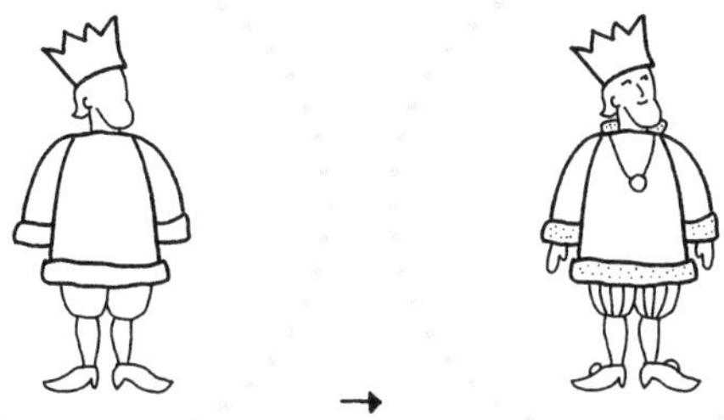

König

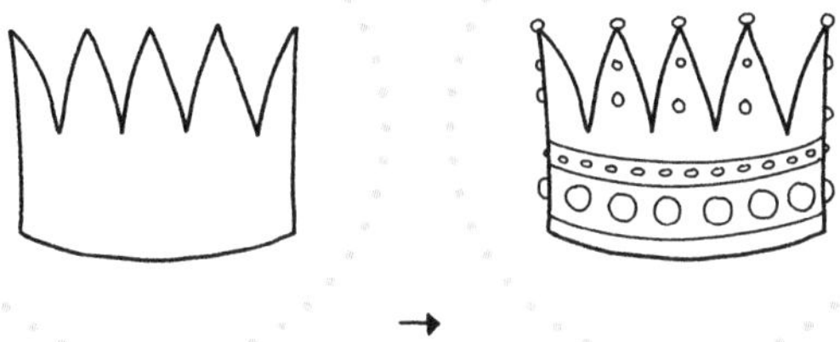

Krone

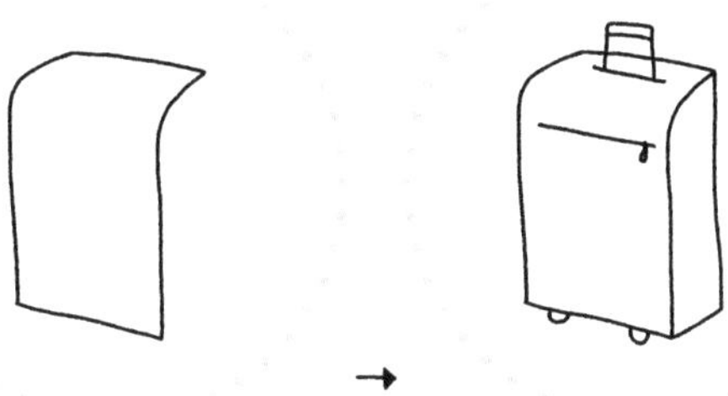

Koffer

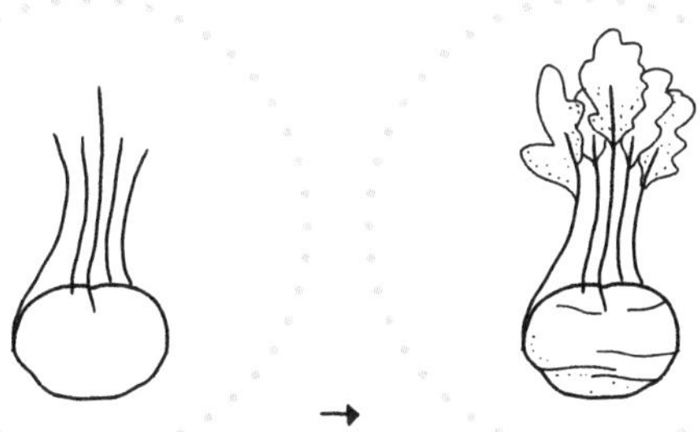

Kohlrabi

Kokosnuss

Königin

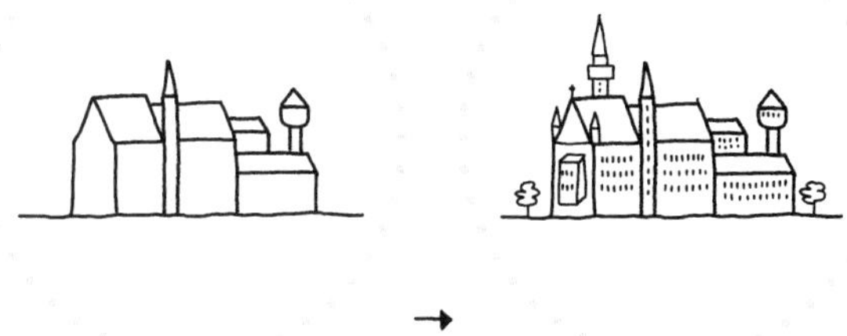

Königsschloss

Kaltblut

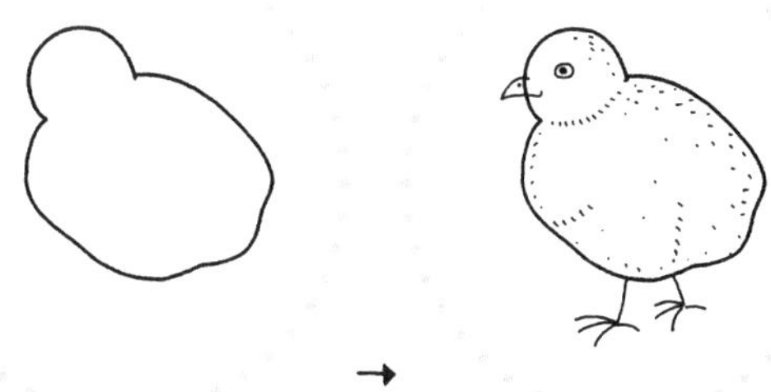

Küken

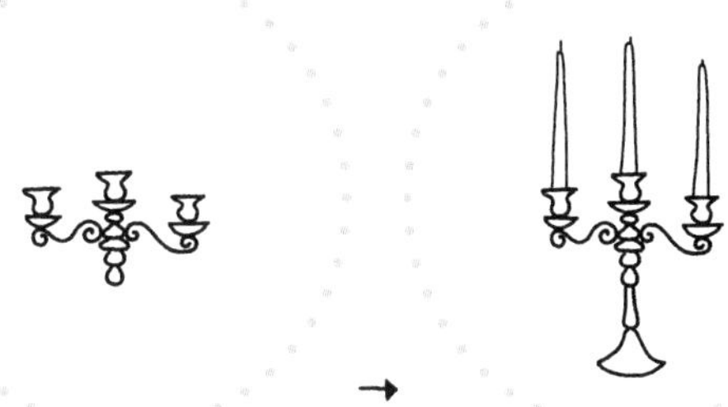

Kandelaber

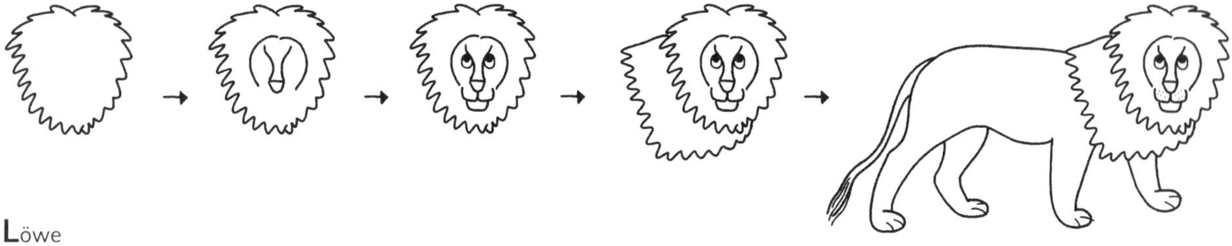

Löwe

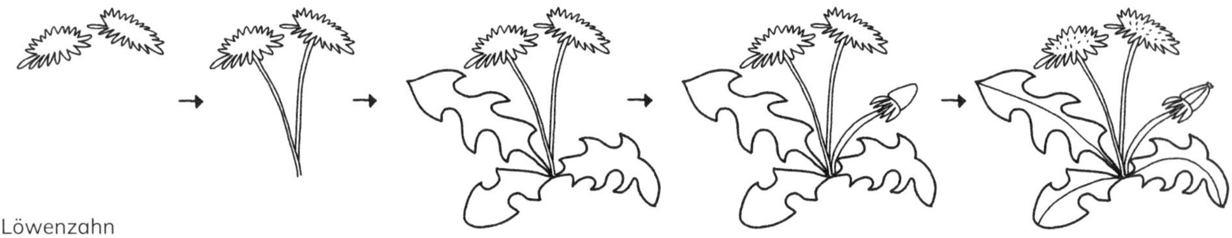

Löwenzahn

Lama

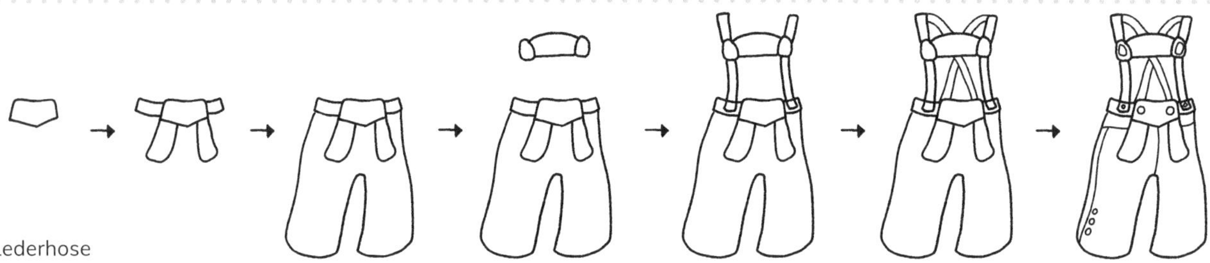

Lederhose

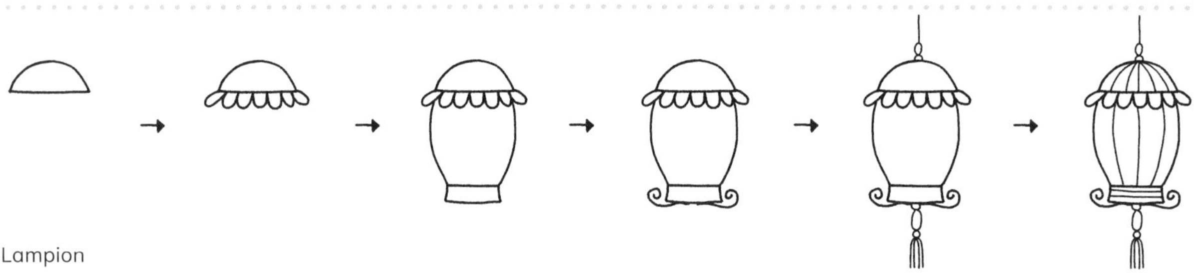

Lampion

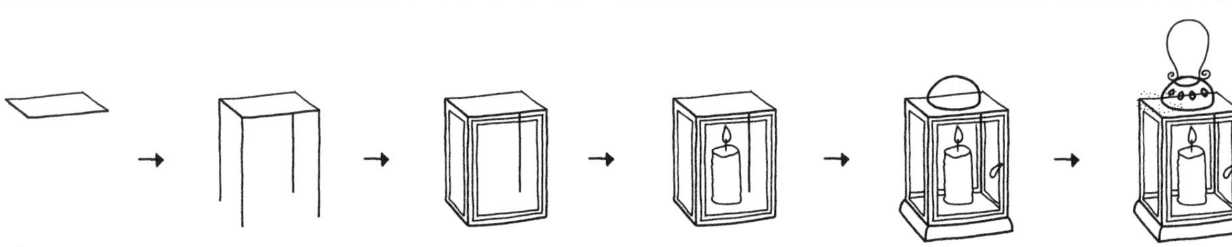

Laterne

Leopard

Leibwächter

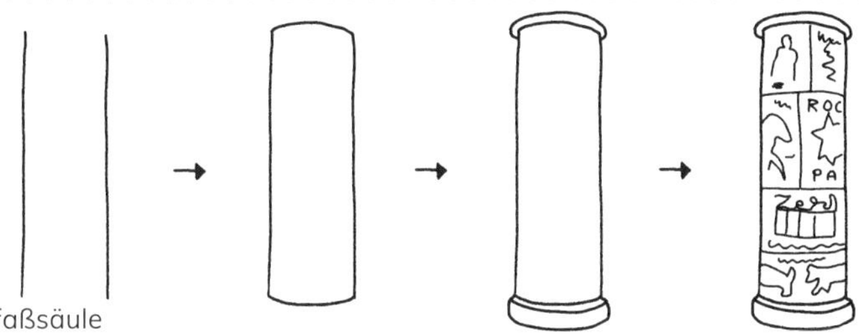

Litfaßsäule

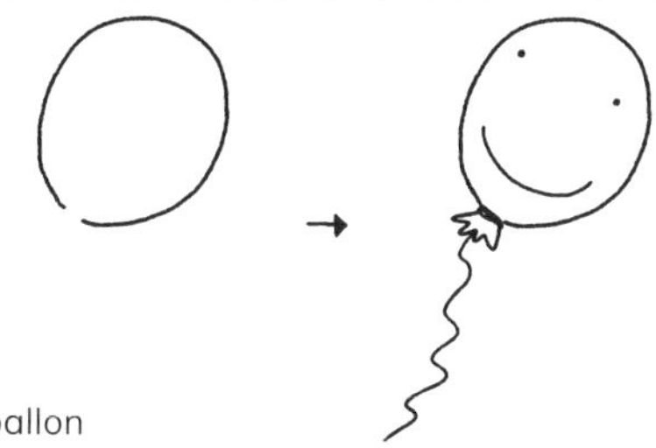

Luftballon

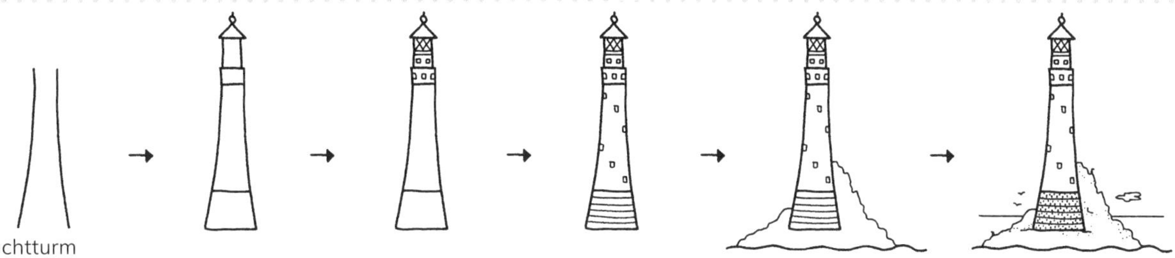

Leuchtturm

Leguan

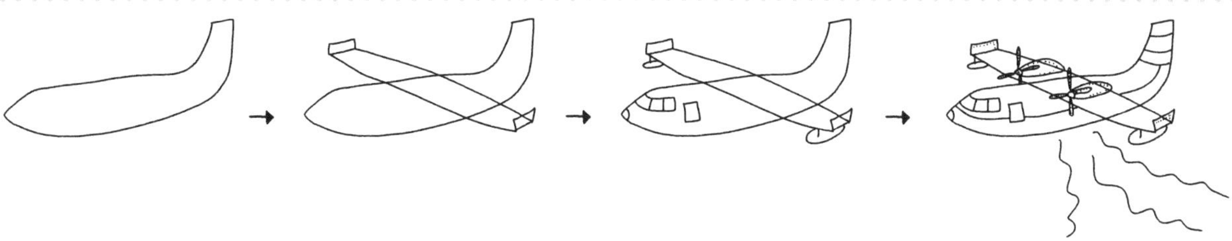

Löschflugzeug

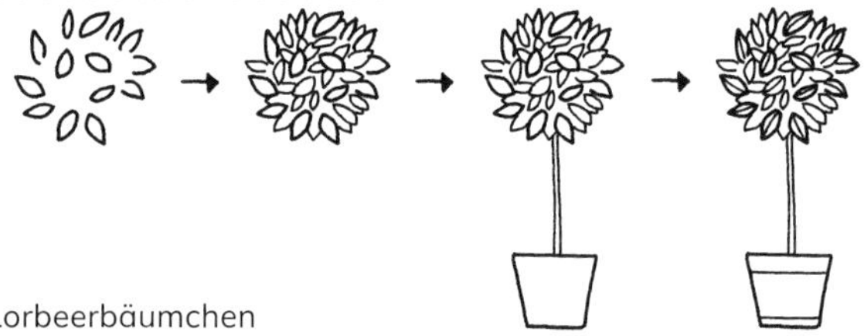

Lorbeerbäumchen

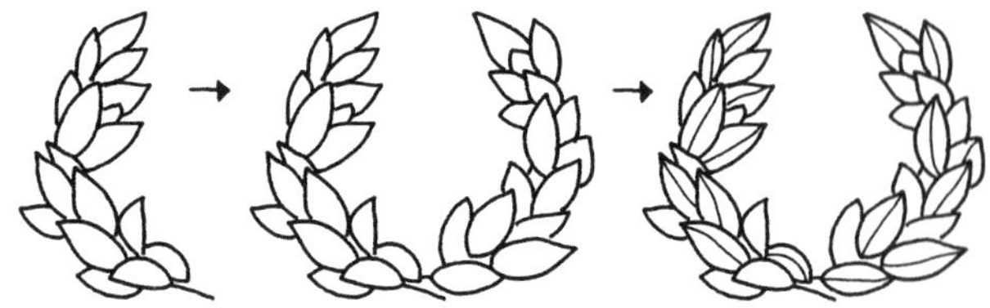

Lorbeerkranz

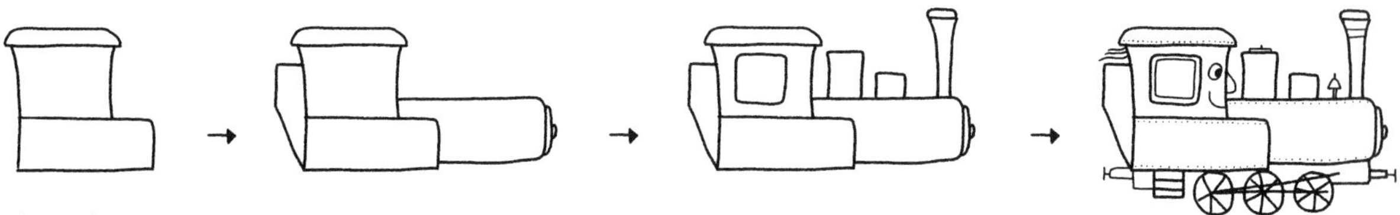

Lokomotive

Lamm

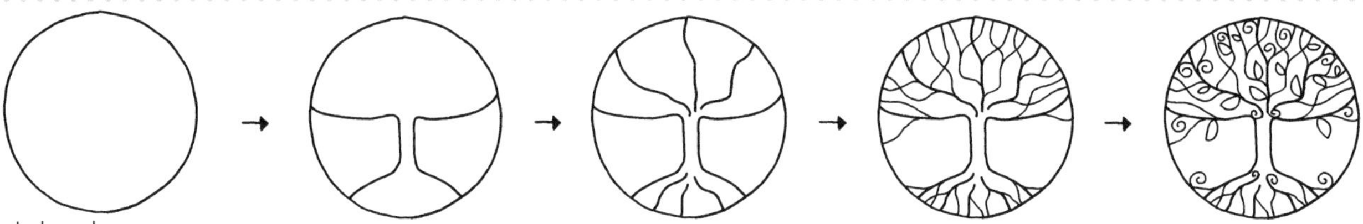

Lebensbaum

Lastenesel

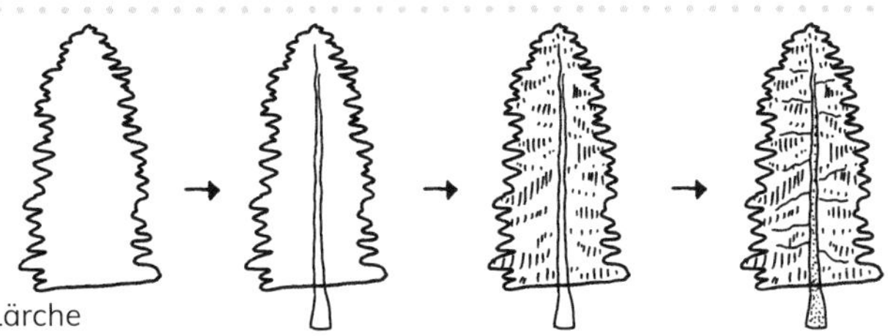

Lärche

Lerche

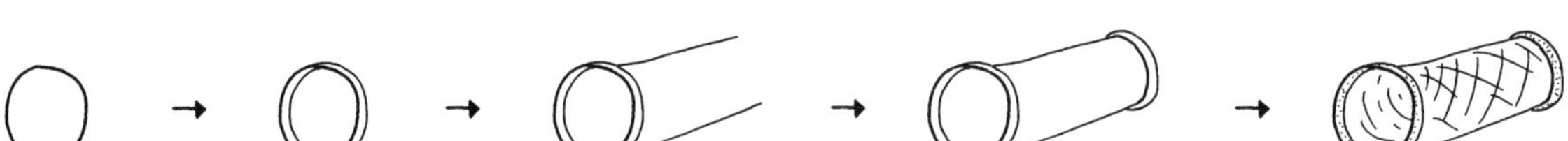

Lockenwickler

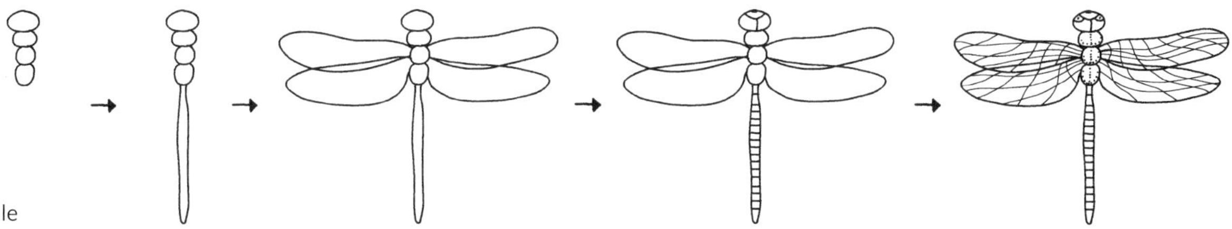

Libelle

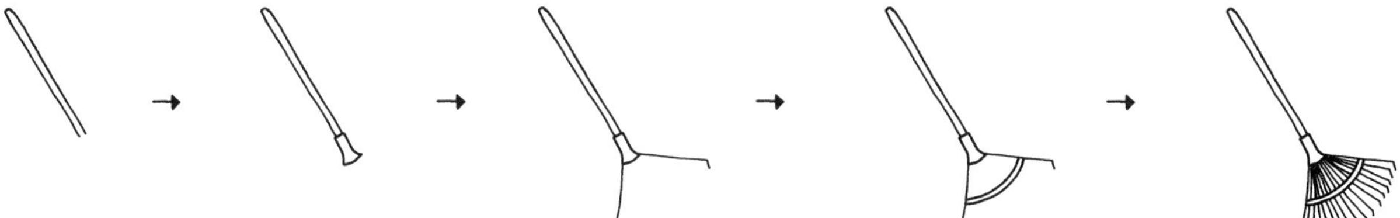

Laubrechen

Leckermaul

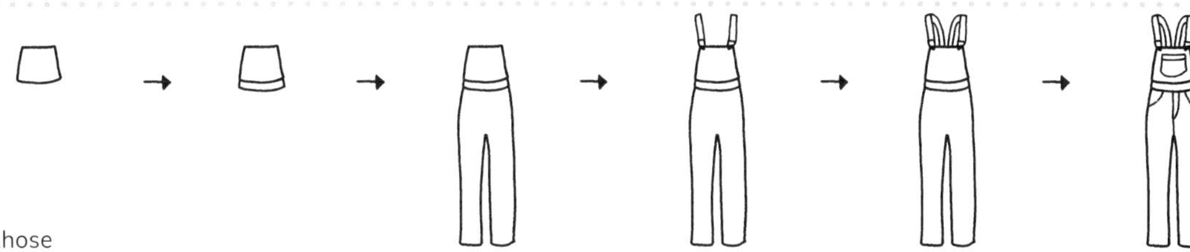

Latzhose

Leithammel

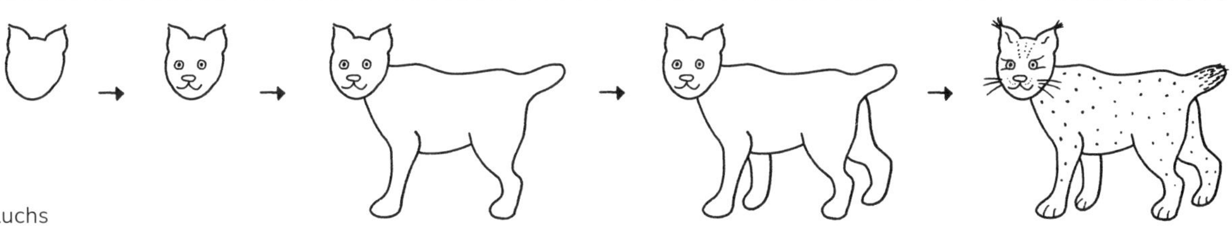

Luchs

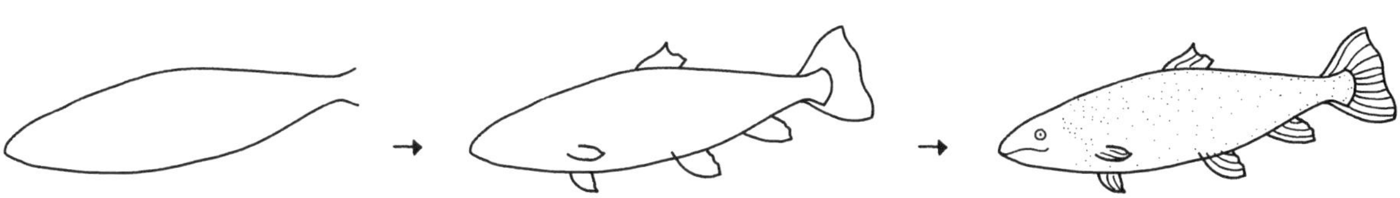

Lachs

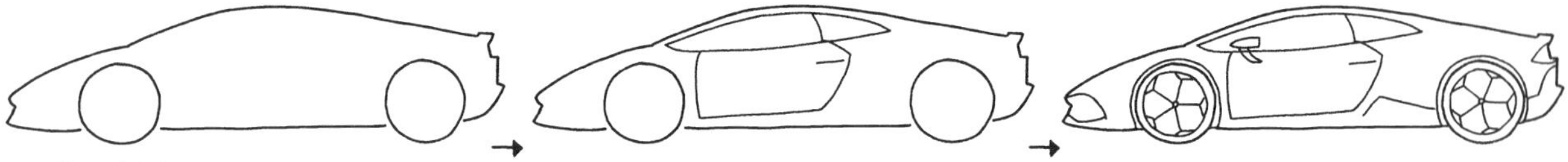

Lamborghini

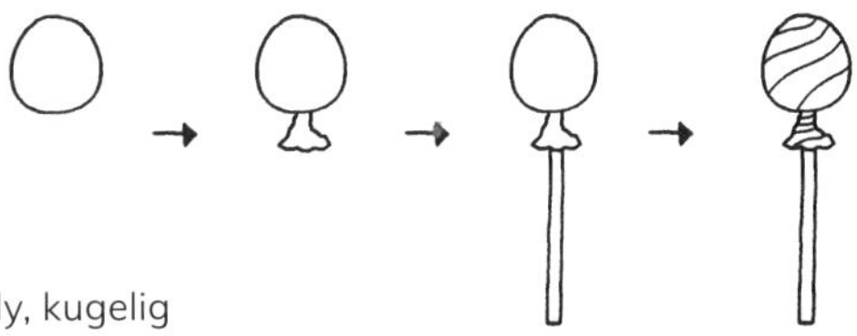

Lolly, kugelig

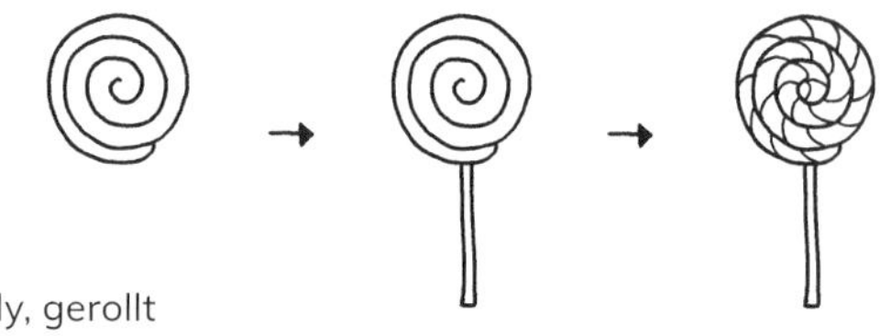

Lolly, gerollt

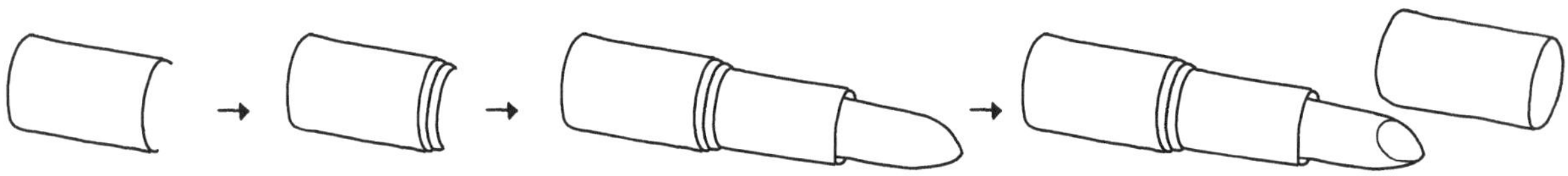

Lippenstift

Lippen

Lippenblütler

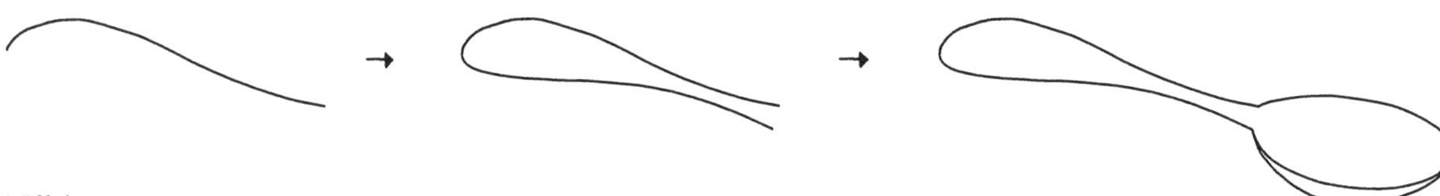

Löffel

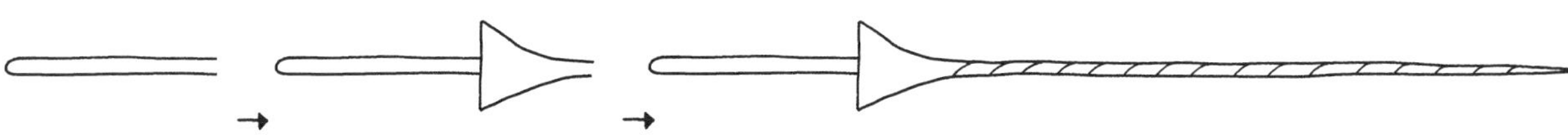

Lanze

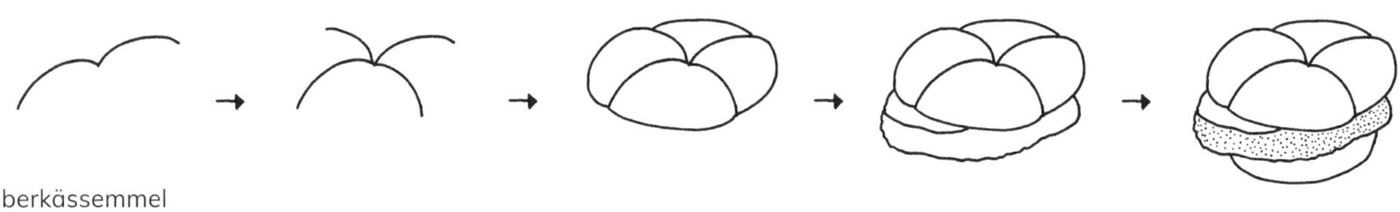

Leberkässemmel

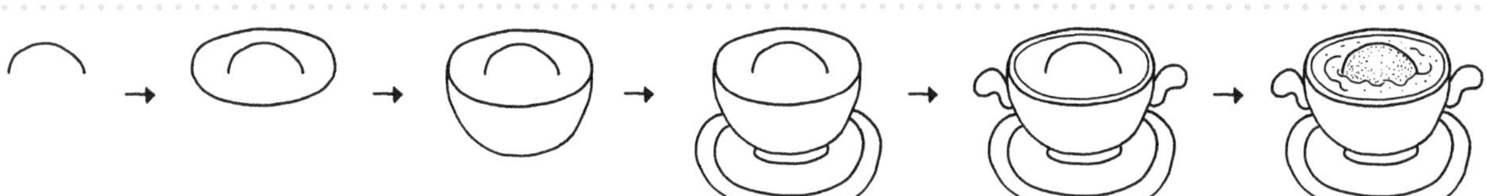

Leberknödelsuppe

Leberblümchen

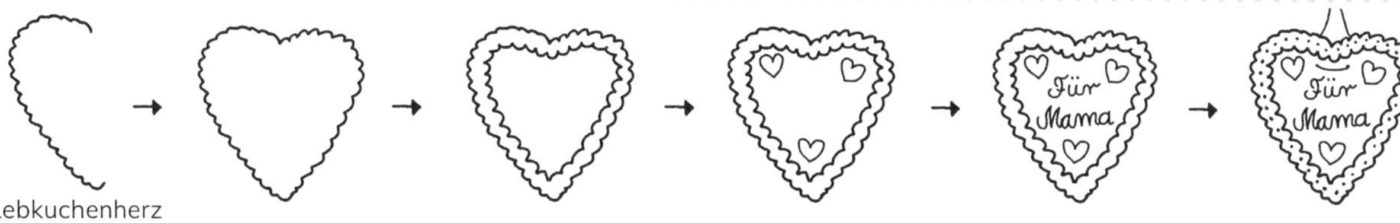

Lebkuchenherz

Limone

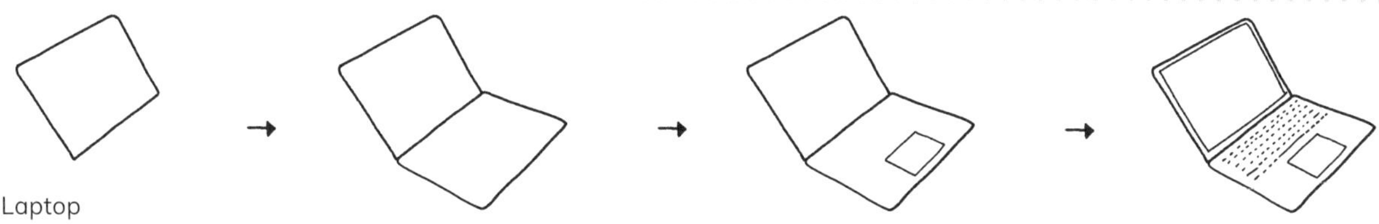

Laptop

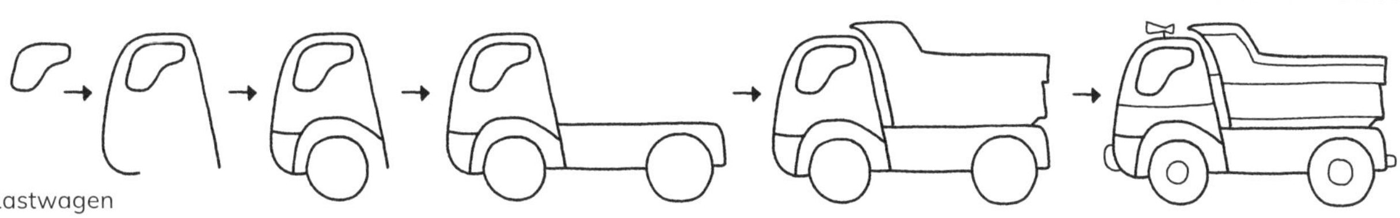

Lastwagen

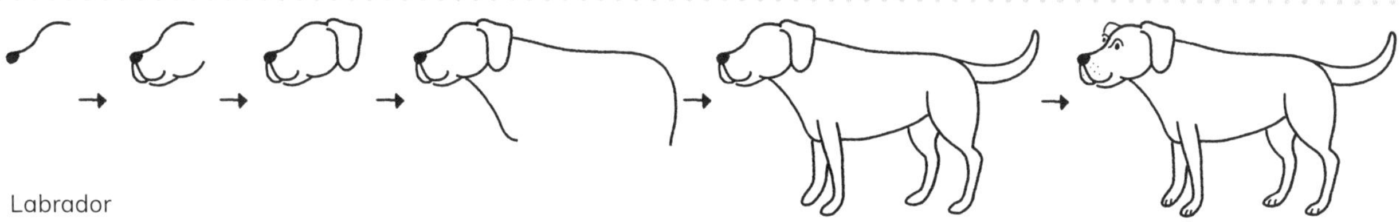

Labrador

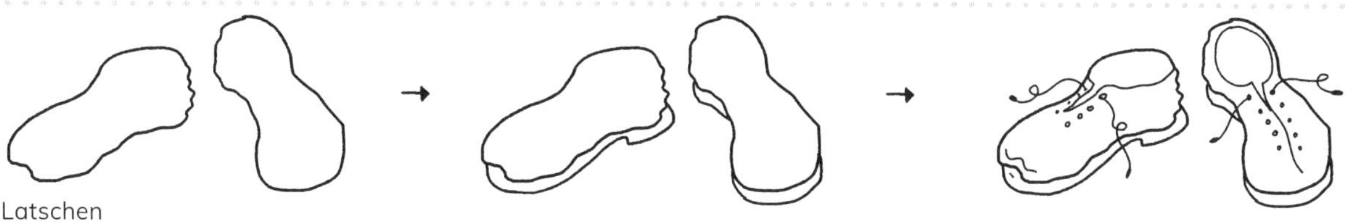

Latschen

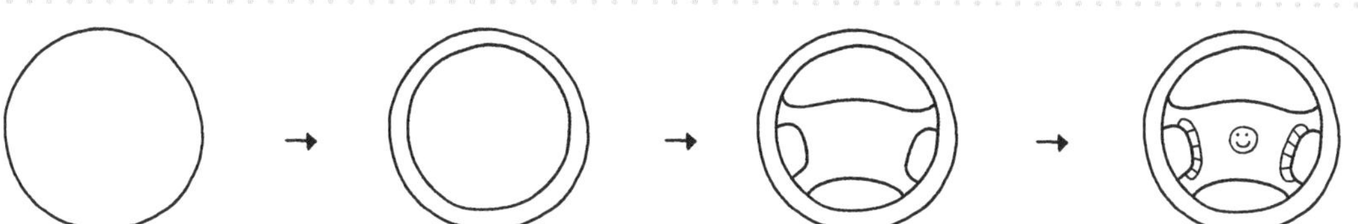

Lenkrad

LIEBE UND FREUNDSCHAFT

Muttertag, Vatertag, Hochzeitstag, Valentinstag, Geburtstag – es gibt viele Anlässe, deinen Lieblingsmenschen zu sagen: Ich hab dich lieb!

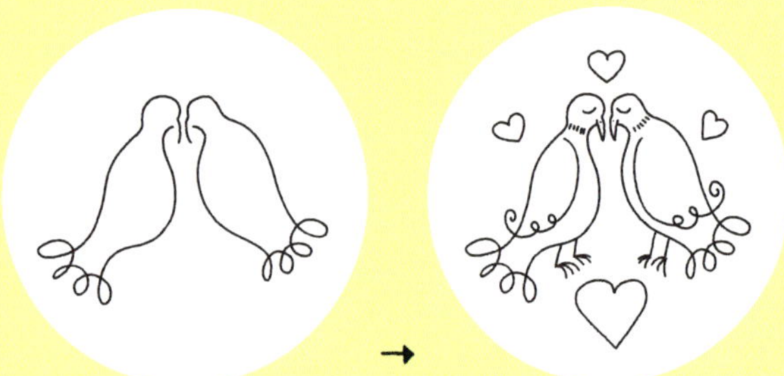

Turteltauben

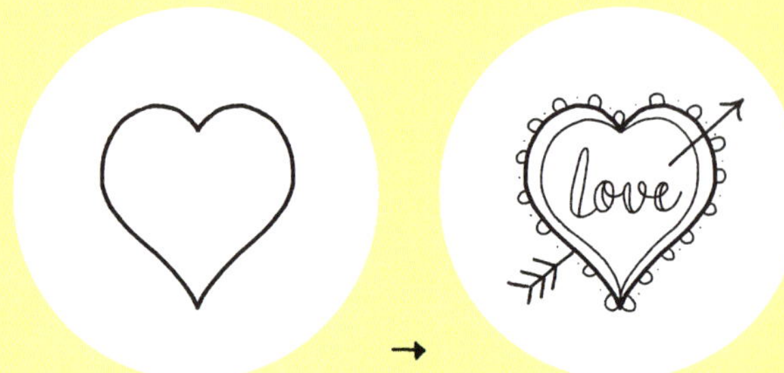

Verliebt

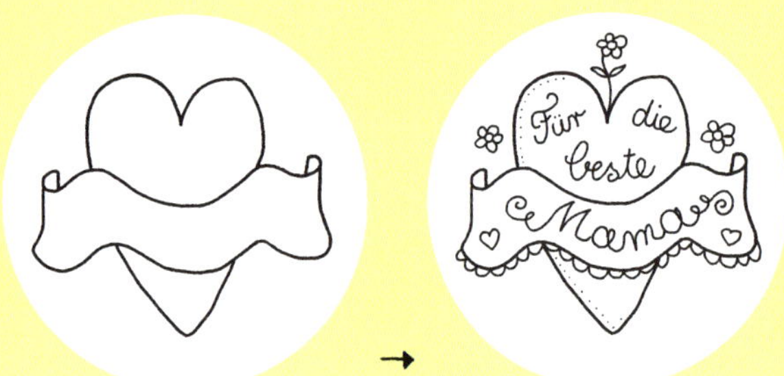

Muttertag

Vatertag

hdl

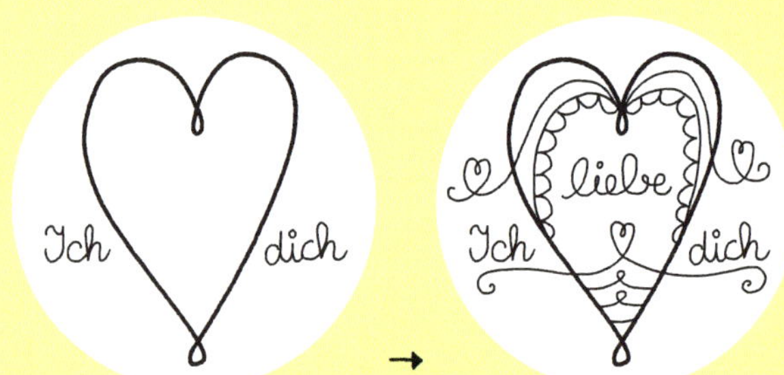

Ich liebe dich

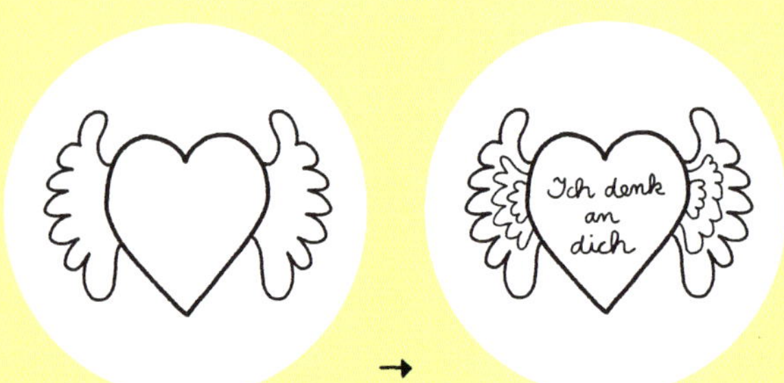

Ich denk an dich

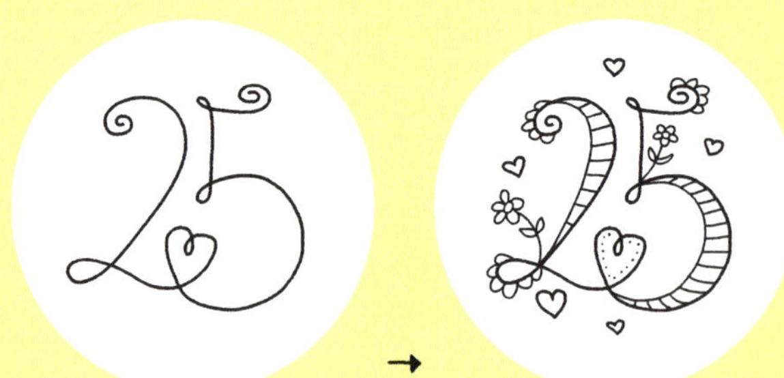

Silberhochzeit

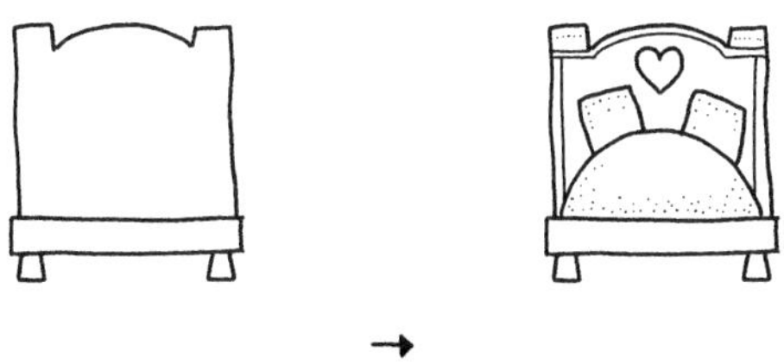

Flitterwochen

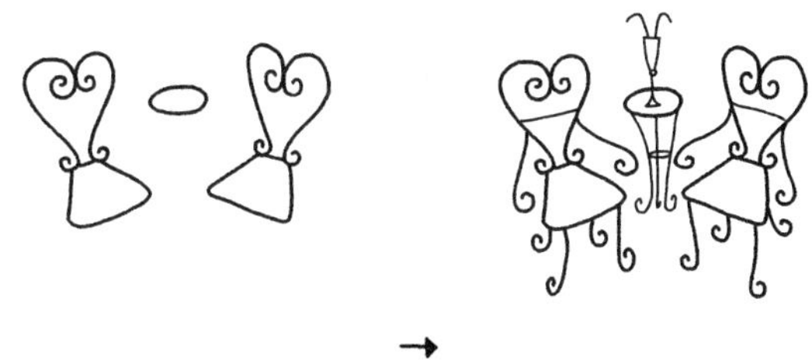

Rendezvous

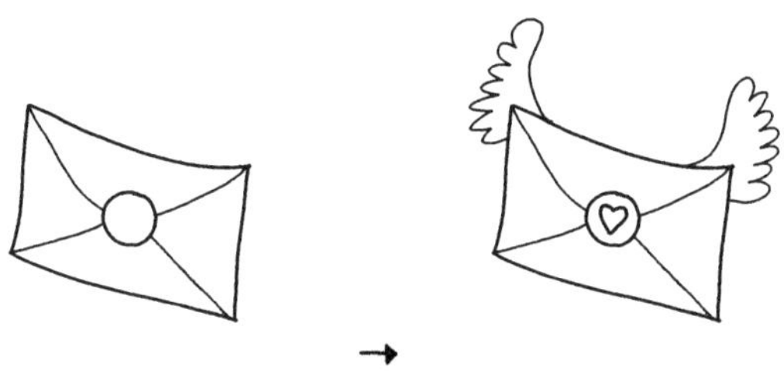

Liebesbrief

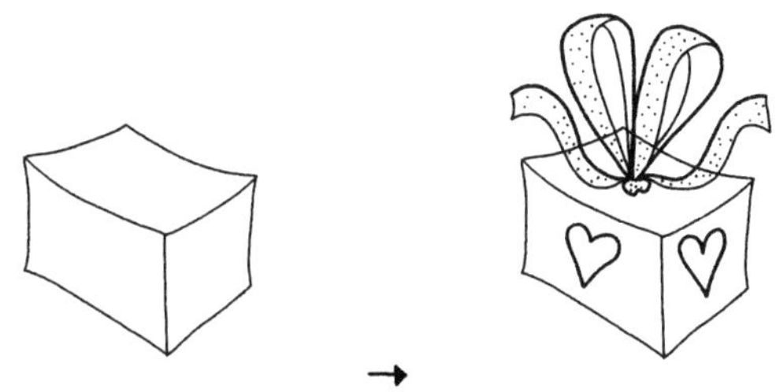

Herzensgabe

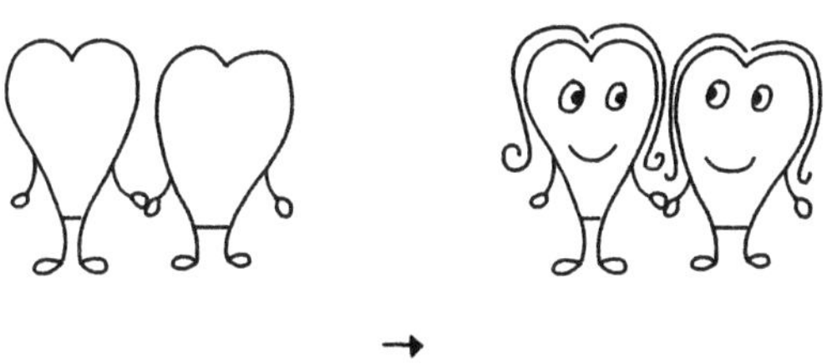

Beste Freundin

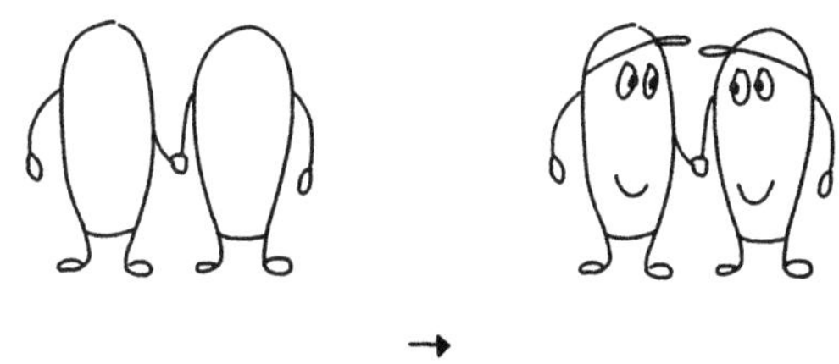

Bester Freund

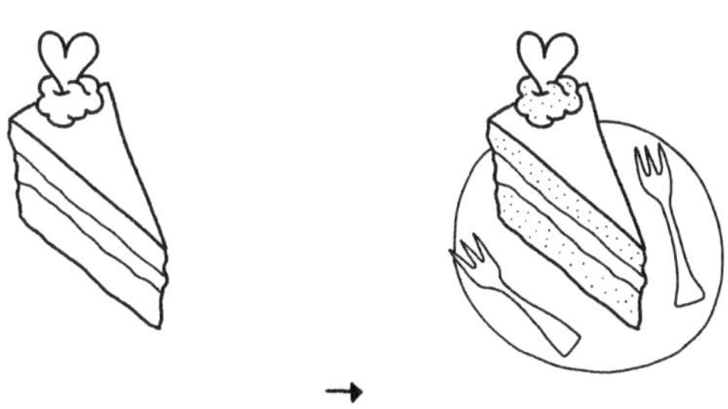

Geteilte Freude, Kuchen

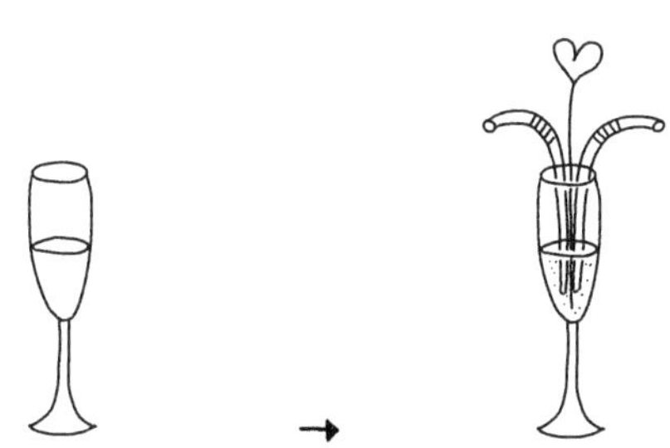

Geteilte Freude, Getränk

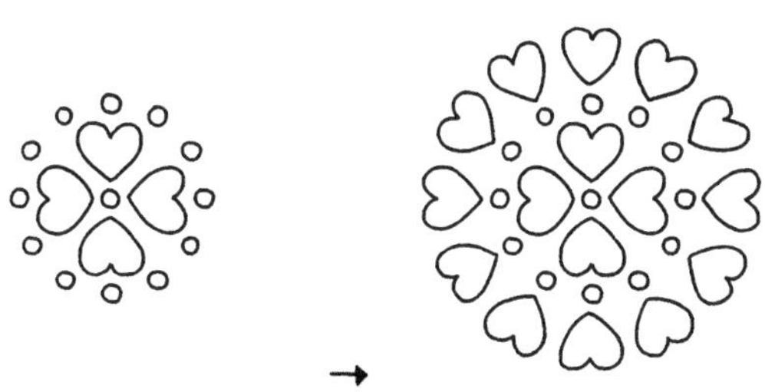

Herzensmandala 1

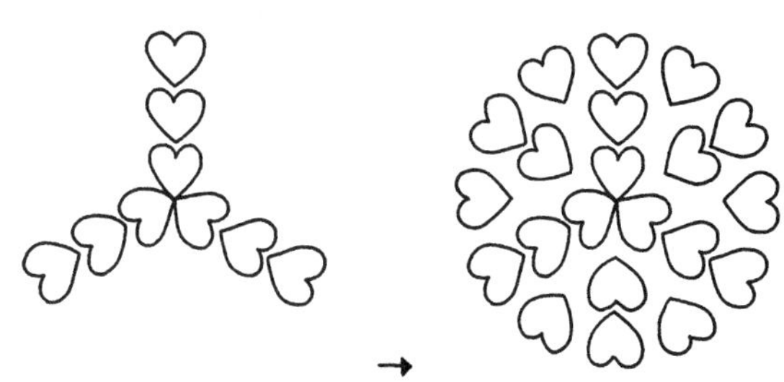

Herzensmandala 2

Mammut

Mücke

Mikroskop

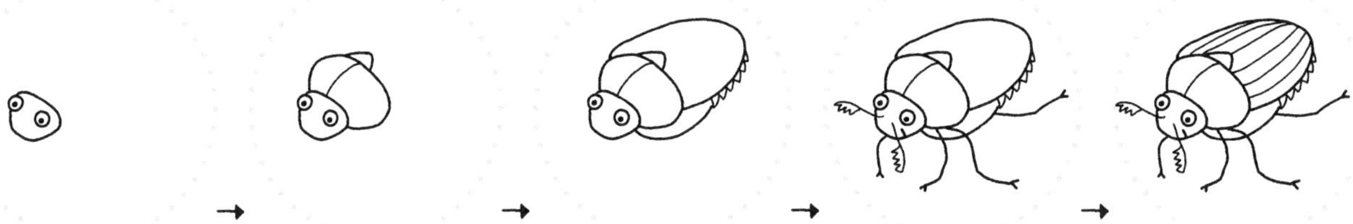

Maikäfer

Maiglöckchen

Margerite

Maus

Mandrill

Muffin

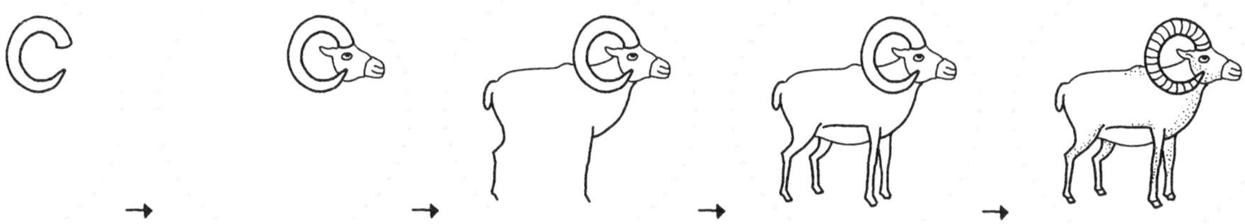

Mufflon

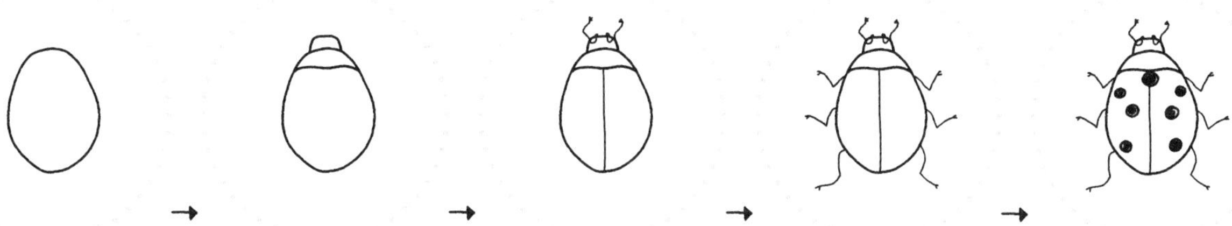

Marienkäfer

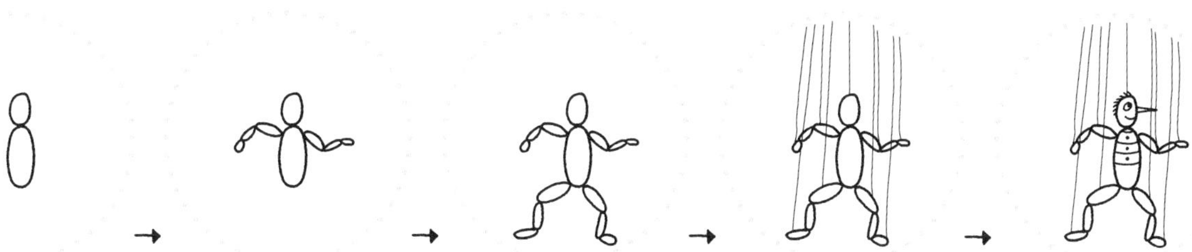

Marionette

Müllauto

Matterhorn

Mandoline

Madonna

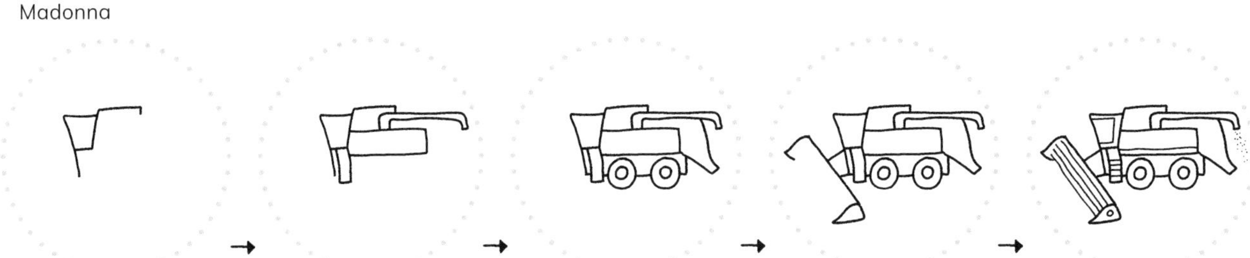

Mähdrescher

Marathonläufer*in

Marsmensch

Muskelprotz

Musketier

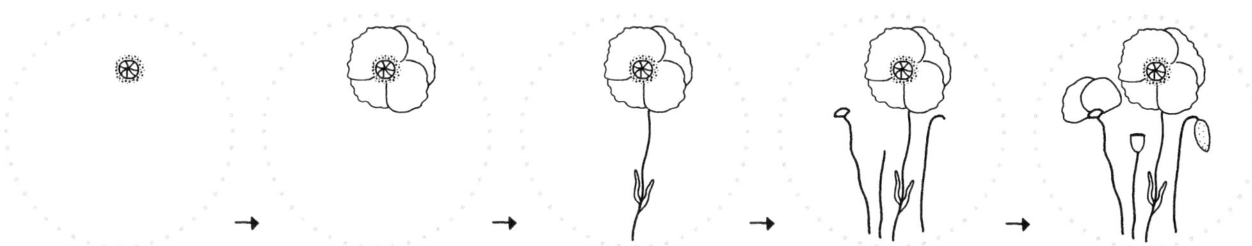

Mohnblume

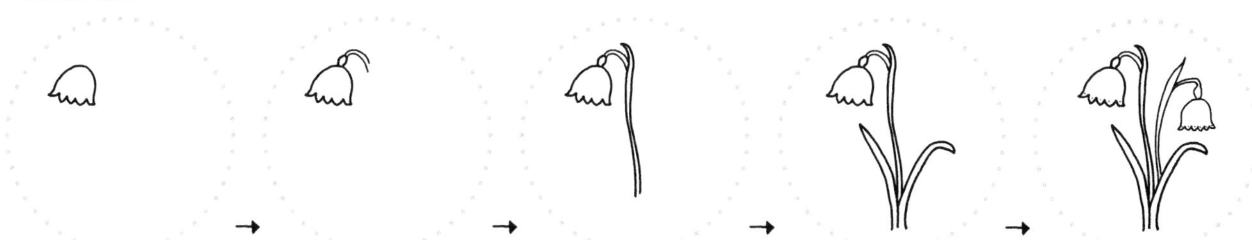

Märzenbecher

Magnolie

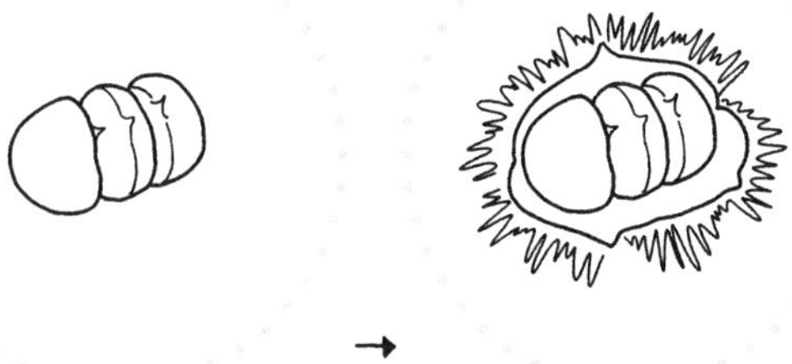

Maroni

Monster

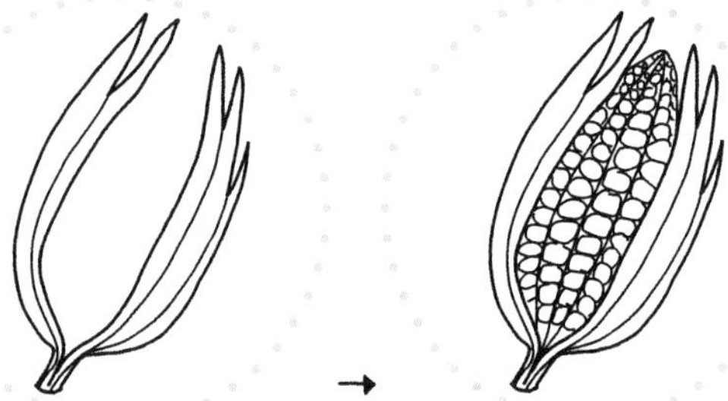

Maiskolben

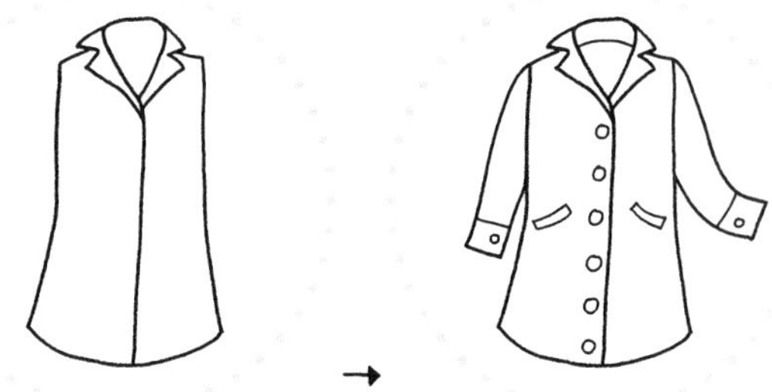

Mantel

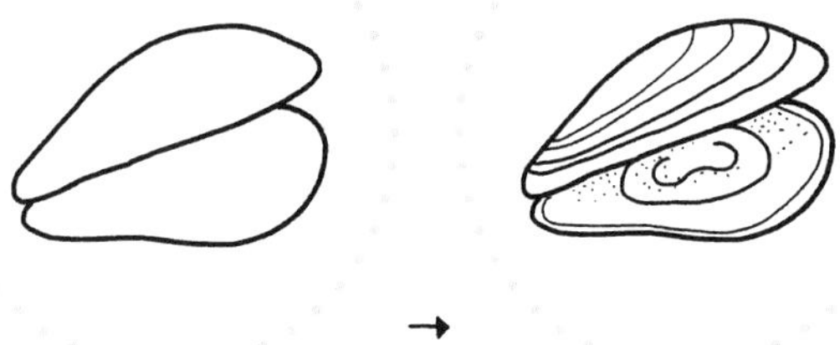

Miesmuschel

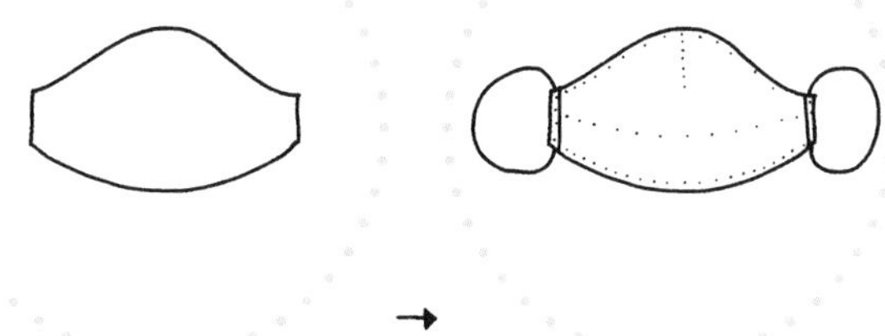

Mundschutz

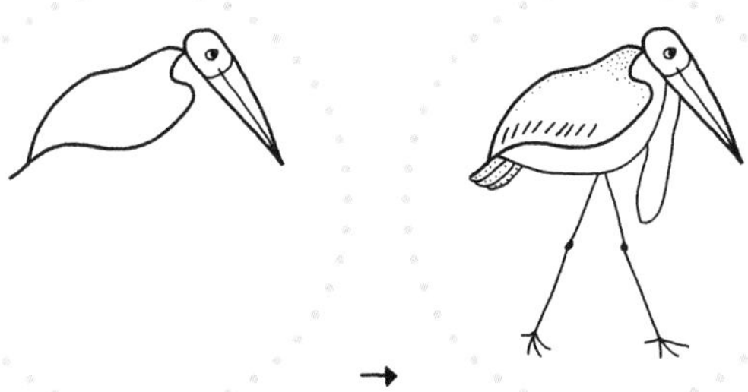

Marabu

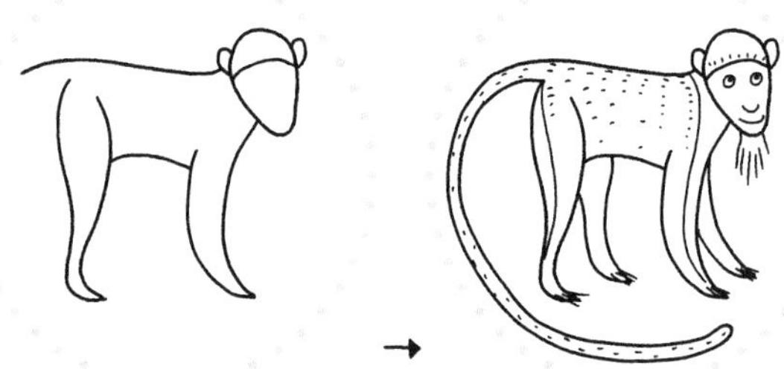

Meerkatze

Mondlandefähre

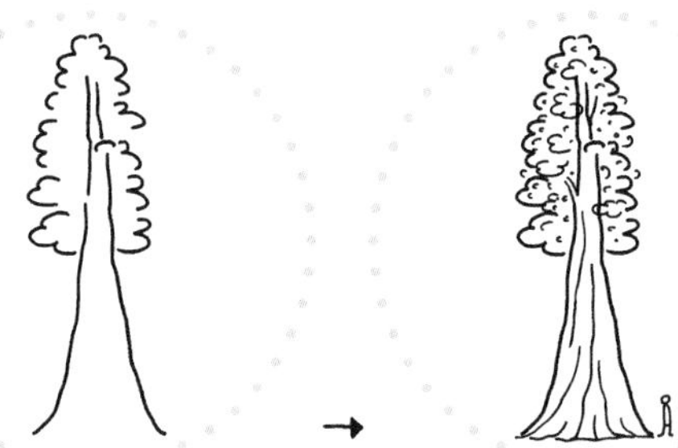

Mammutbaum

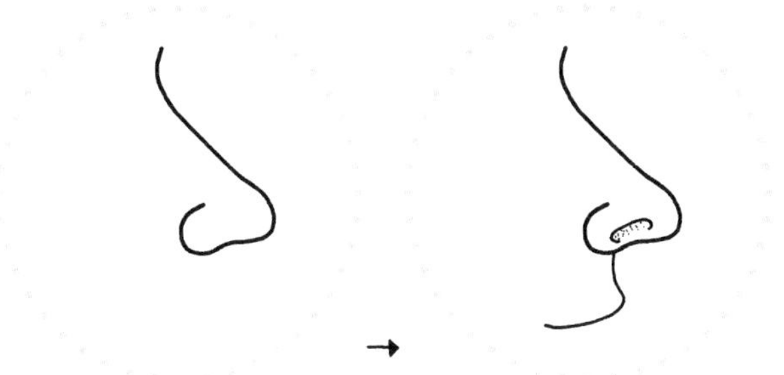

Nase

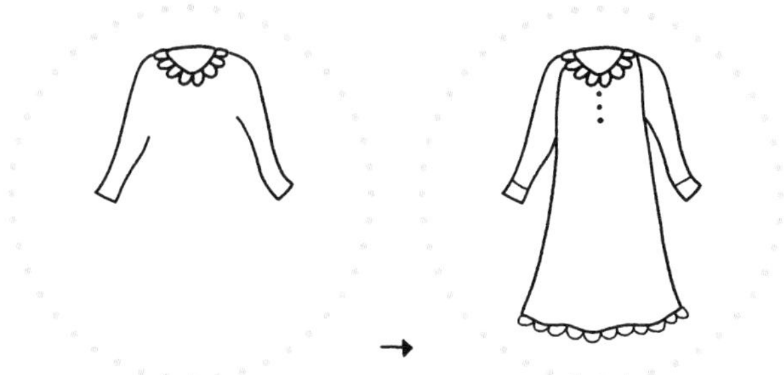

Nachthemd

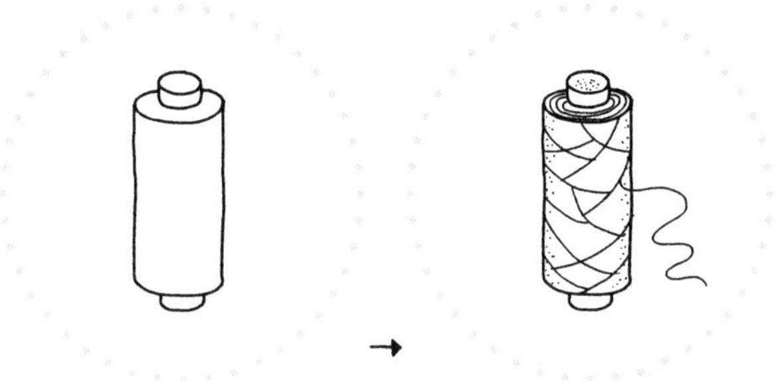

Nähgarnspule

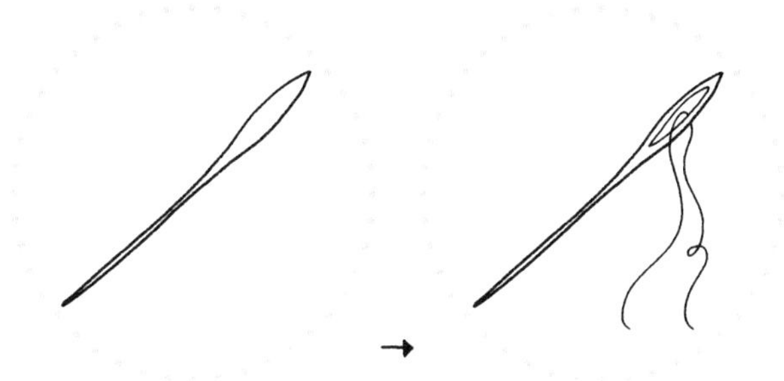

Nähnadel

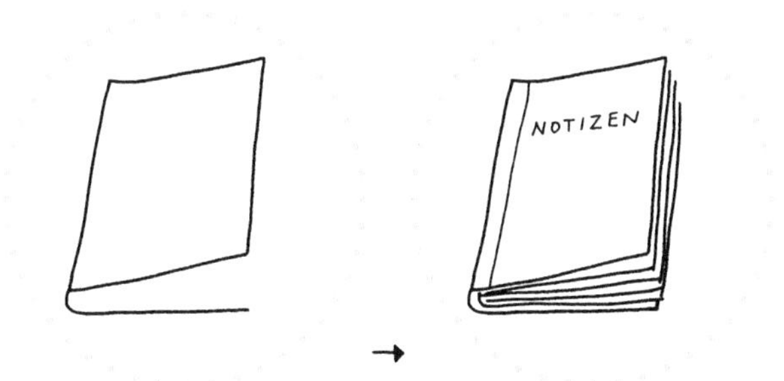

Notizbuch

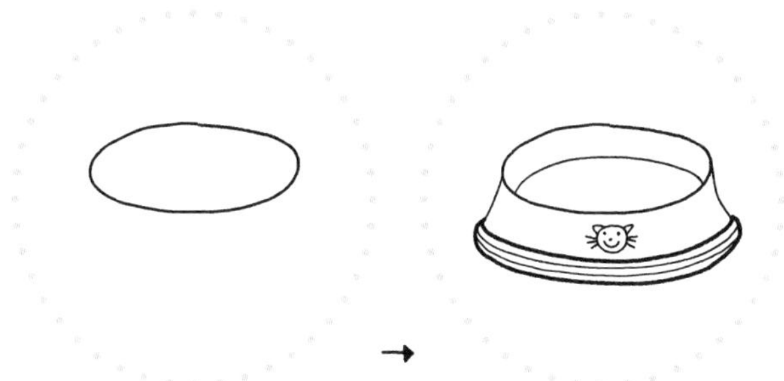

Napf

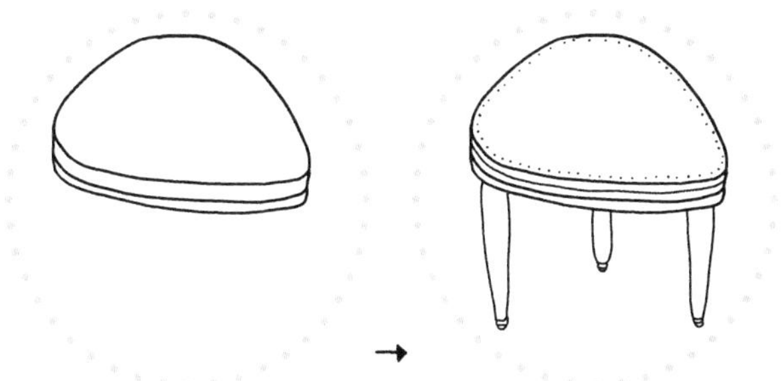

Nierentischchen

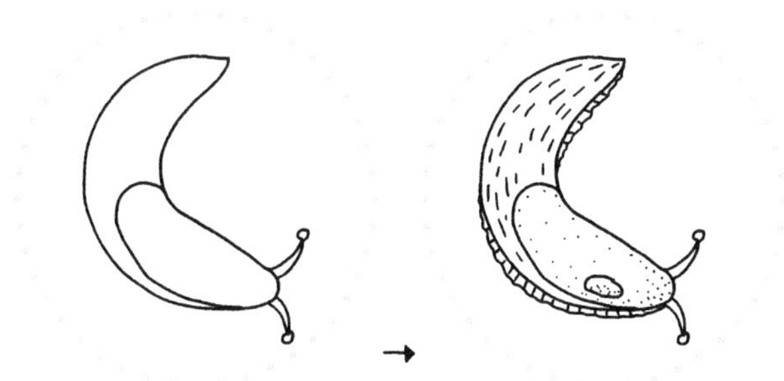

Nacktschnecke

Narr

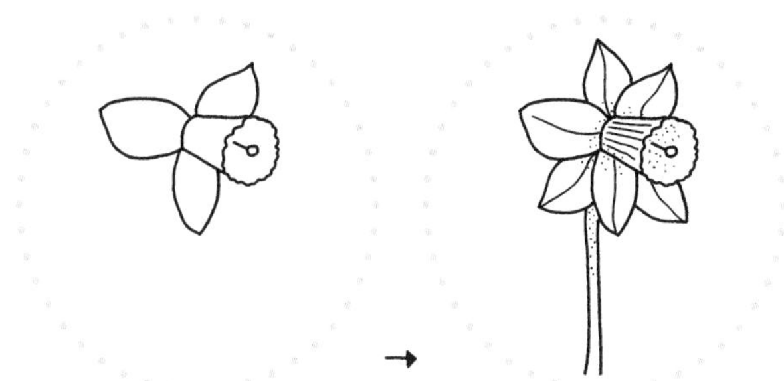

Narzisse

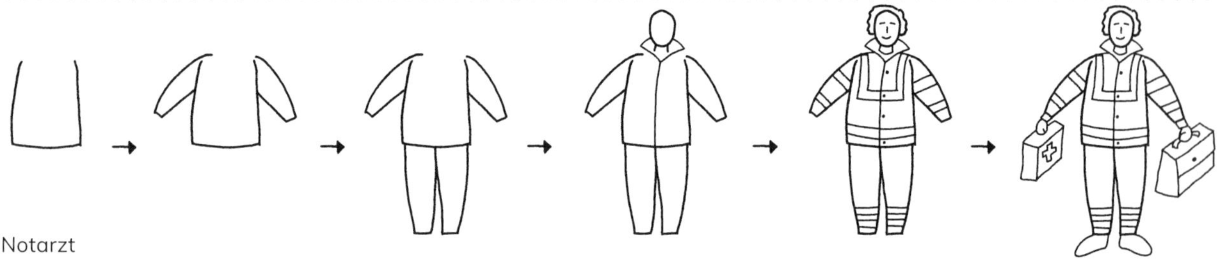

Notarzt

Notarztauto

Naturforscher

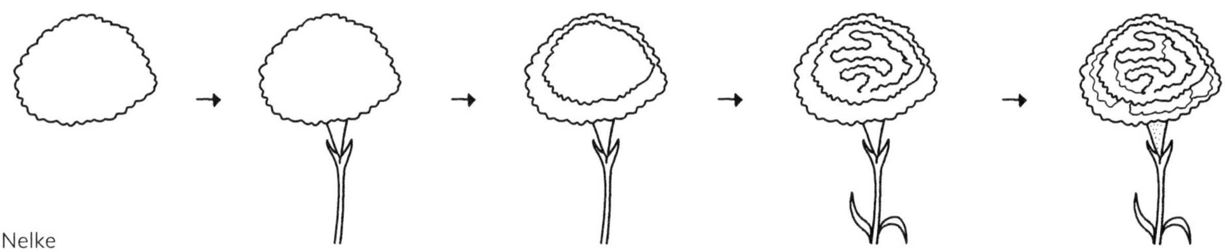

Nelke

Nervensäge

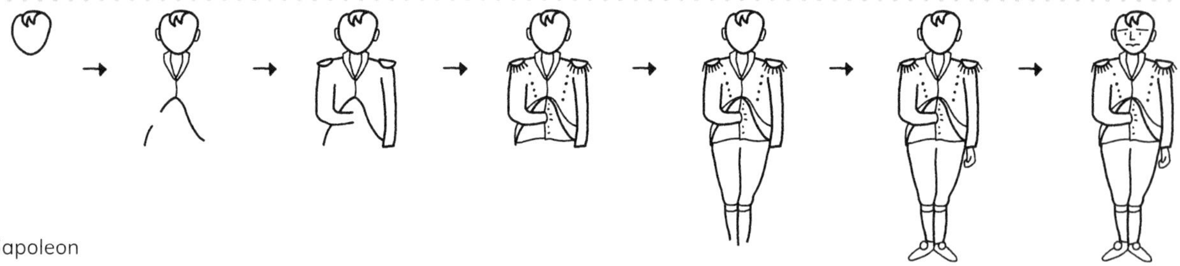

Napoleon

Nachtigall

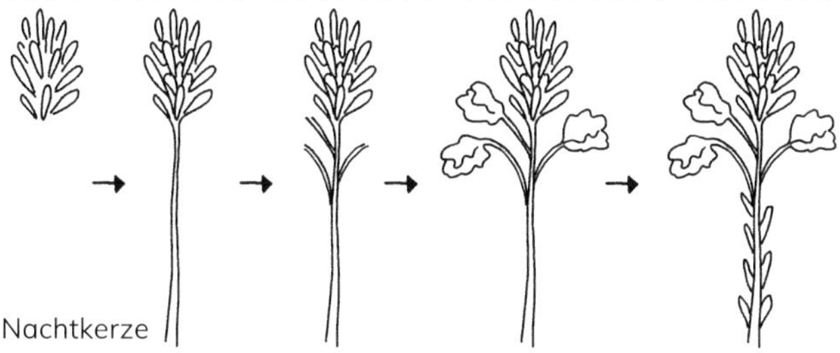

Nachtkerze

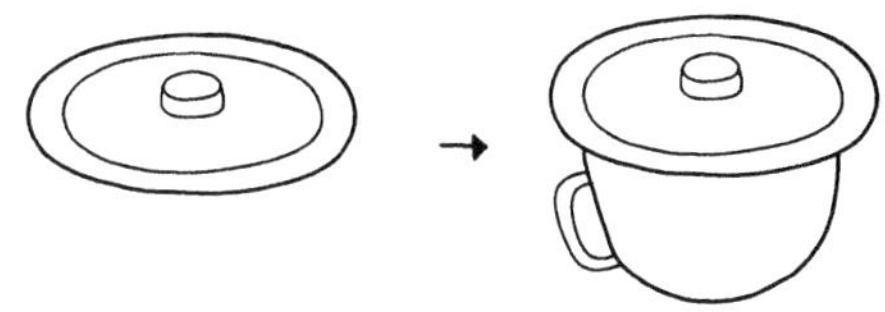

Nachttopf

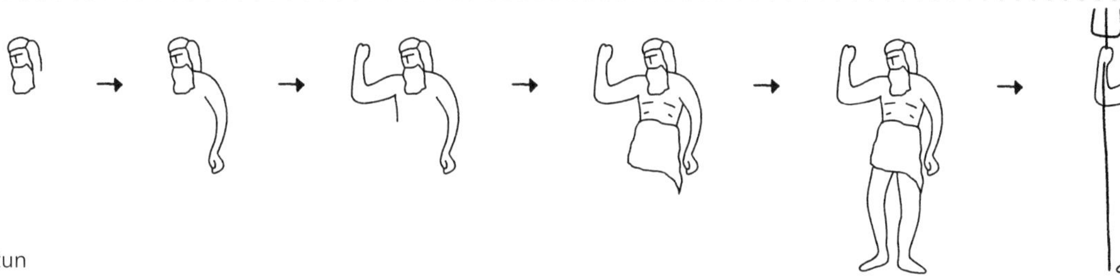

Neptun

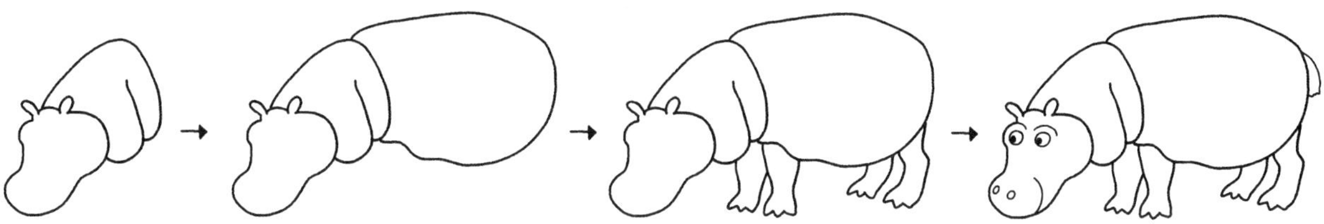

Nilpferd

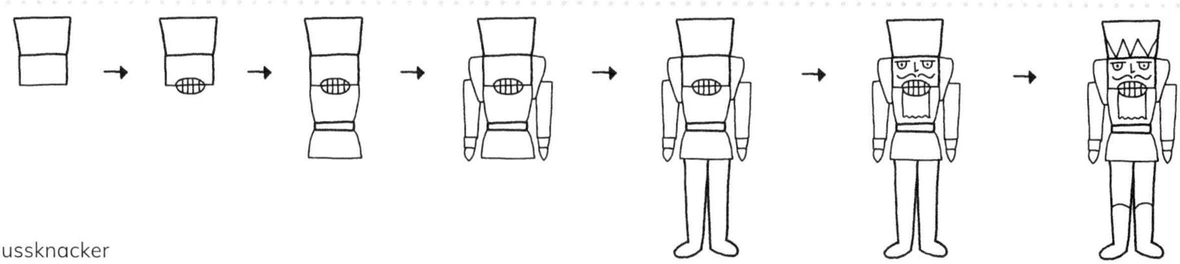

Nussknacker

Nasenbär

Nashorn

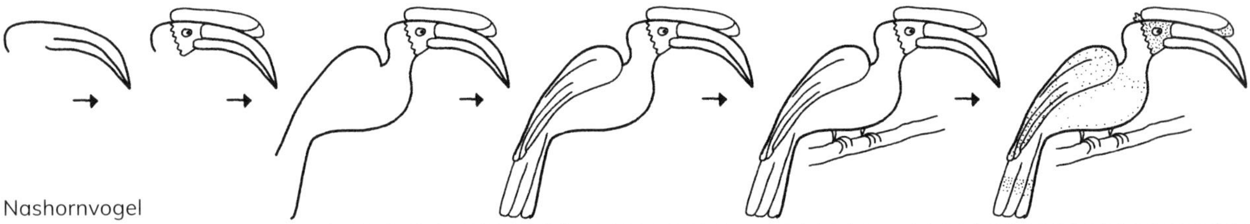

Nashornvogel

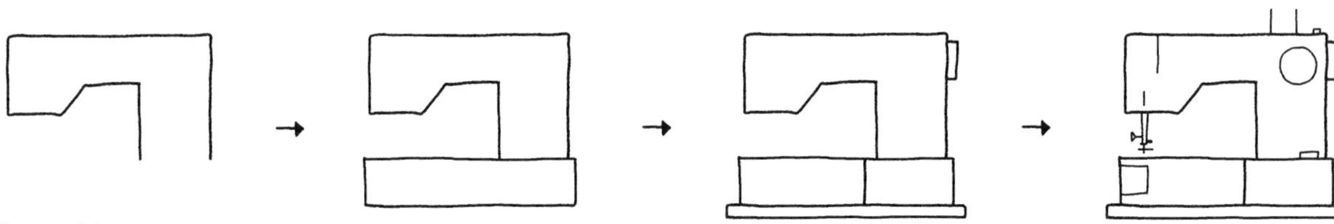

Nähmaschine

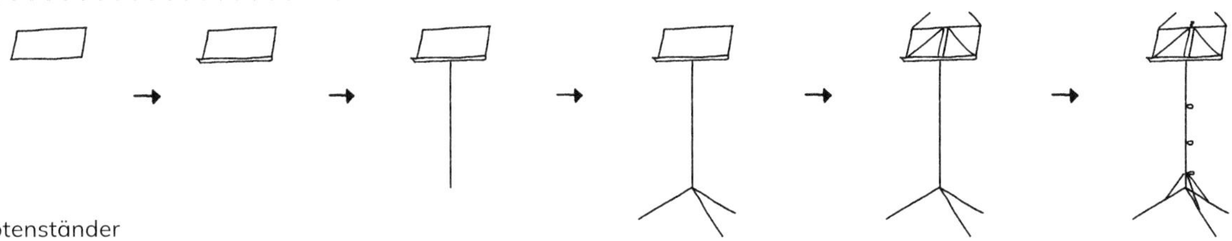

Notenständer

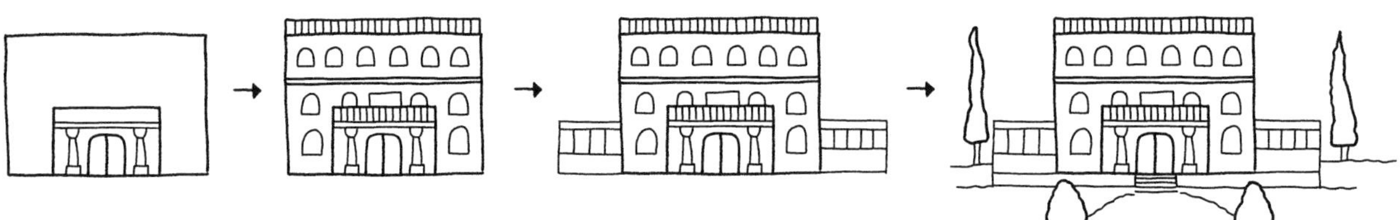

Nobelhotel

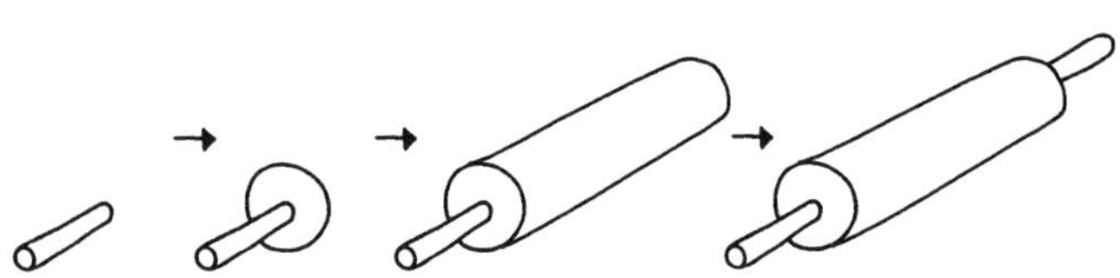

Nudelholz

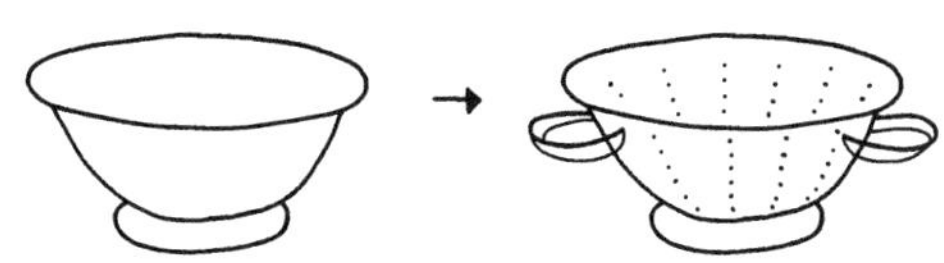

Nudelsieb

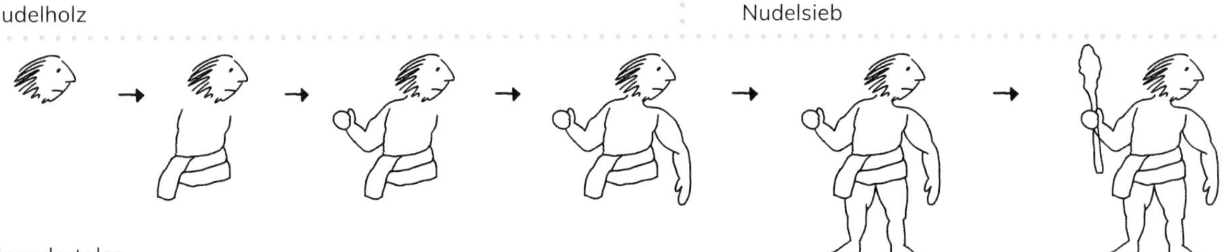

Neandertaler

Nonne

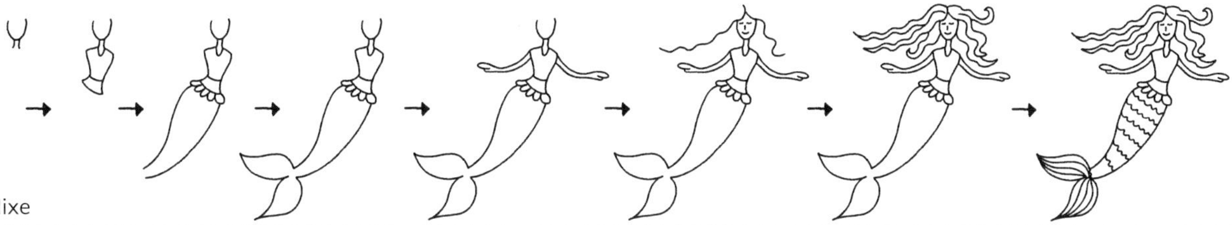

Nixe

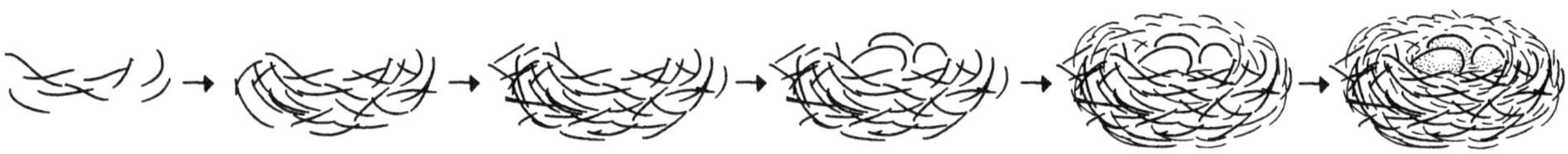

Nest

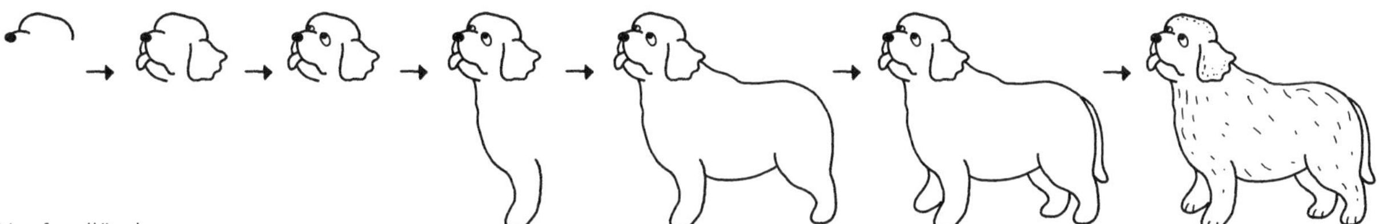

Neufundländer

Nachttisch

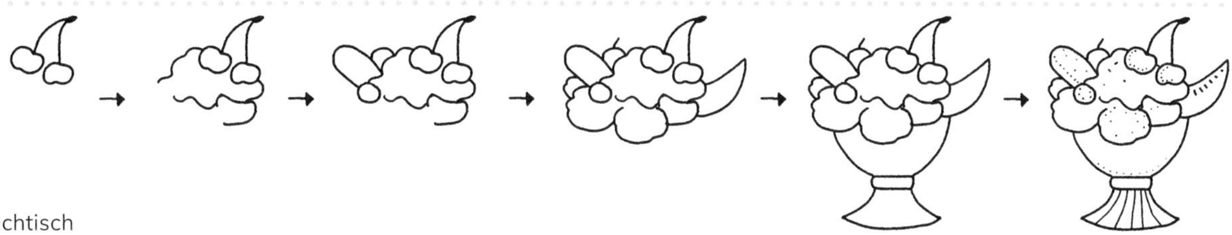

Nachtisch

Nadelwald

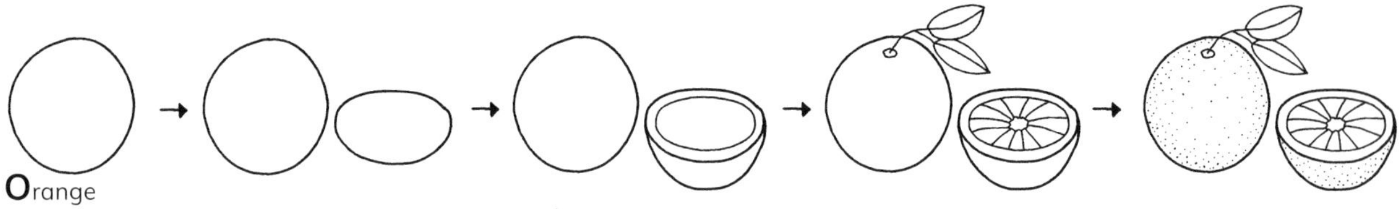

Orange

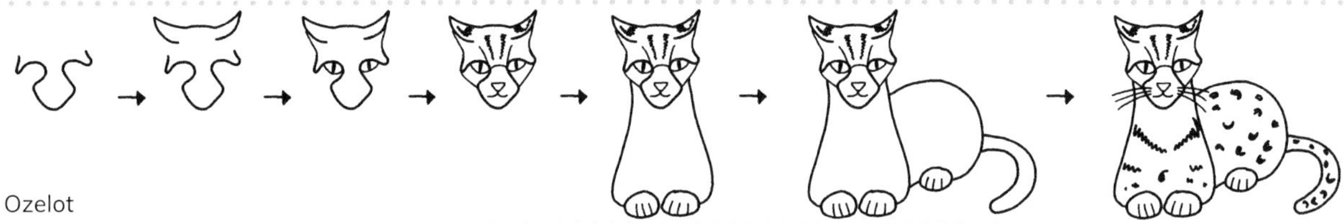

Ozelot

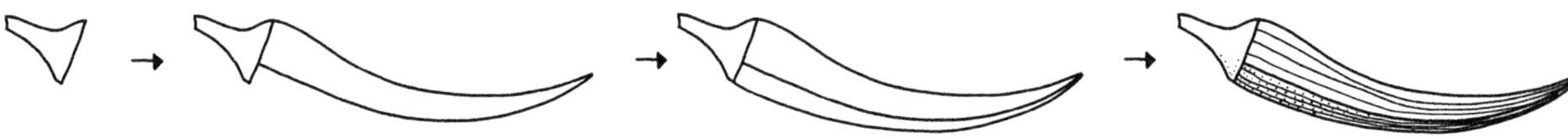

Okra

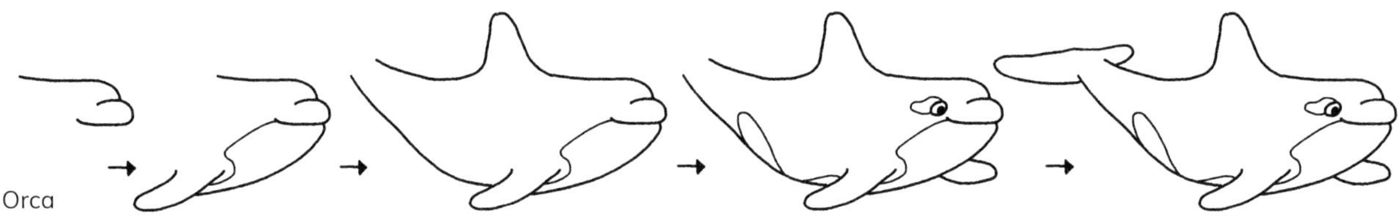

Orca

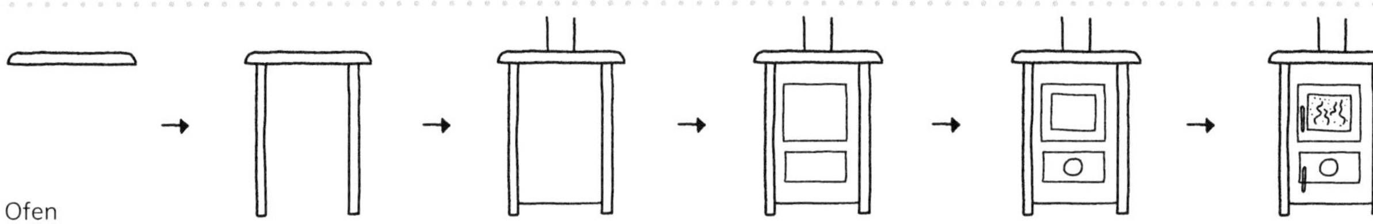

Ofen

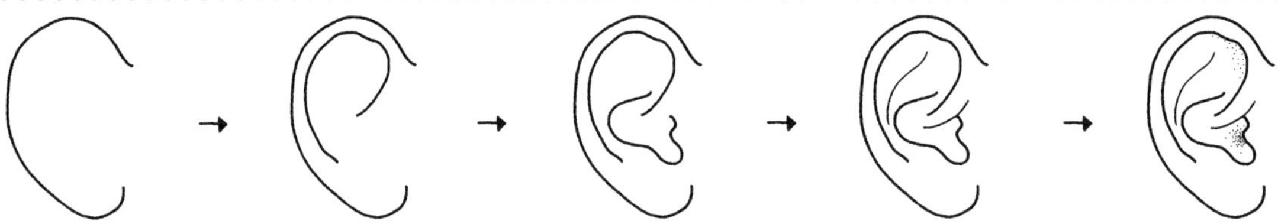

Ohr

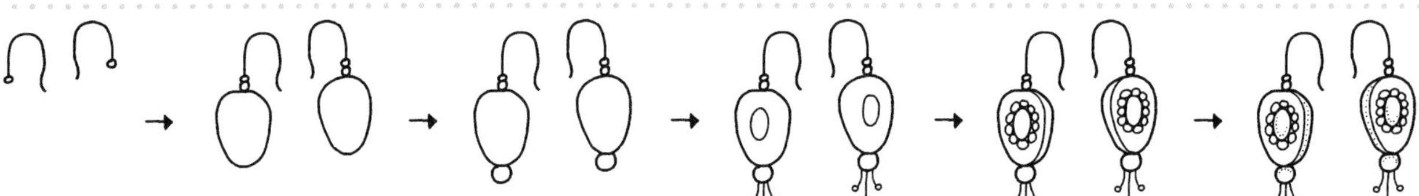

Ohrringe

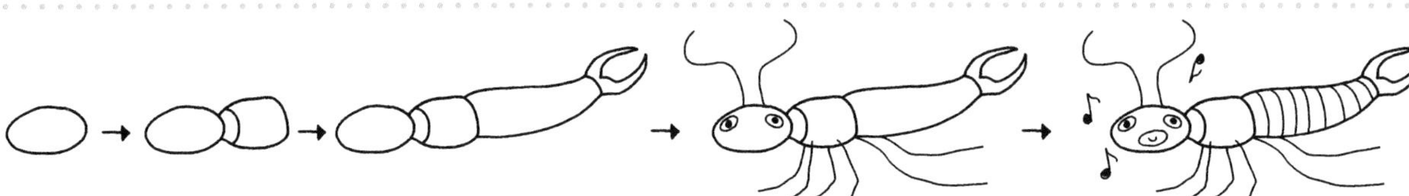

Ohrwurm

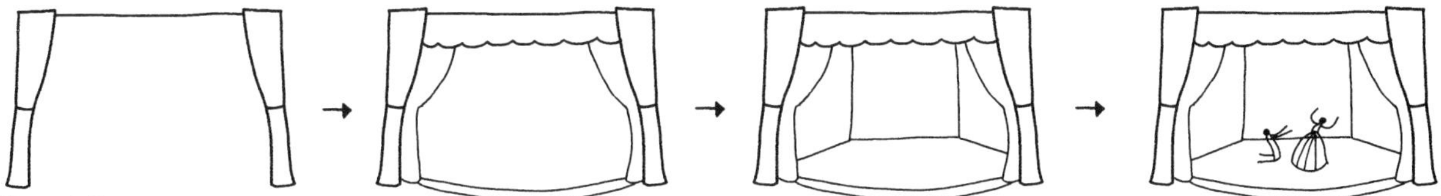

Opernbühne

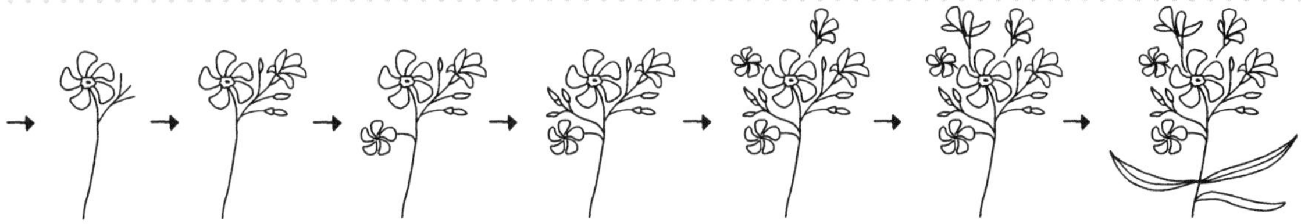

Oleander

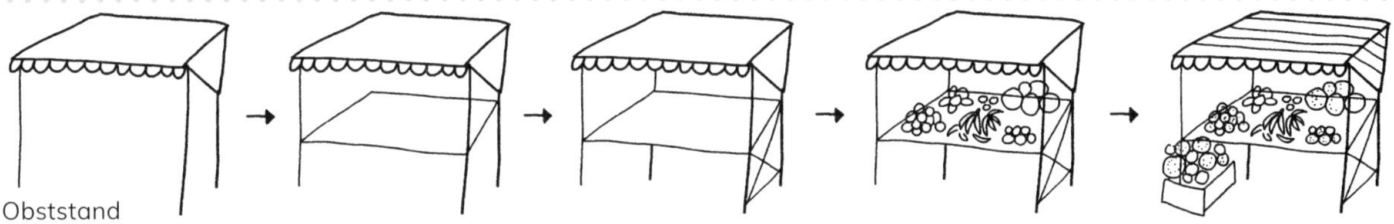

Obststand

Opossum

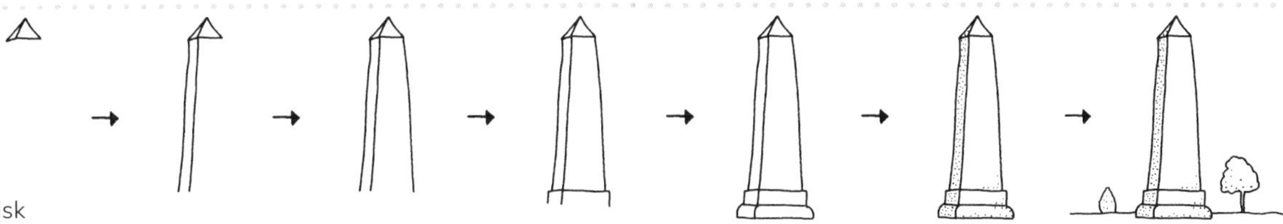

Obelisk

Oregano

Otter

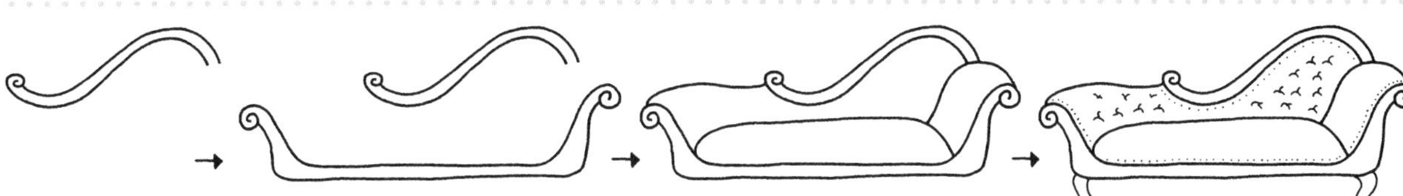

Ottomane

SAG'S MIT EINEM SCHAF

Mit seinem ganzen Körper drückt dieses kleine Schaf seine Stimmung aus. Ist es freudig, macht es grinsend einen Luftsprung, ist es traurig, lässt es sogar seine Hörner hängen. Fallen dir noch mehr Stimmungen ein?

Lachend

Freudig

Verliebt

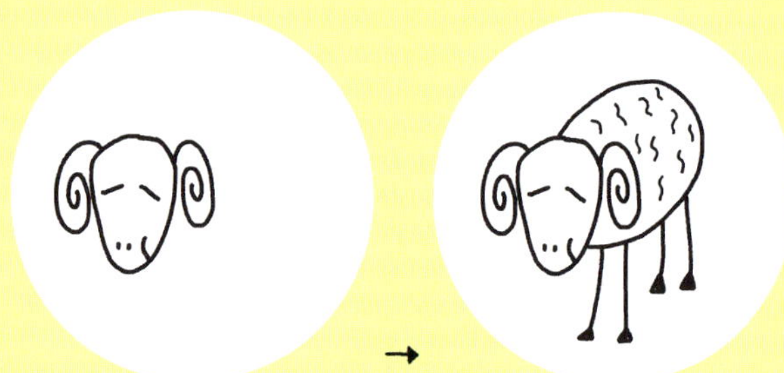

Traurig

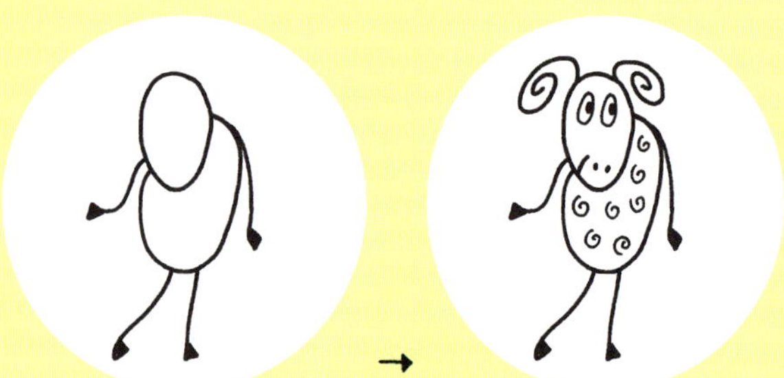

Kokett

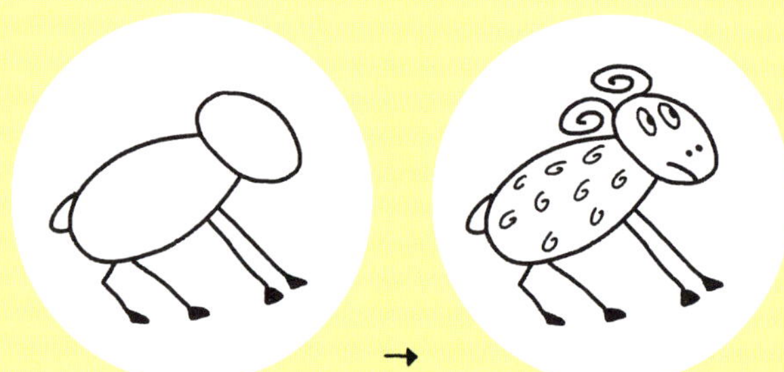

Ängstlich

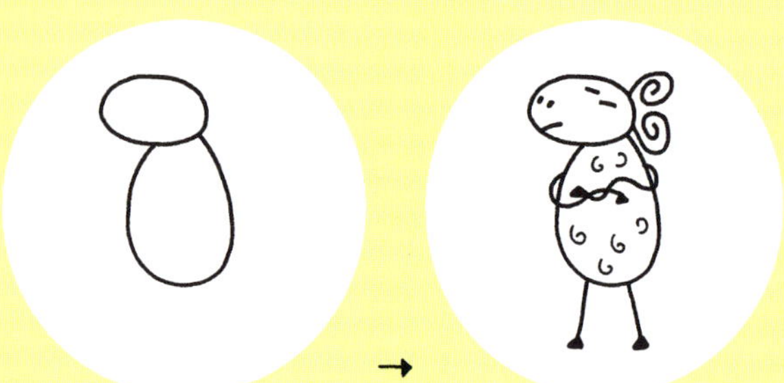

Beleidigt

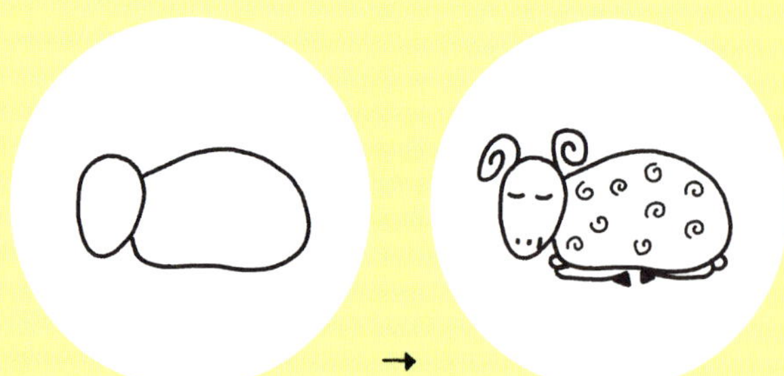

Müde

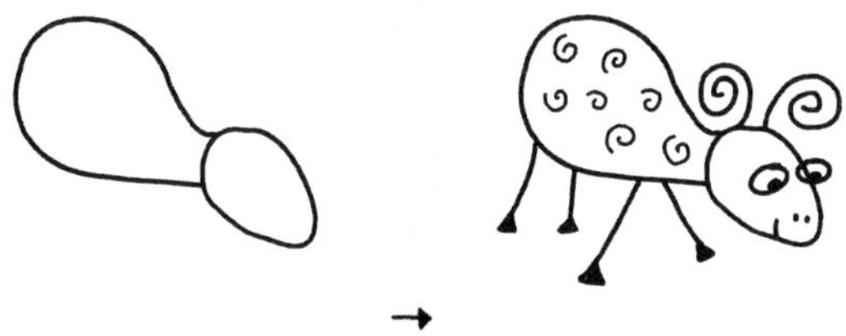

Neugierig

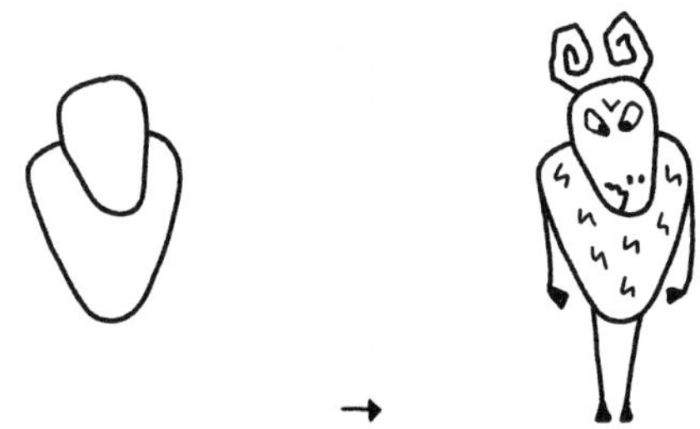

Wütend

Locker

Zufrieden

Frech

Erschrocken

Chillig

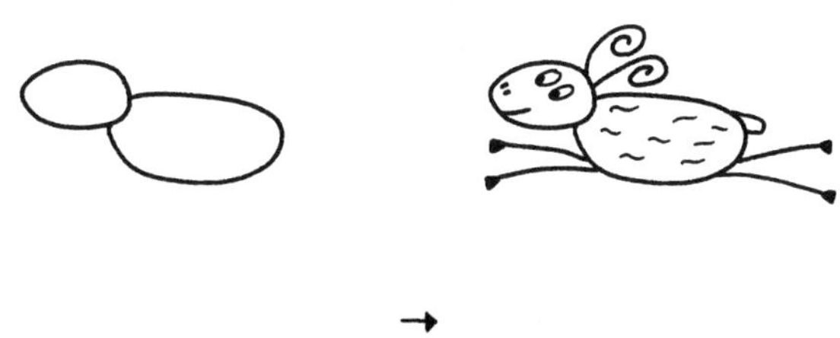

Schnell

Konzentriert

Ausgelassen

Pferd, schematisch

Pferd, gepunktet

Polizist*in

Polizeiauto

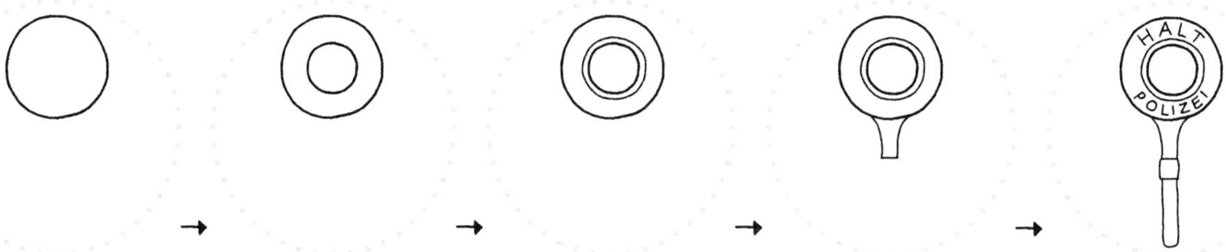

Polizeikelle

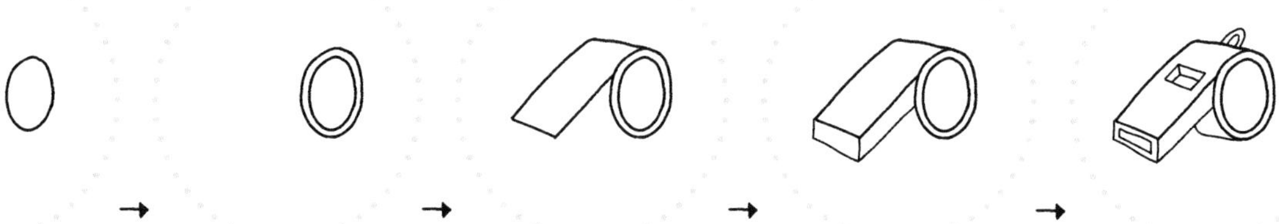

Pfeife

Pony

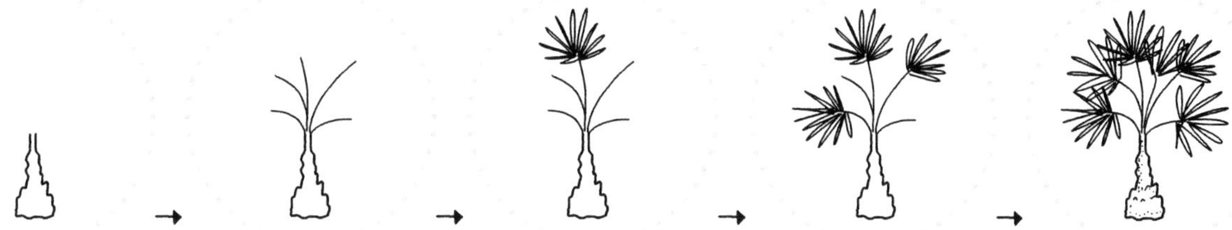

Palme

Pegasus

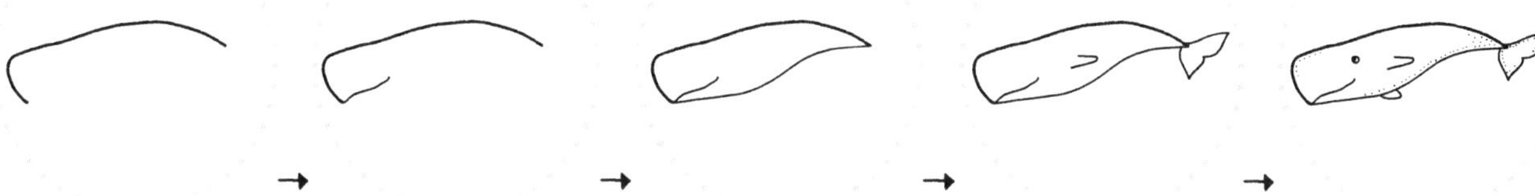

Pottwal

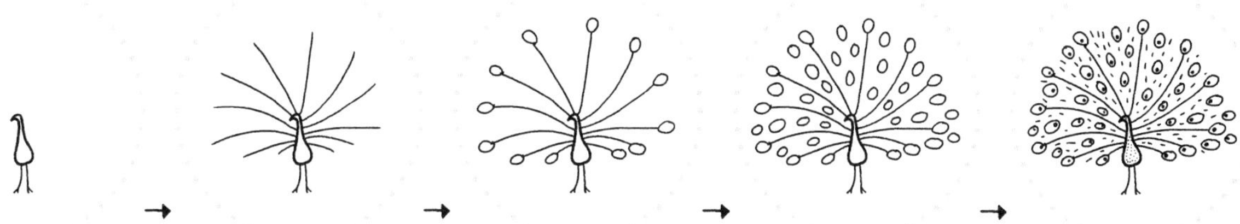

Pfau

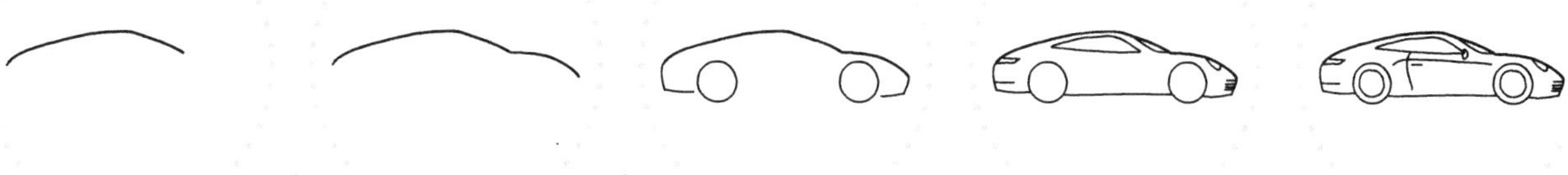

Porsche

Pelikan

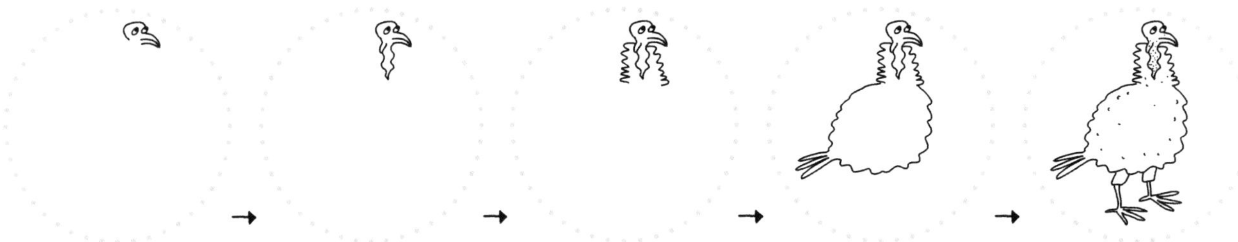

Pute

Putte

Puppe

Pudel

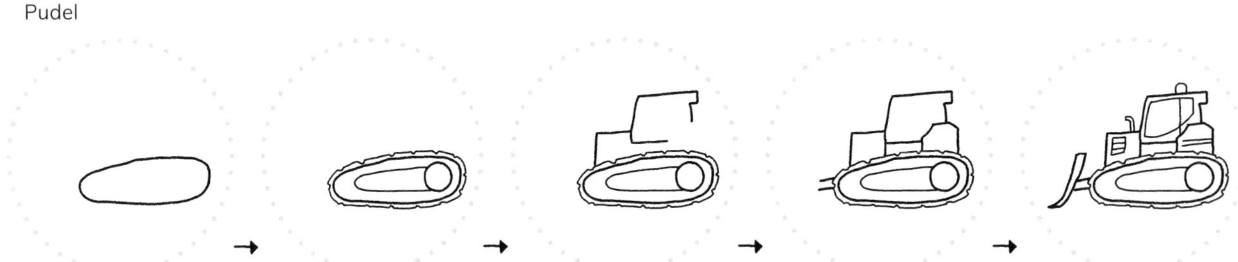

Planierraupe

Pinguin

Pfannkuchentorte

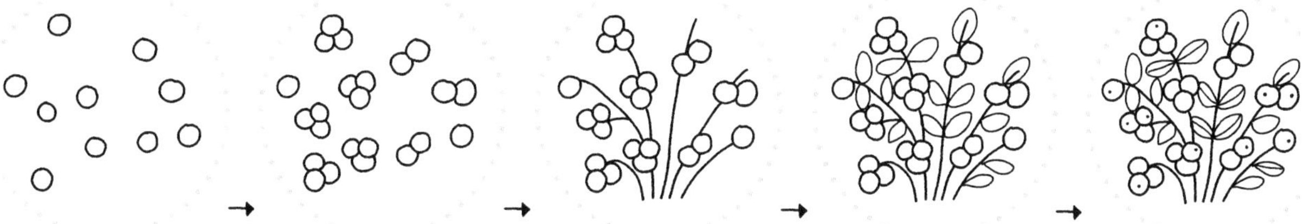

Preiselbeerbusch

Pekinese

Passionsblume

Papagei

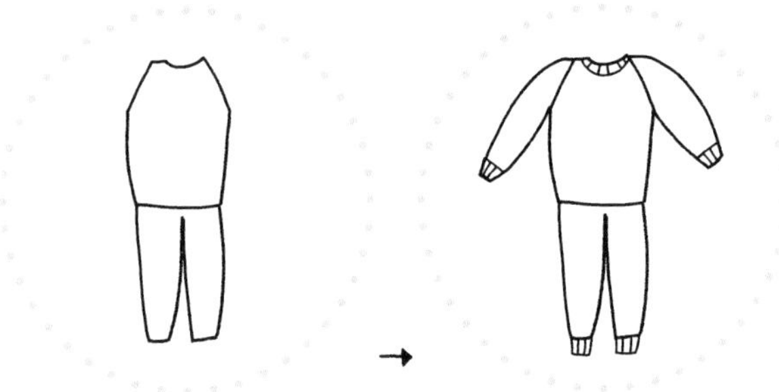

Pyjama

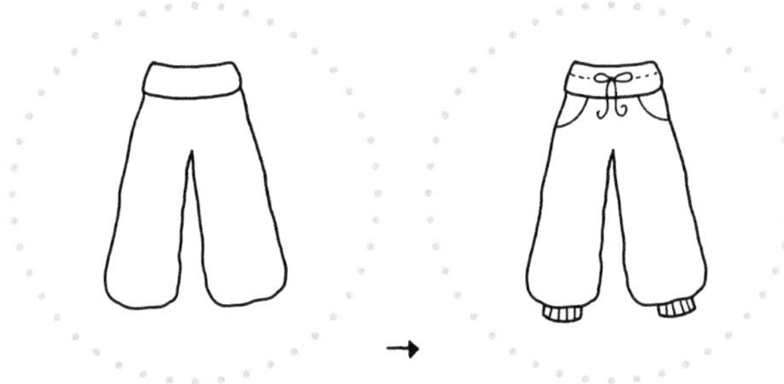

Pumphose

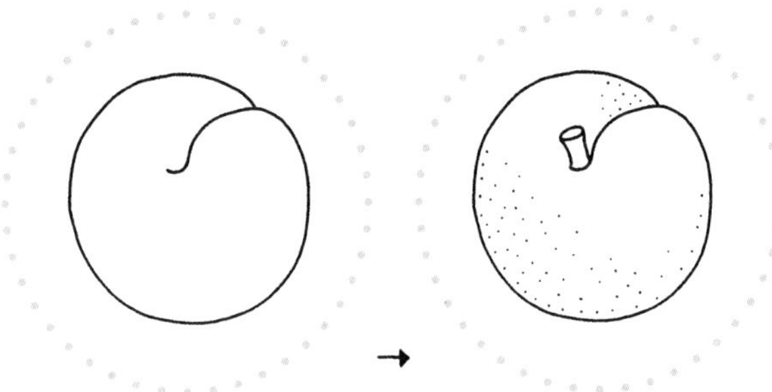

Pfirsich

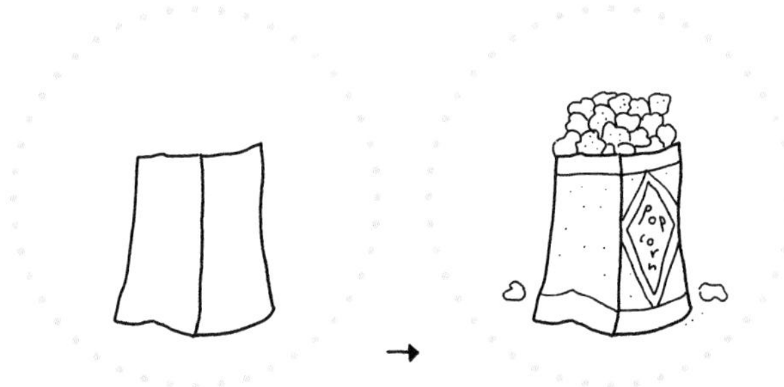

Popcorn

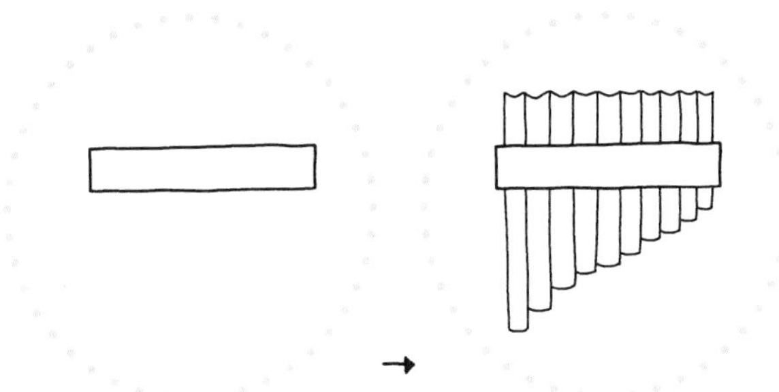

Panflöte

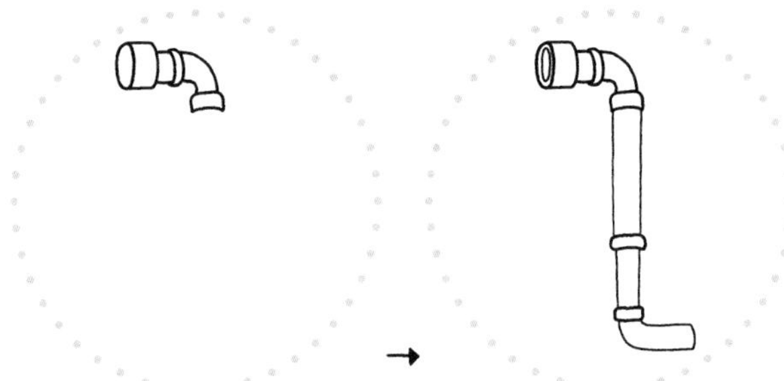

Periskop

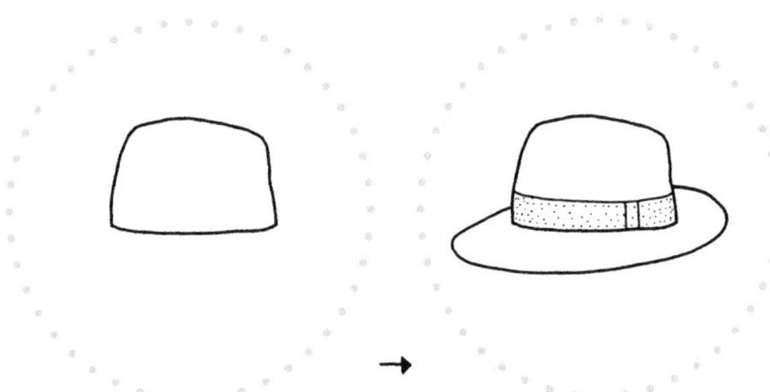

Panamahut

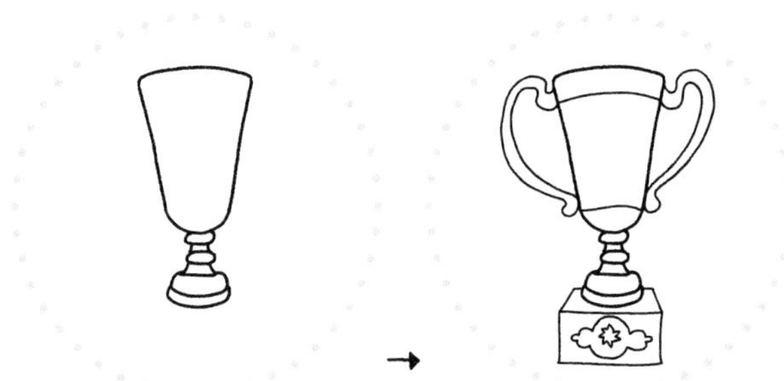

Pokal

Panda

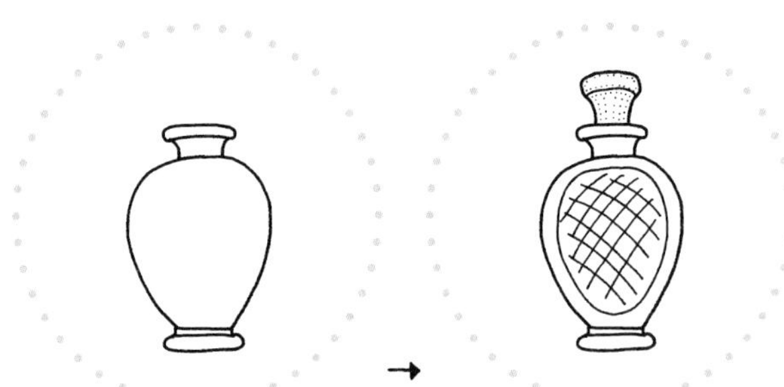

Parfümflasche

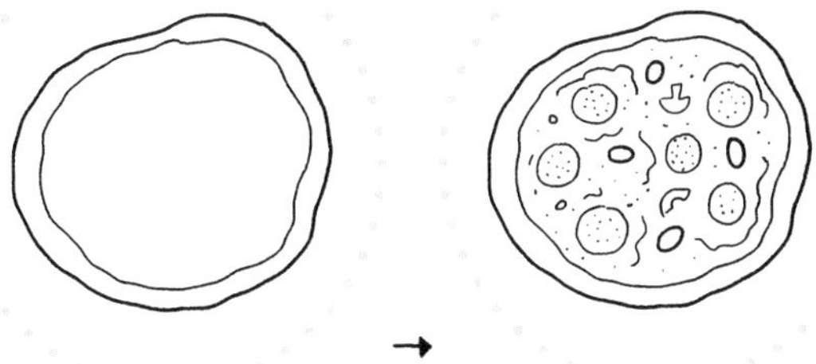

Pizza

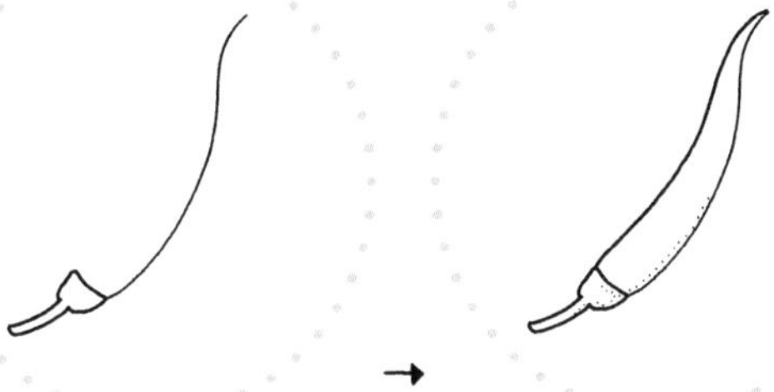

Peperoni

Pirat

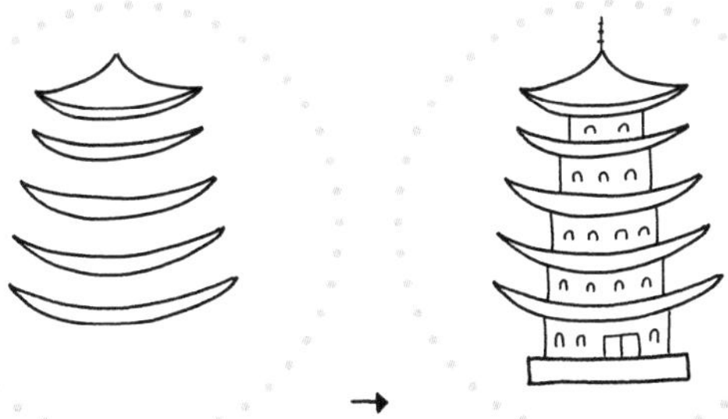

Pagode

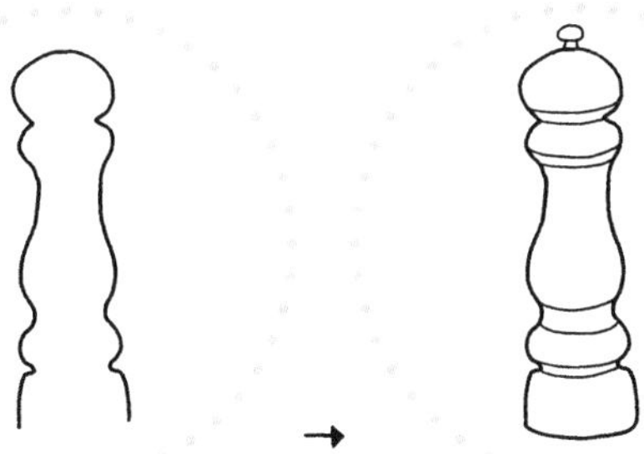

Pfeffermühle

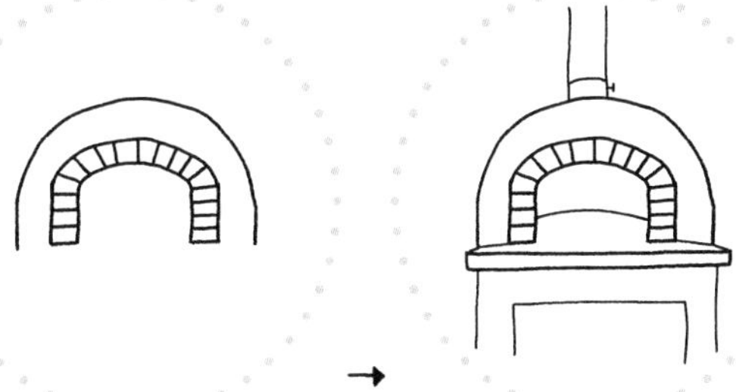

Pizzaofen

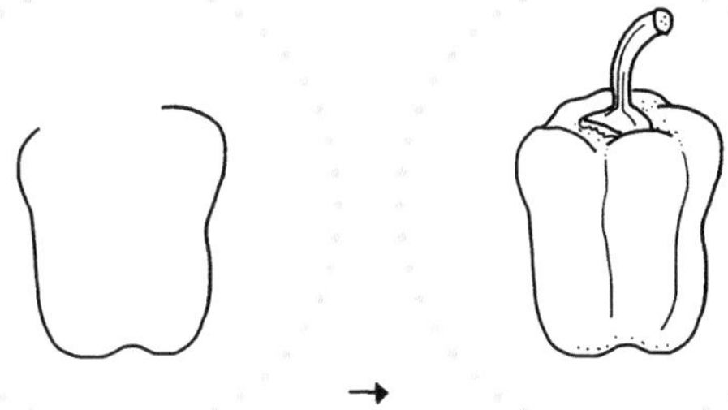

Paprika

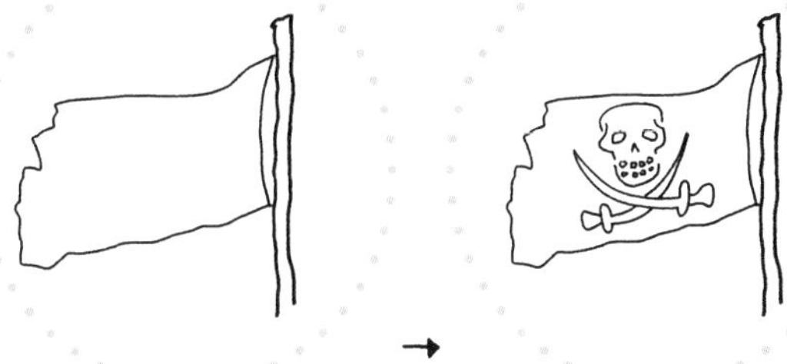

Piratenflagge

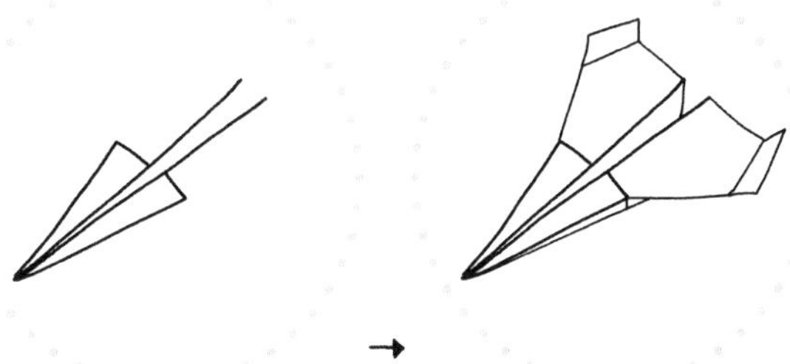

Papierflieger

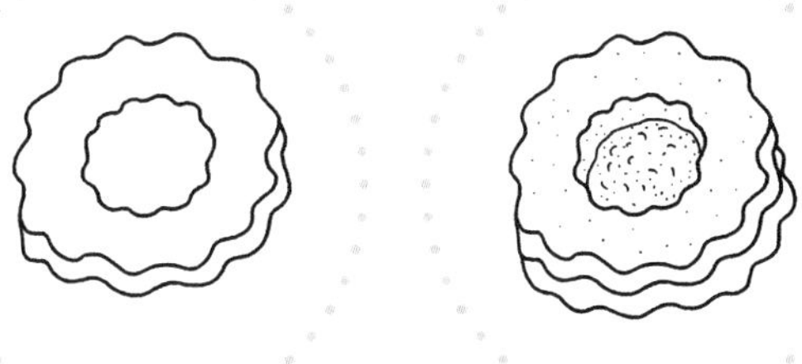

Plätzchen

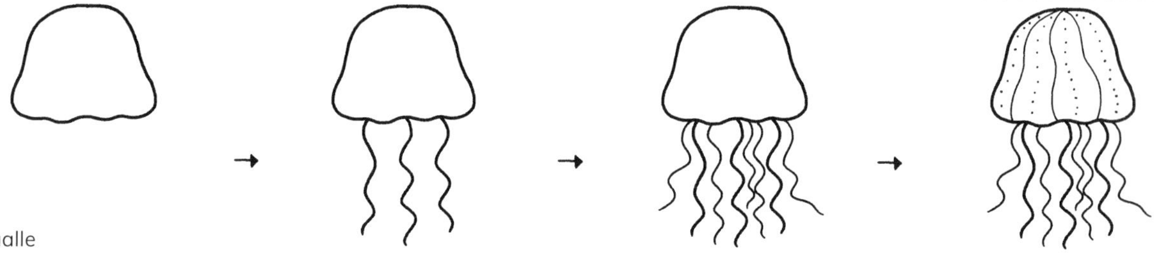

Qualle

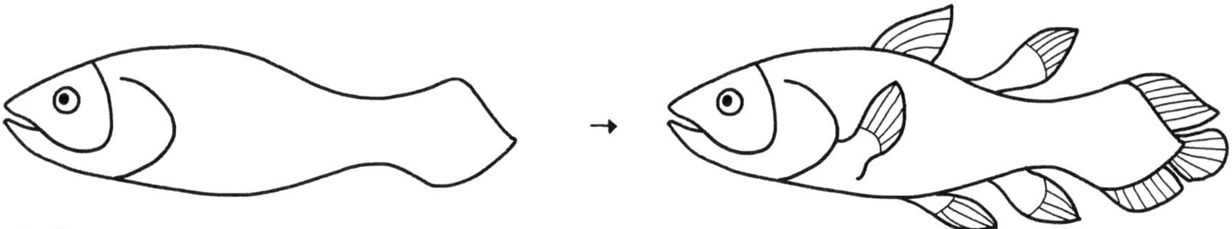

Quastenflosser

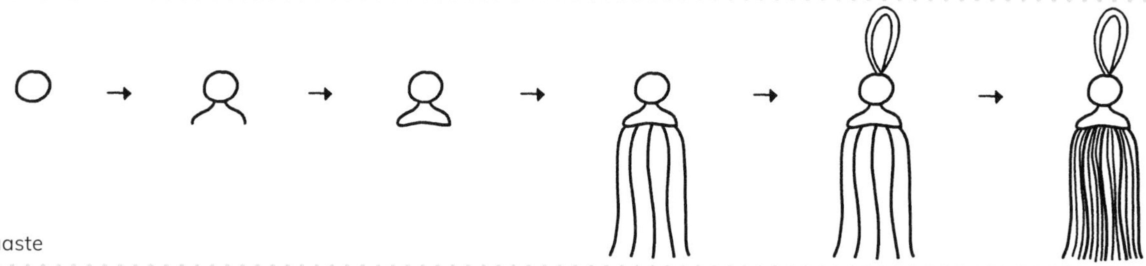

Quaste

Quad

Queen

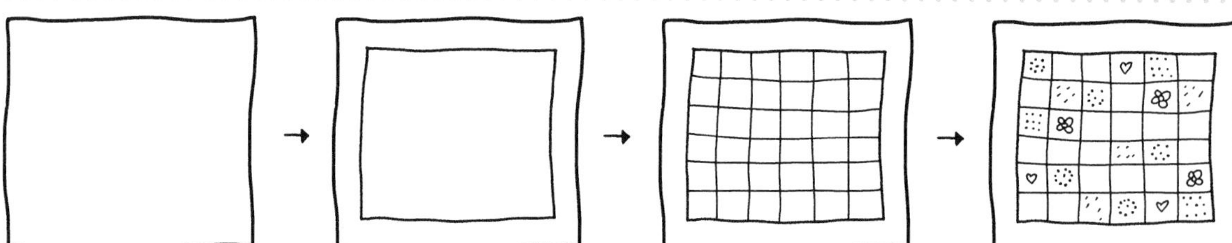

Quilt

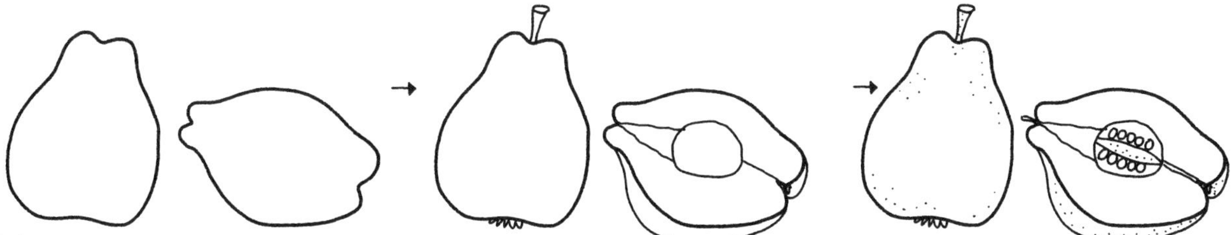

Quitte

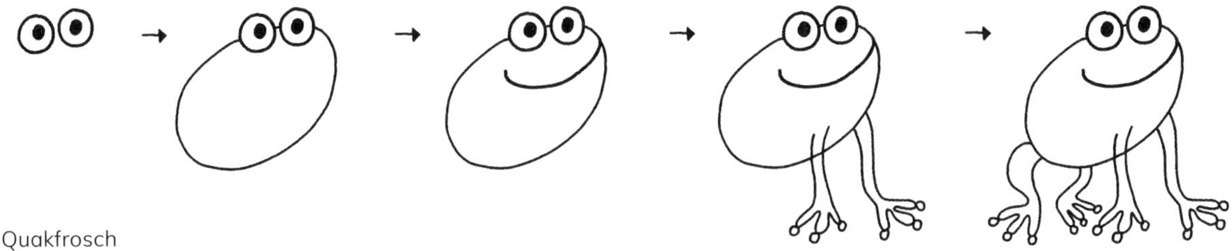

Quakfrosch

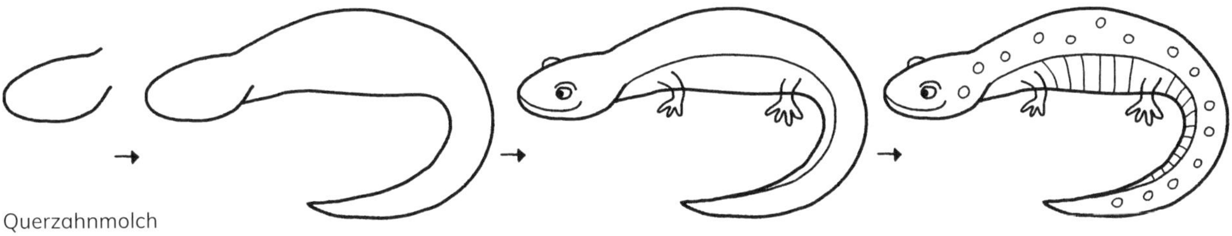

Querzahnmolch

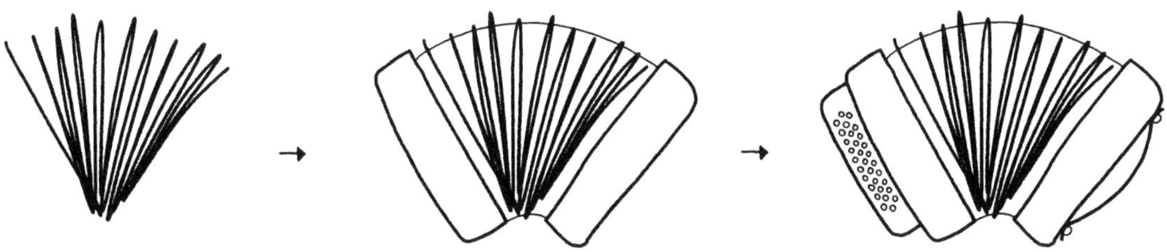

Quetschkommode

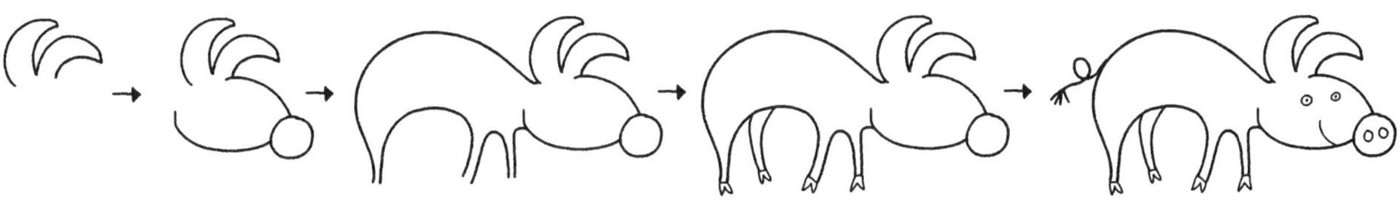

Quieckschweinchen

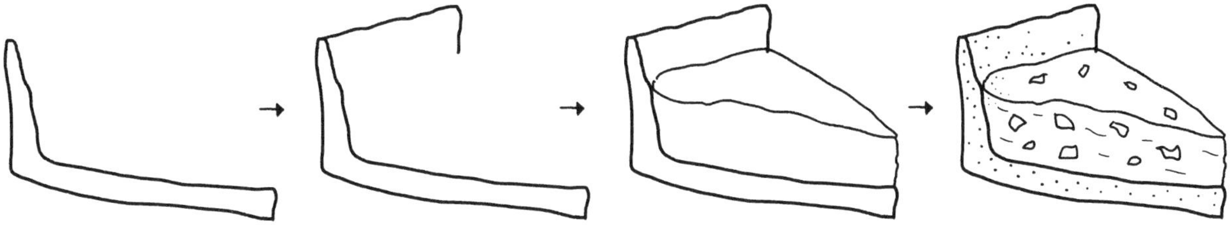

Quiche

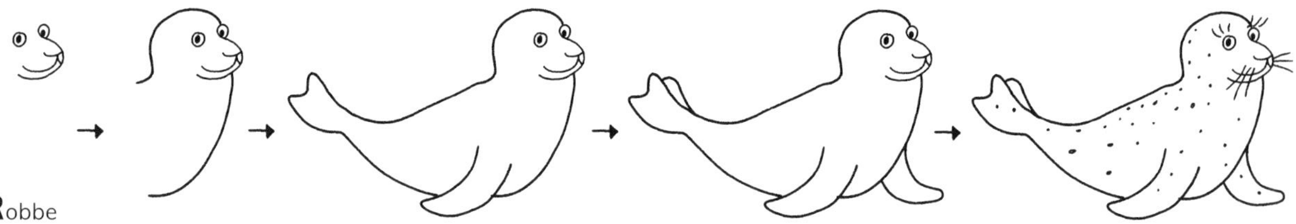

Robbe

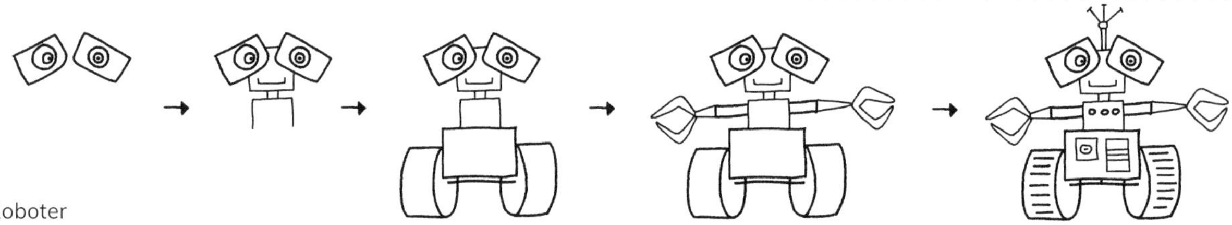

Roboter

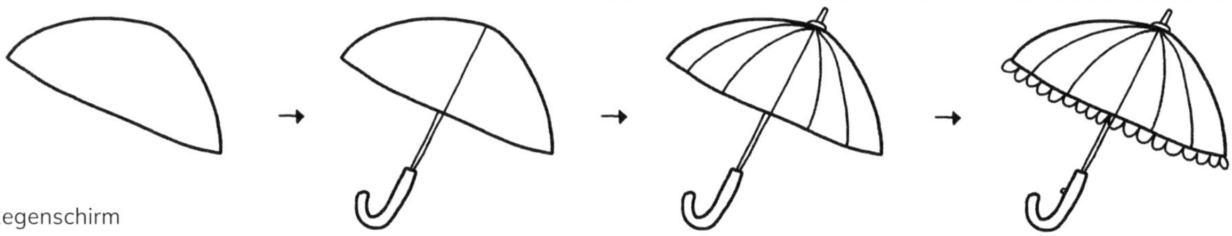

Regenschirm

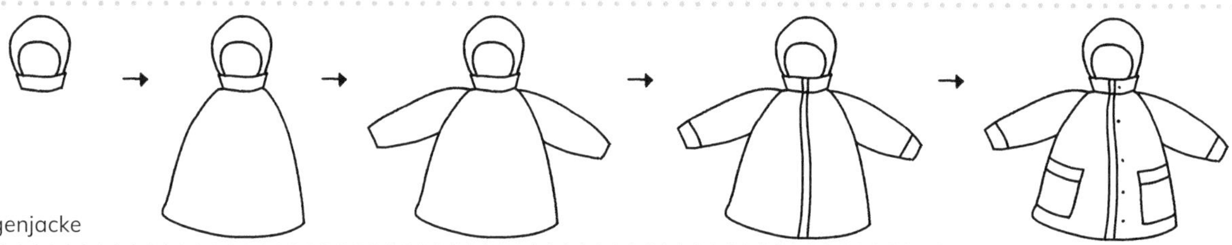

Regenjacke

Rotkäppchen

Reh

Rehkitz

Rabe

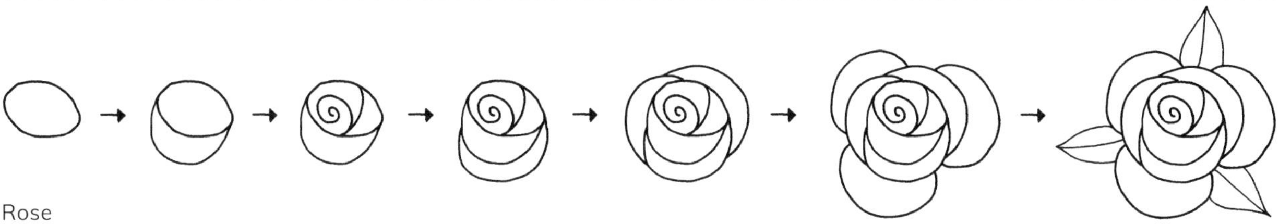

Rose

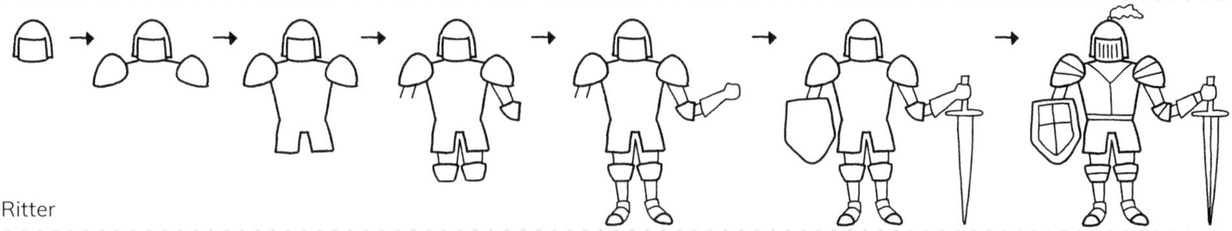

Ritter

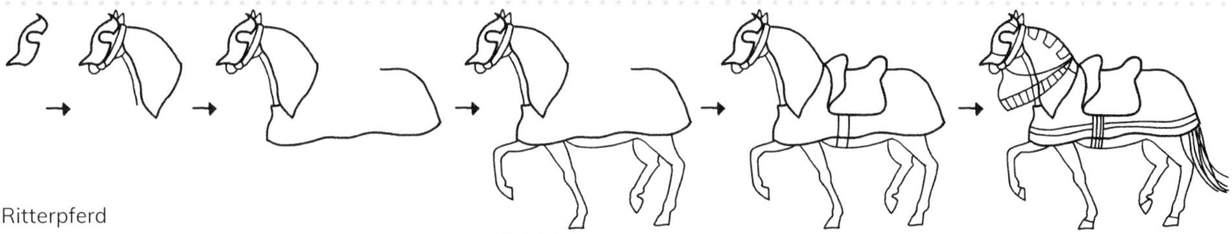

Ritterpferd

Rentier

Rübezahl

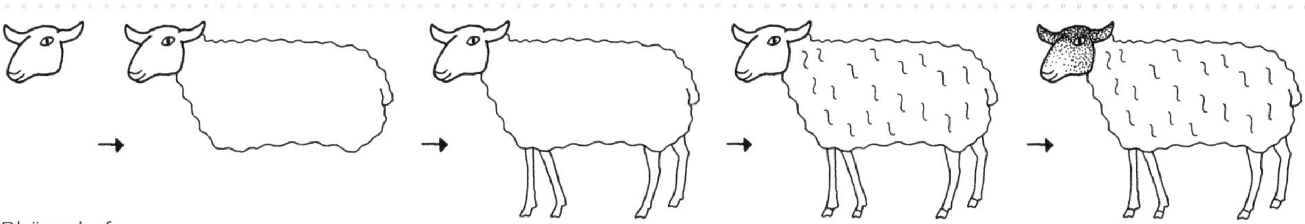

Rhönschaf

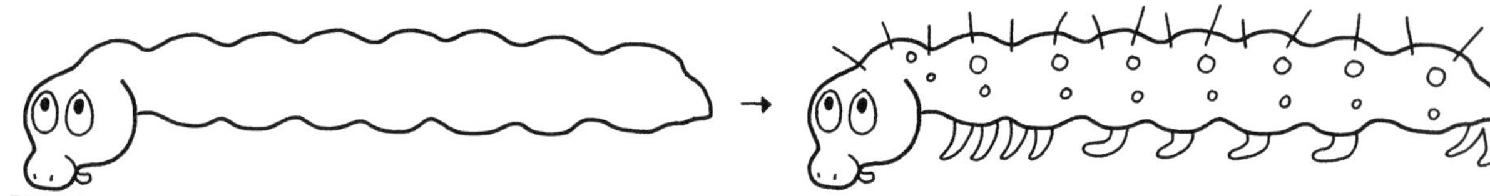

Raupe

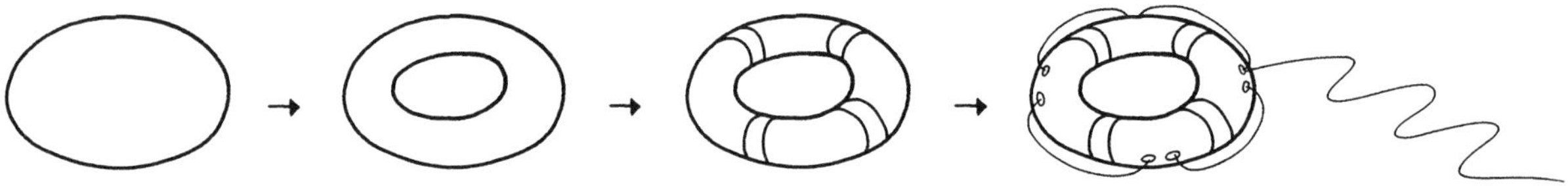

Rettungsring

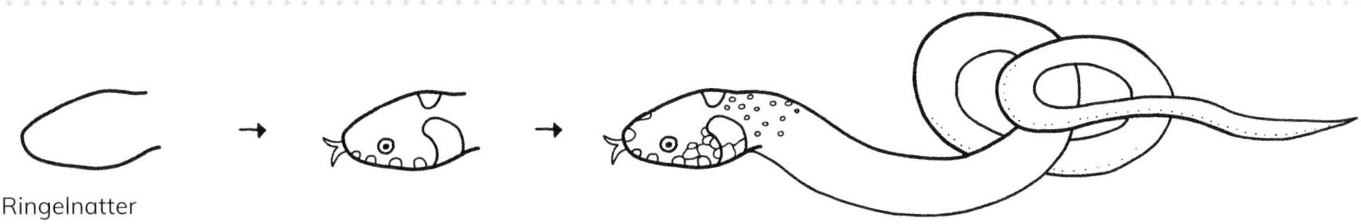

Ringelnatter

Rasierpinsel

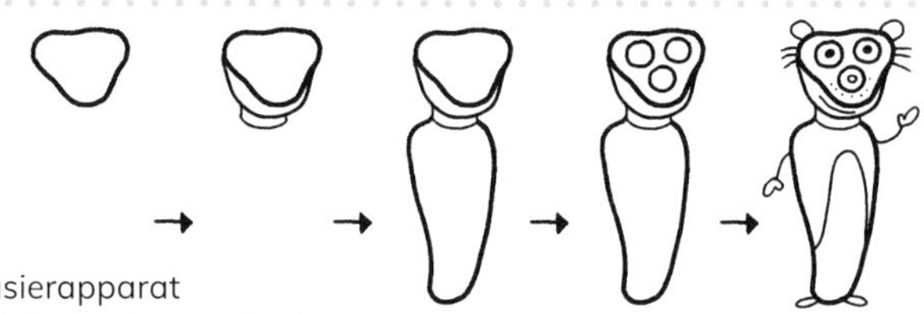

Rasierapparat

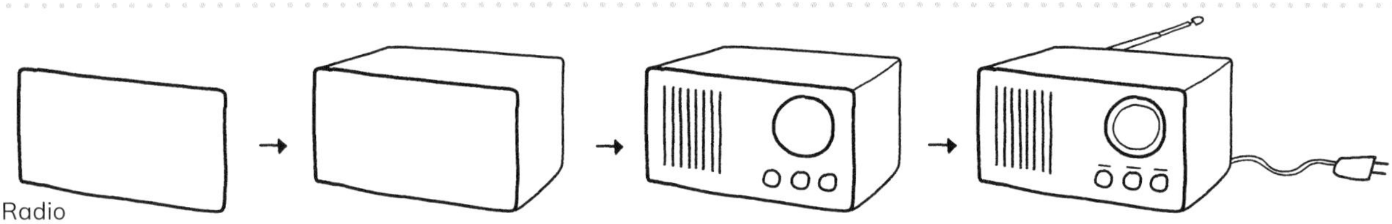

Radio

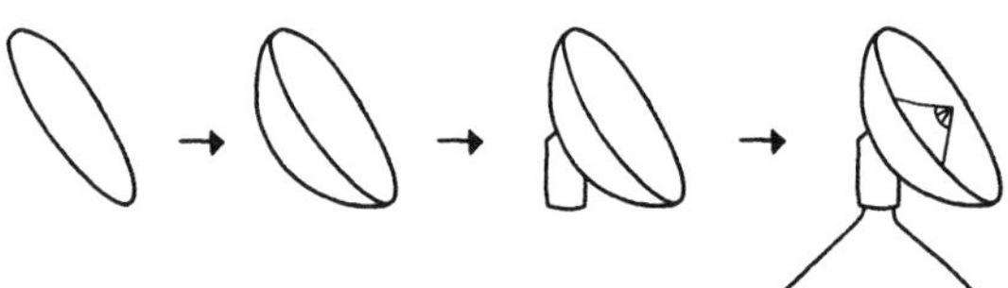

Radarantenne

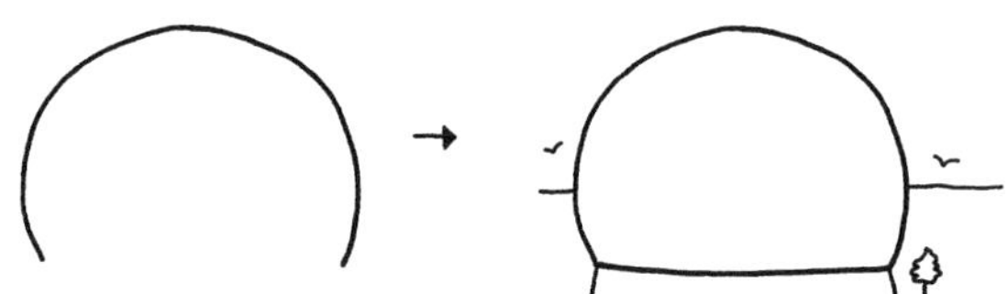

Radom

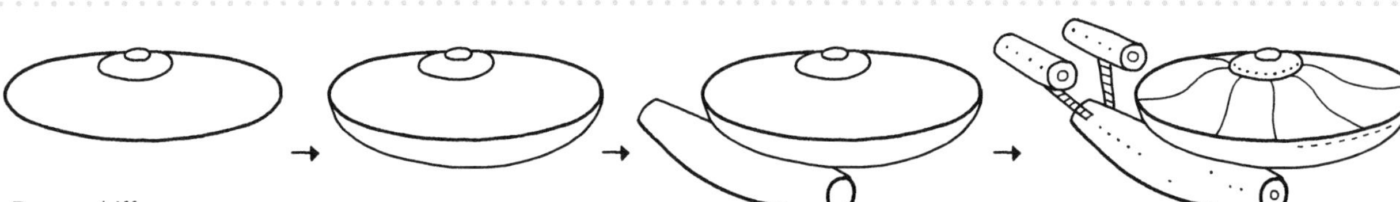

Raumschiff

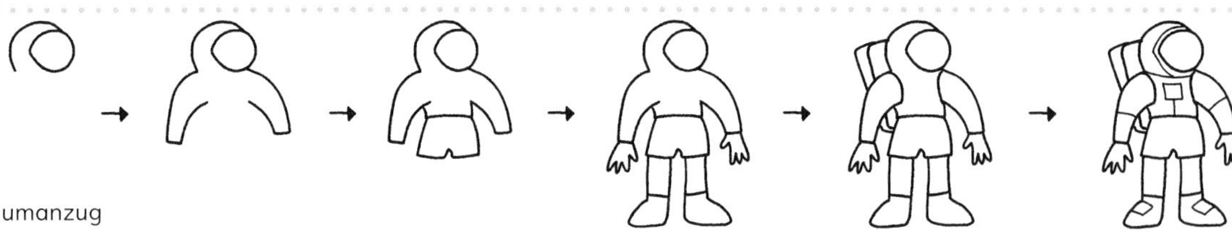

Raumanzug

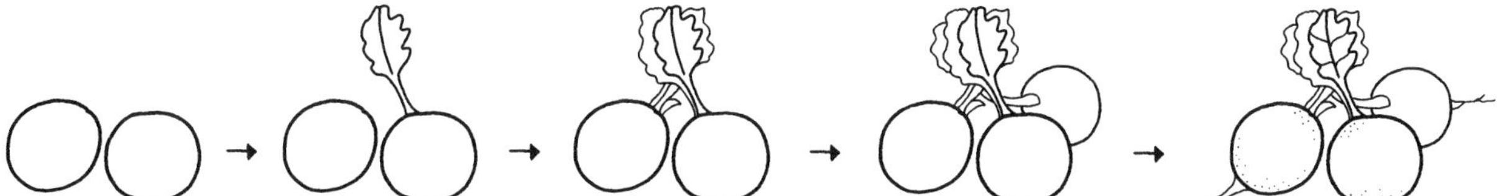

Radieschen

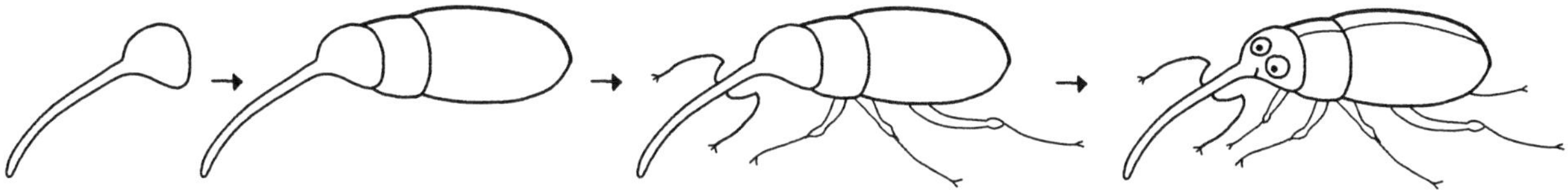

Rüsselkäfer

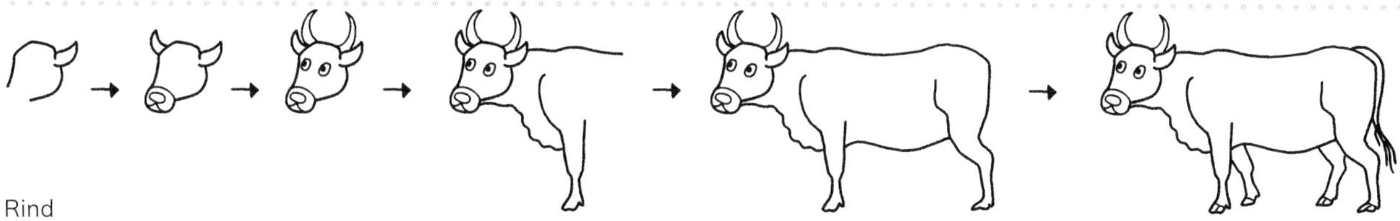

Rind

Ratte

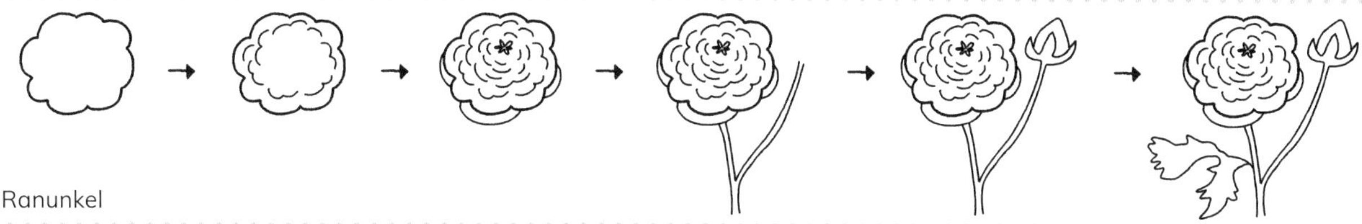

Ranunkel

Rapunzel

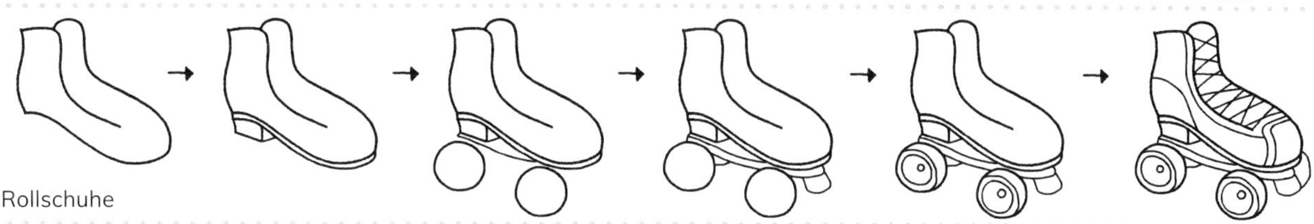

Rollschuhe

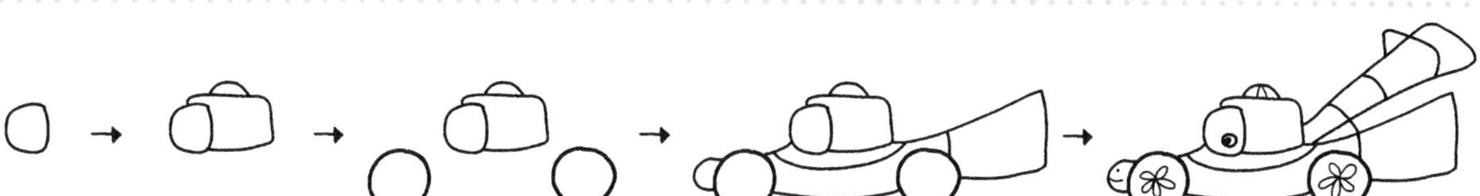

Rasenmäher

OSTERHASE UND CO.

Hast du schon mal den Osterhasen gesehen? Meistens ist er weg, bevor man hinschauen konnte. Aber dass es ihn gibt, da bin ich mir sicher. Woher kämen sonst die vielen Ostereier?

Osterhase von vorne

Osterhase von hinten

Osterhase, seitlich

Osterhase mit Osterei, von Herzen

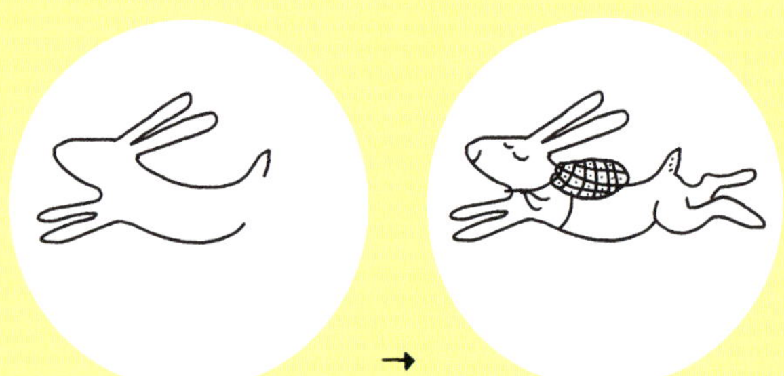

Osterhase, springend

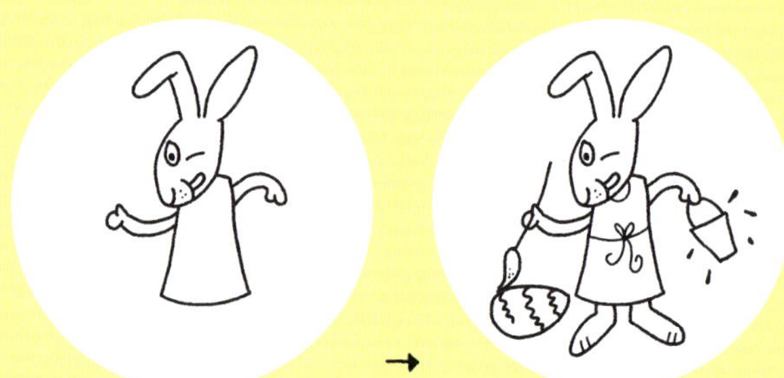

Osterhase, malend

Osterhase, schaukelnd

Osterhase mit Küken, verliebt

Küken

Huhn

Osterkörbchen

Schokohase

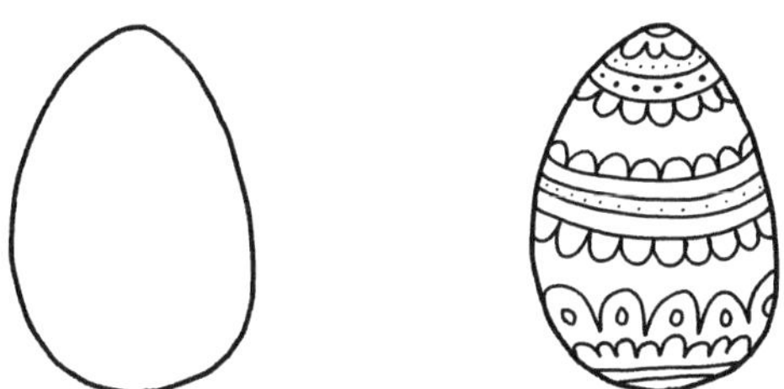

Osterei

Ostergeschenk

Osterhase von vorne

Osterhase von hinten

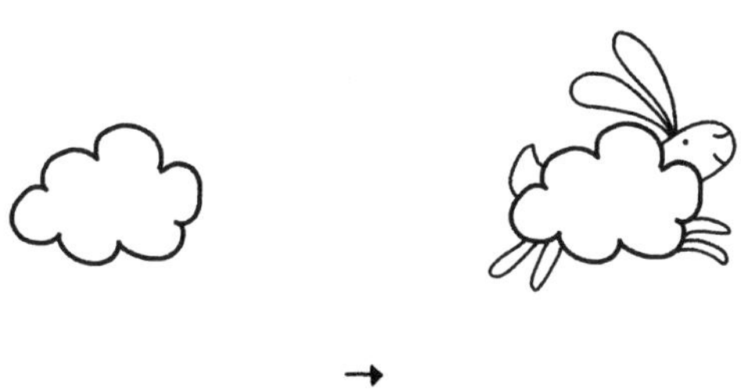

Wolkenhase

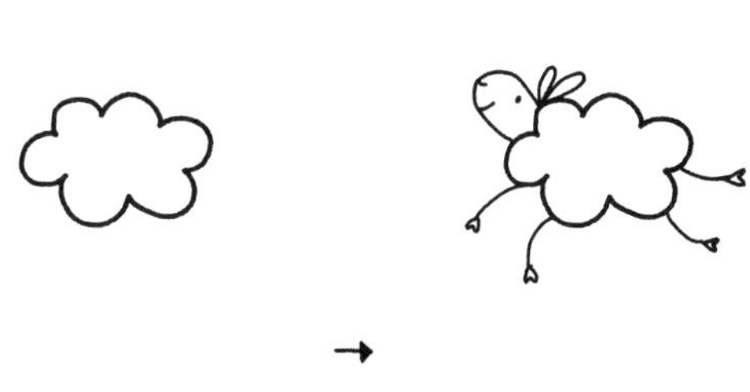

Wolkenschaf

Seelöwe

Schildkröte

Schubkarre

Schatztruhe

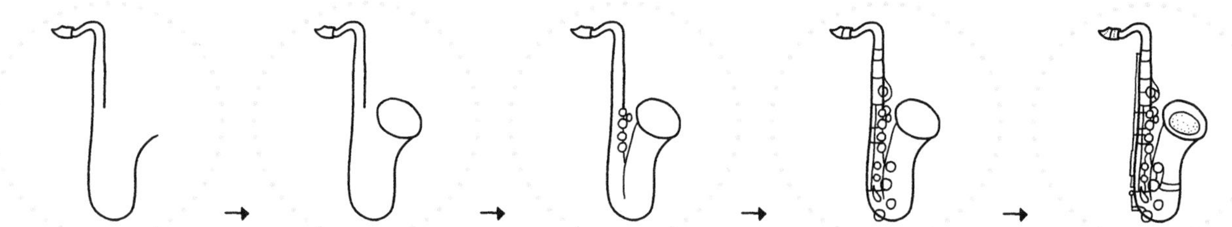

Saxofon

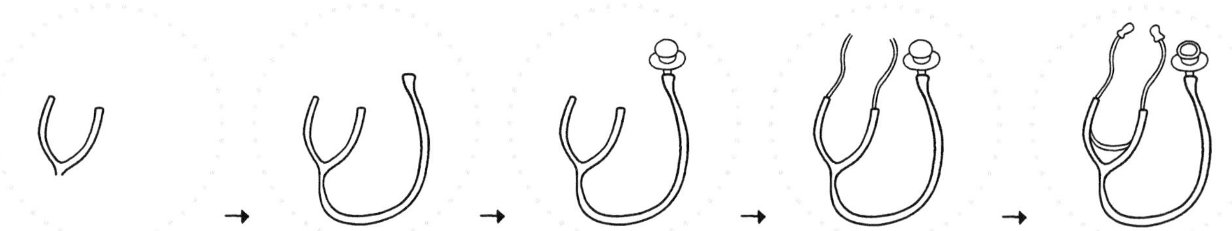

Stethoskop

Sheriff

Segelschiff

Schwalbe

Seerose

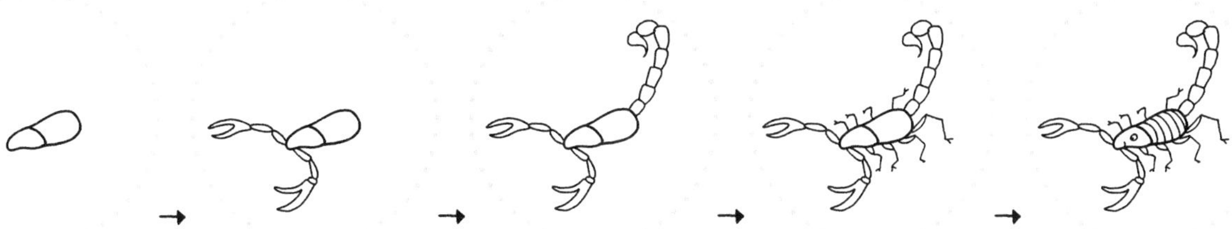

Skorpion

Schneewittchen

Schäferhund

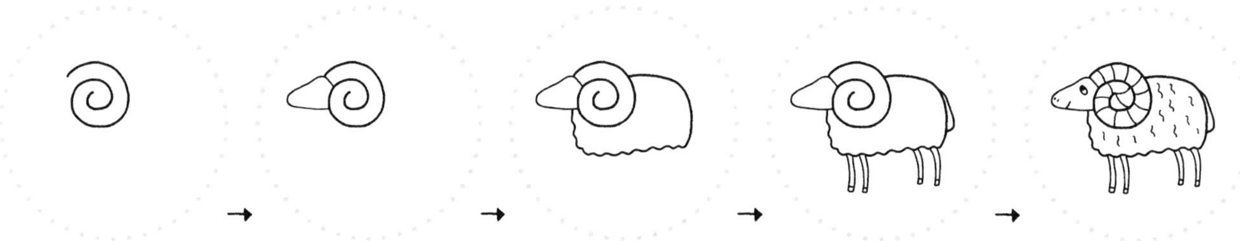

Schafbock

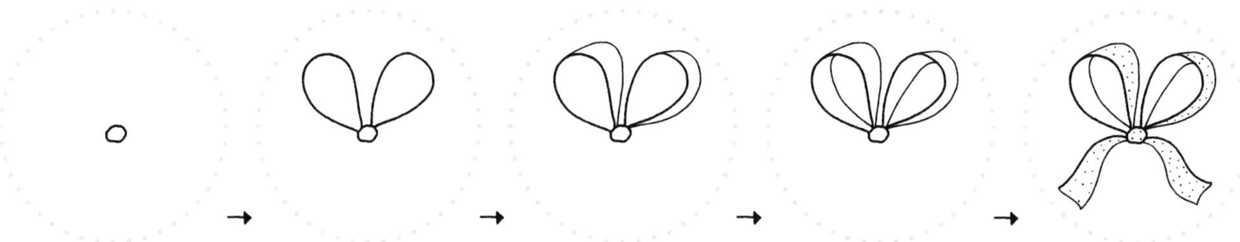

Schleife

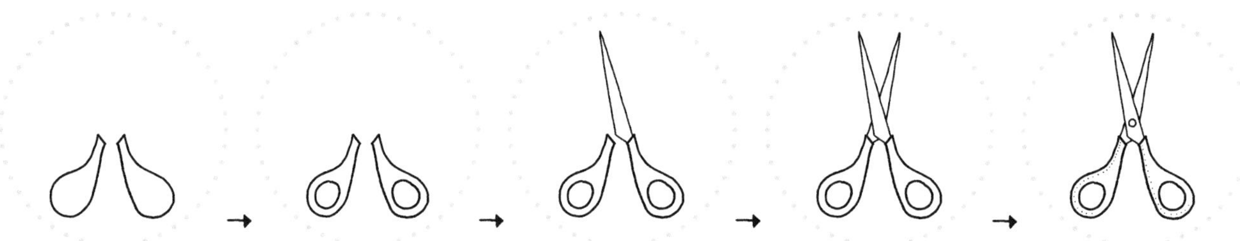

Schere

Schwein

Stachelschwein

Säbelzahntiger

Schaukelpferd

Schakal

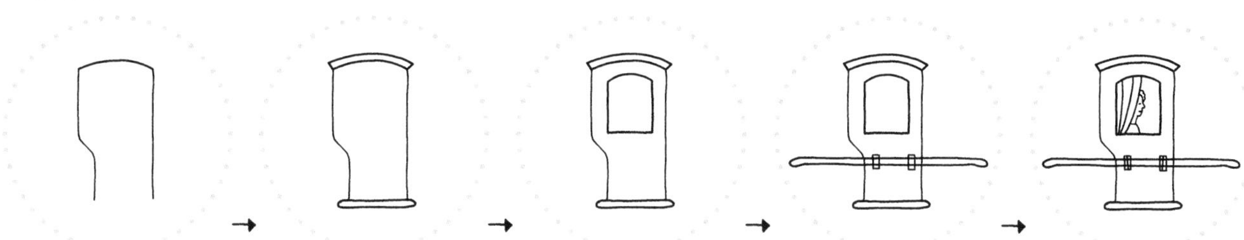

Sänfte

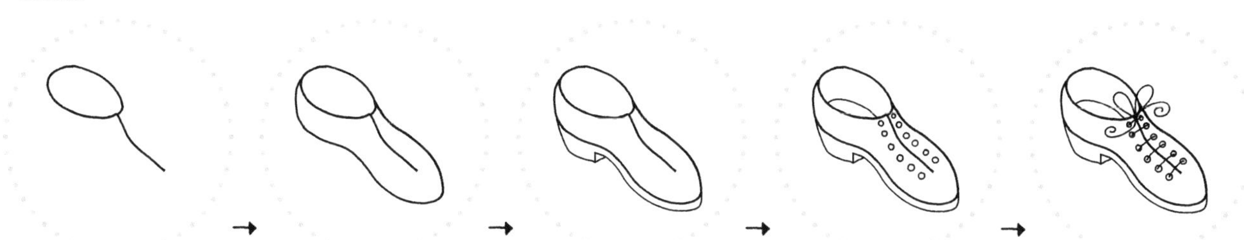

Schuh

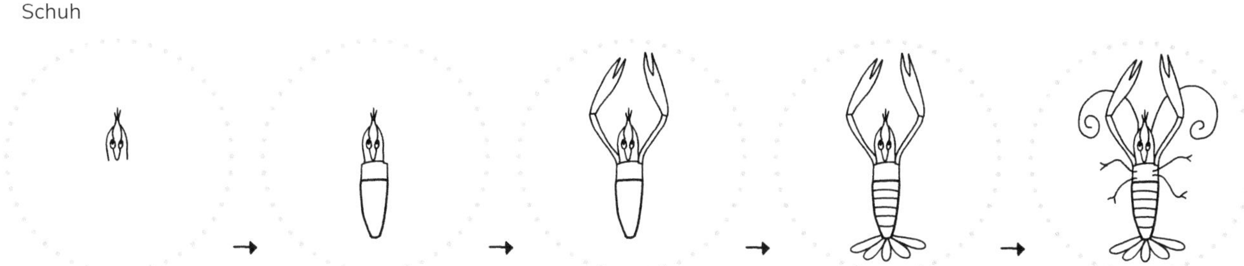

Scampi

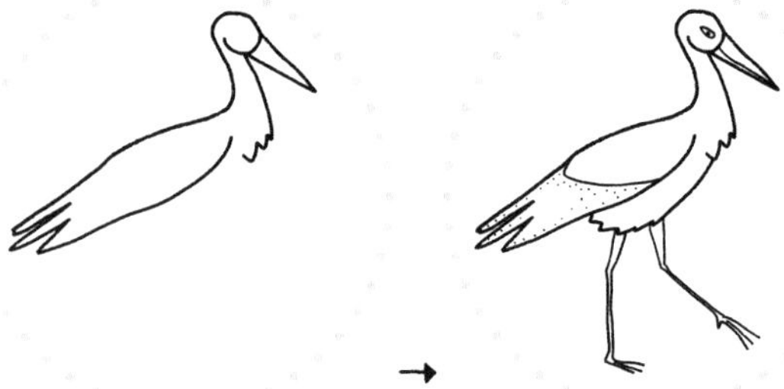

Storch

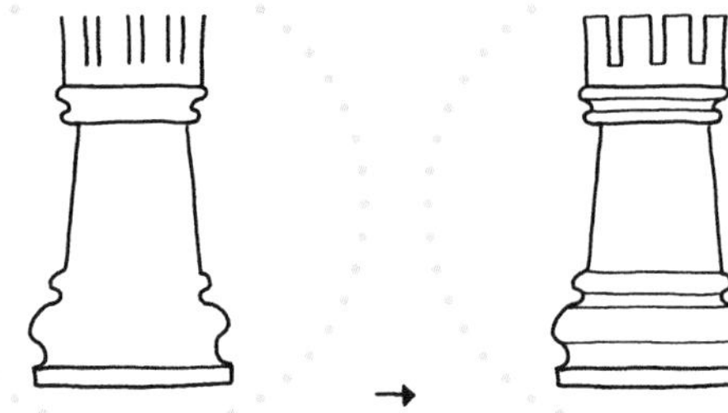

Schachfigur

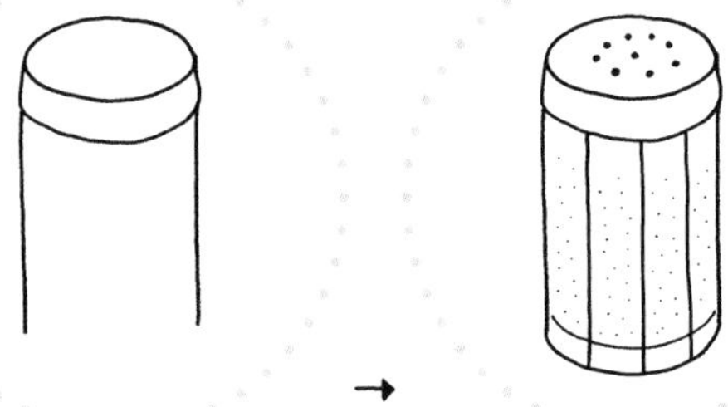

Salzstreuer

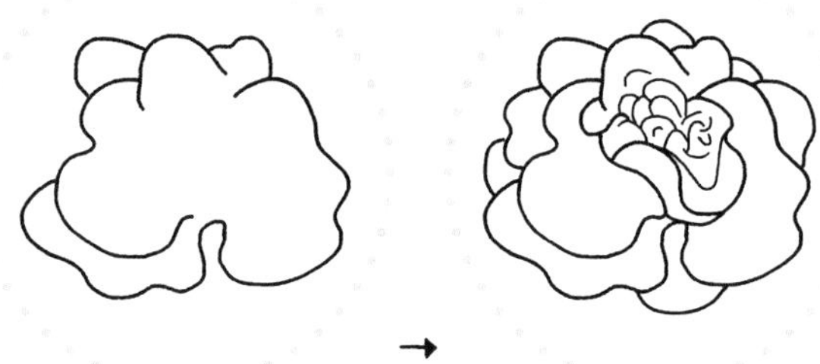

Salat

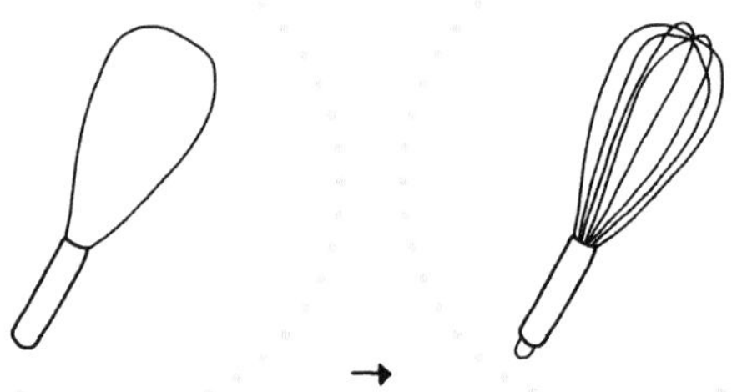

Schneebesen

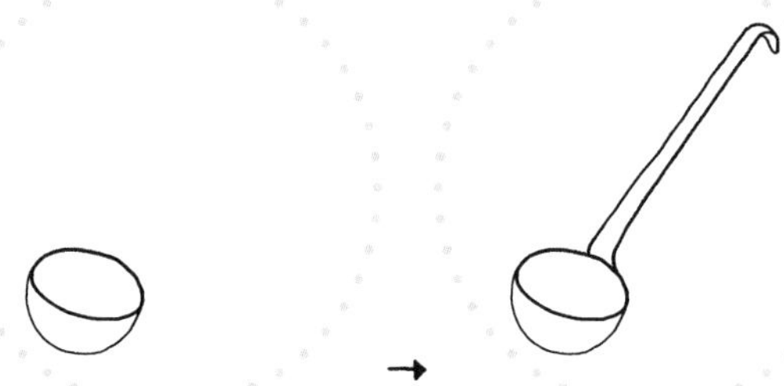

Suppenkelle

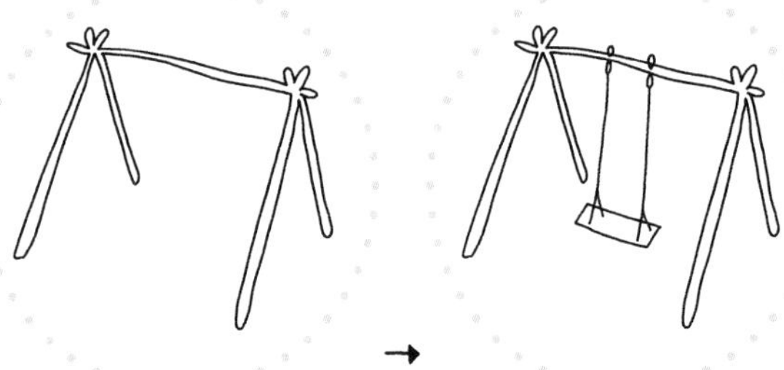

Schaukel

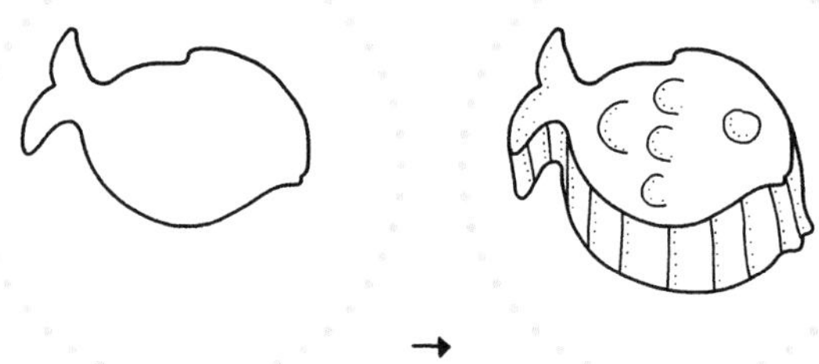

Sandförmchen

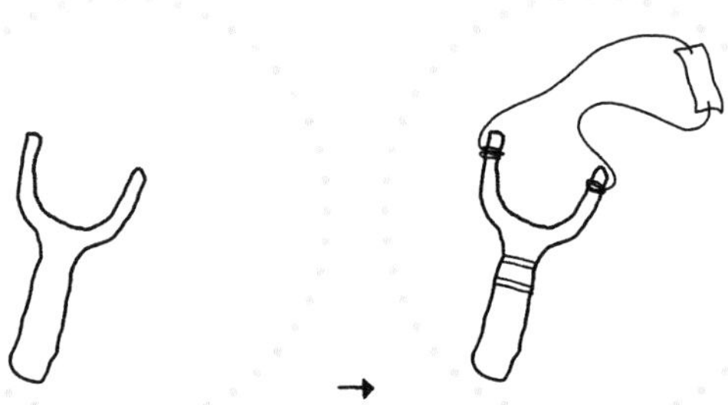

Steinschleuder

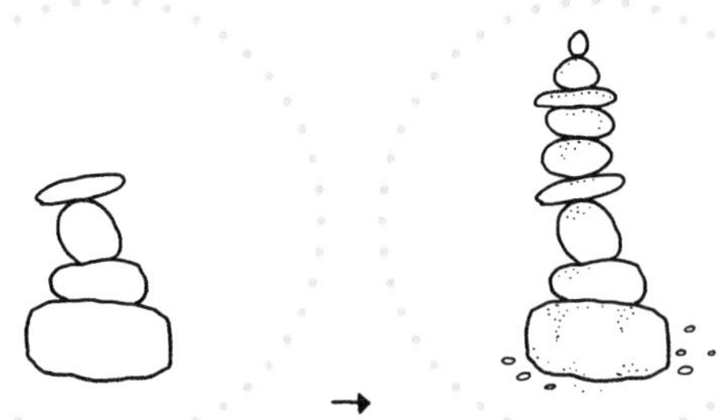

Steinmännchen

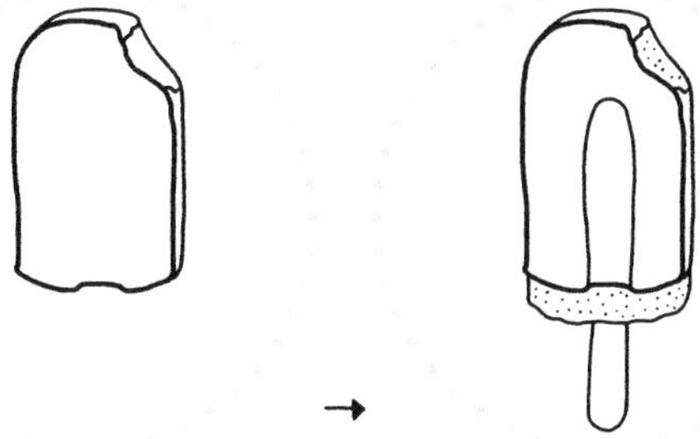

Steckerleis

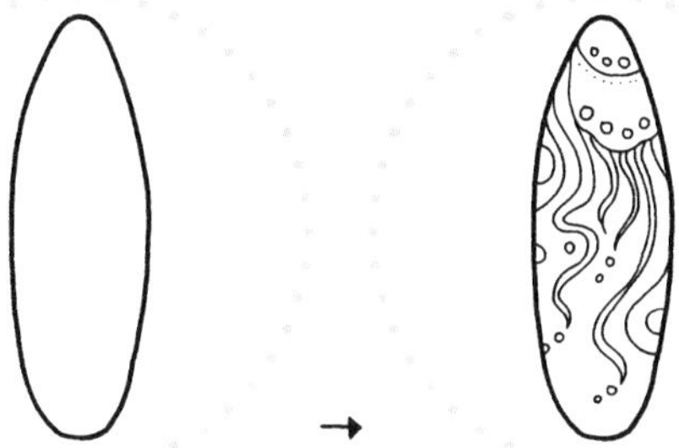

Surfbrett

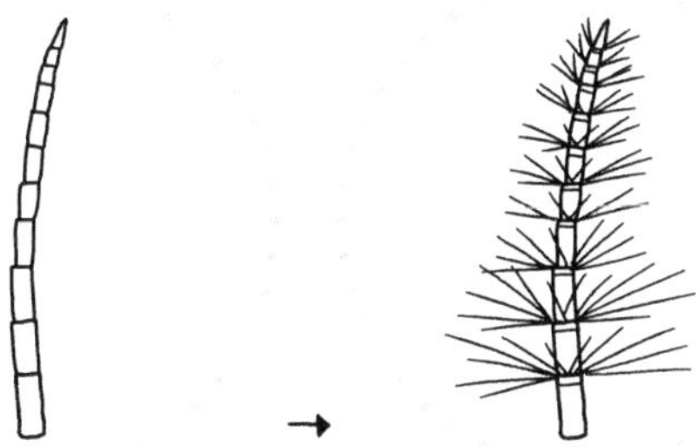

Schachtelhalm

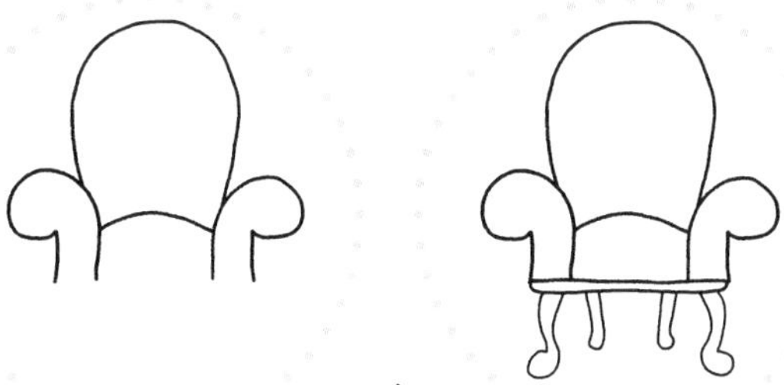

Sessel

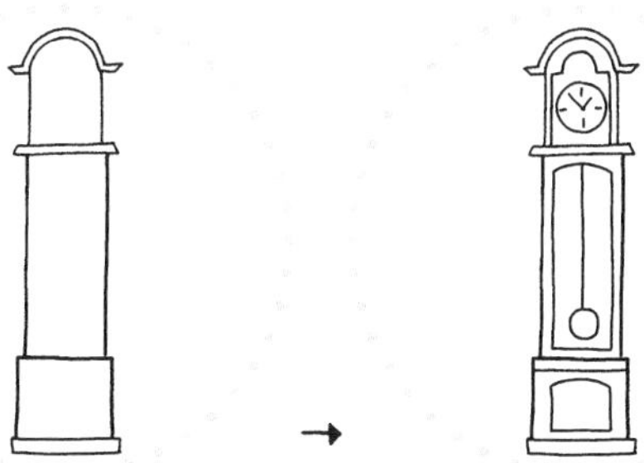

Standuhr

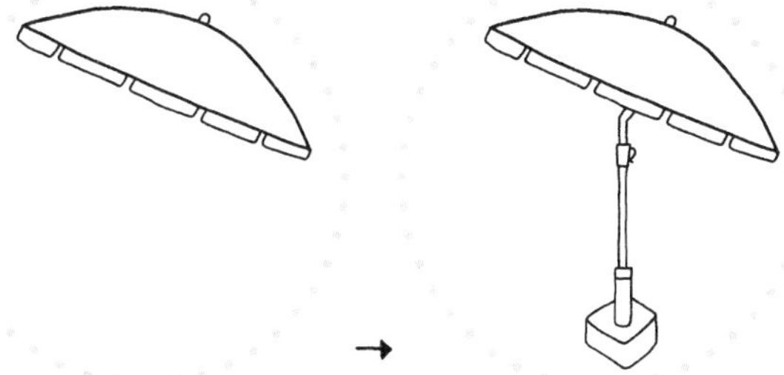

Sonnenschirm

Sonnenblume

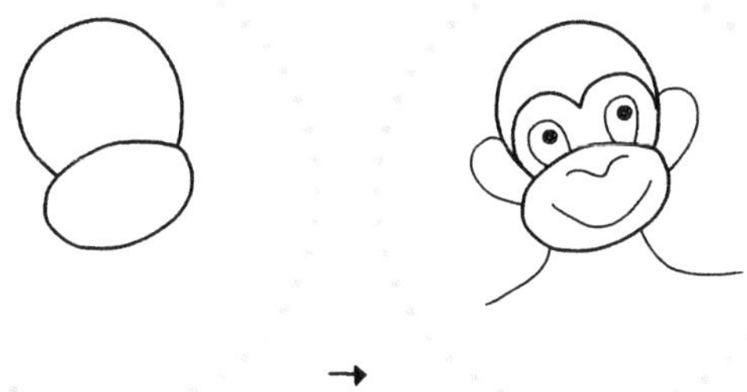

Schimpanse

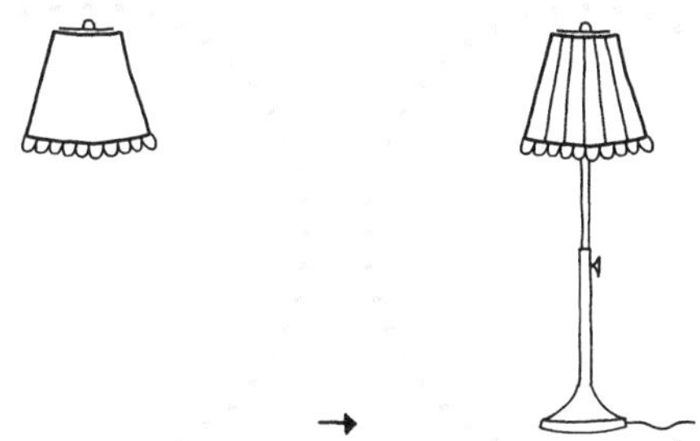

Stehlampe

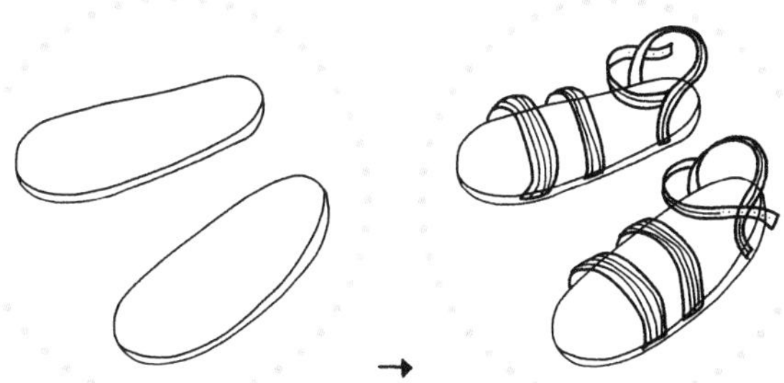

Sandalen

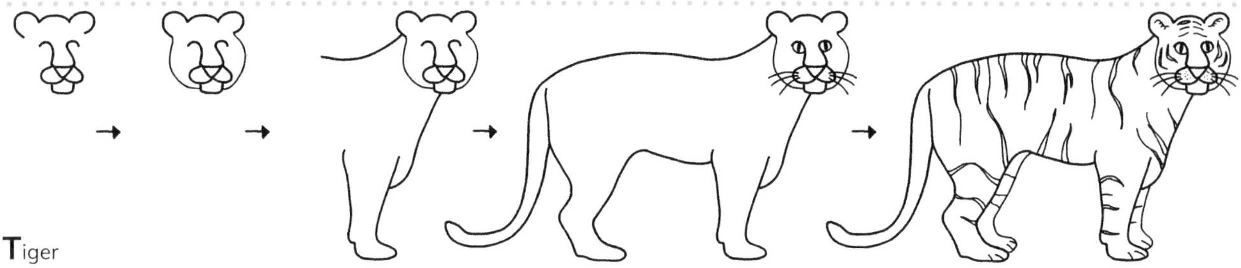

Tiger

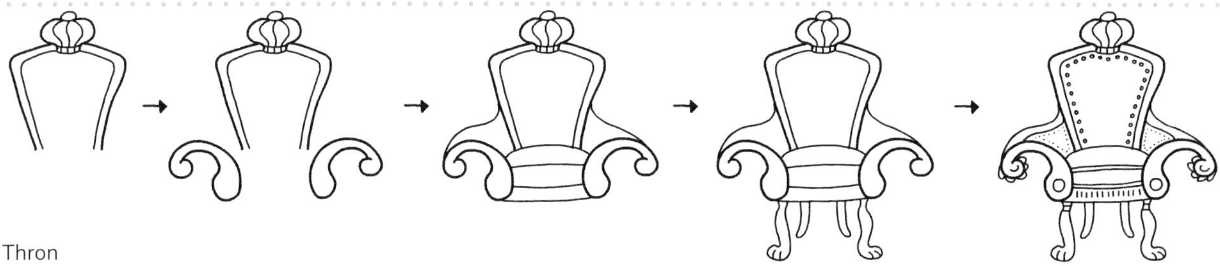

Thron

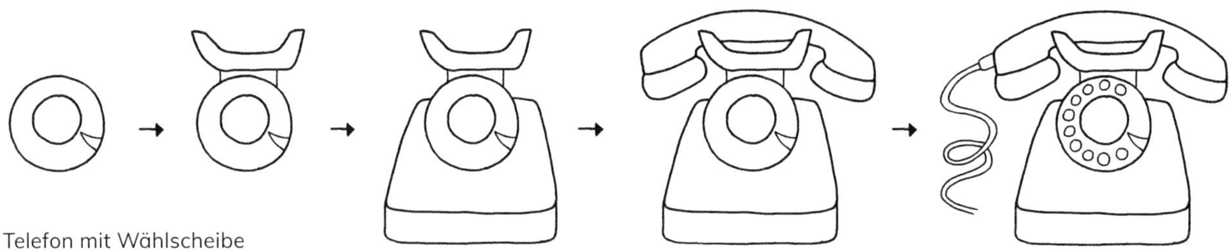

Telefon mit Wählscheibe

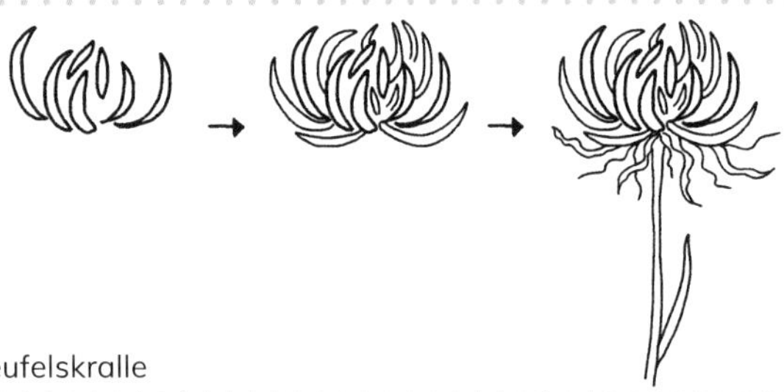

Teufelskralle

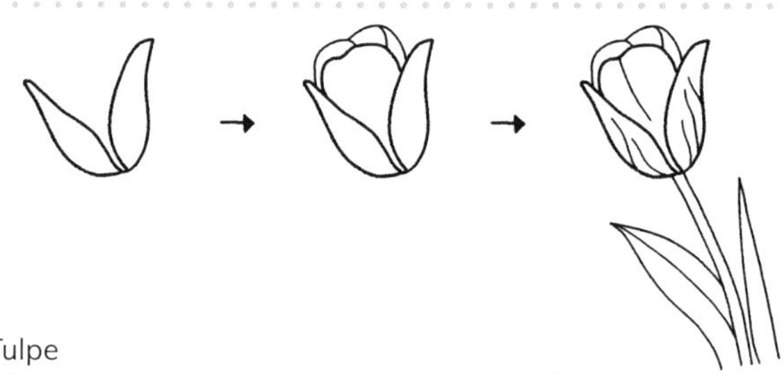

Tulpe

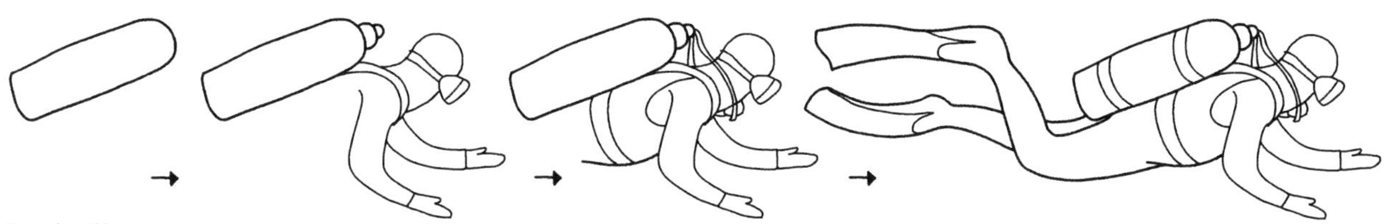

Taucher*in

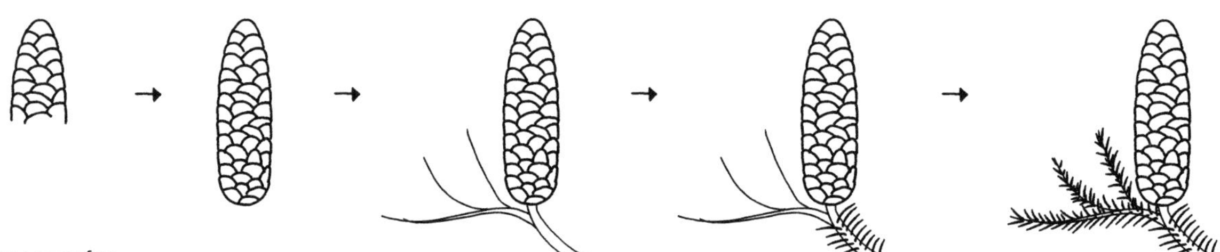

Tannenzapfen

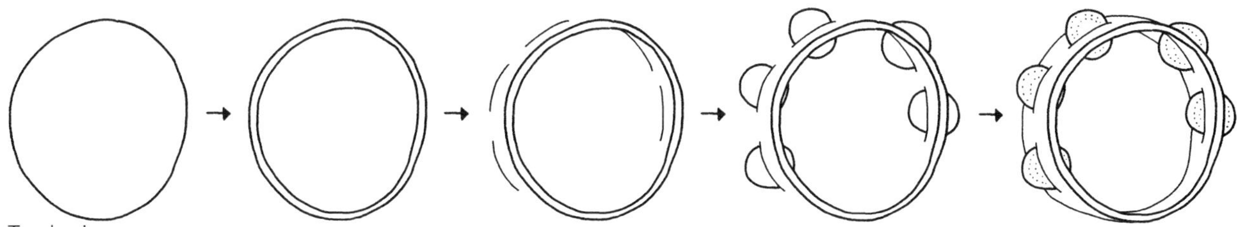

Tamburin

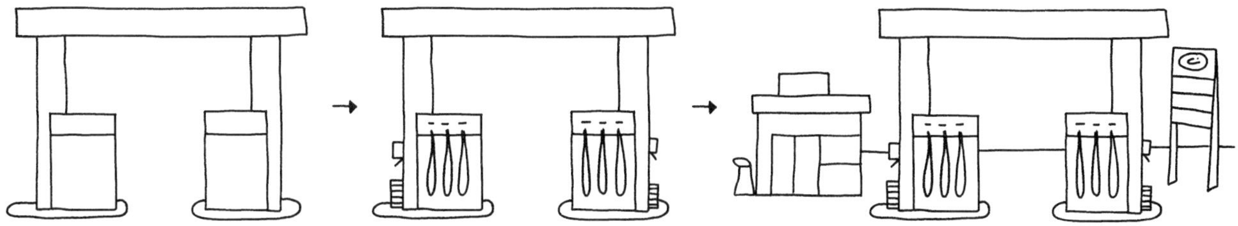

Tankstelle

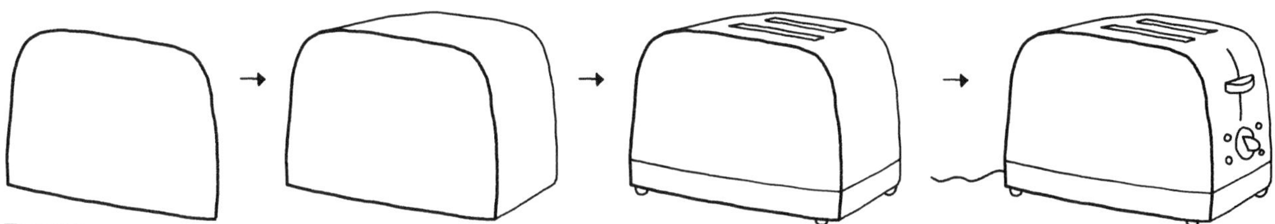

Toaster

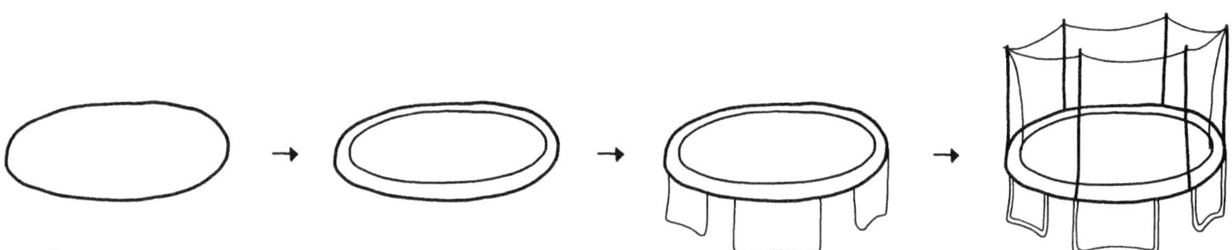

Trampolin

Tarantel

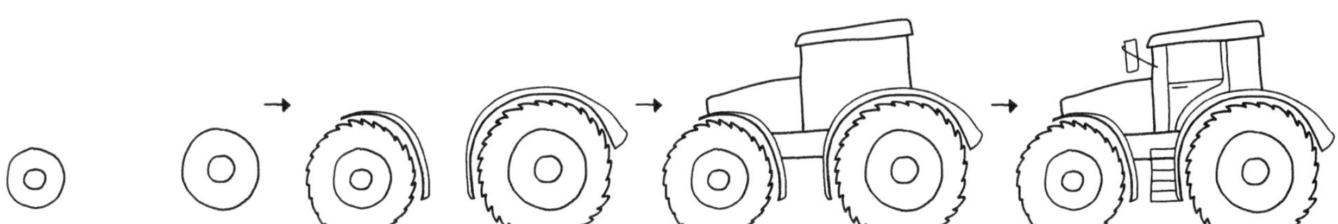

Traktor

Tapir

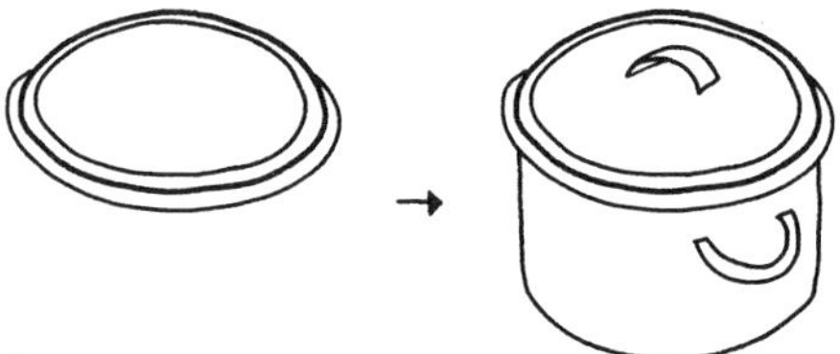

Topf

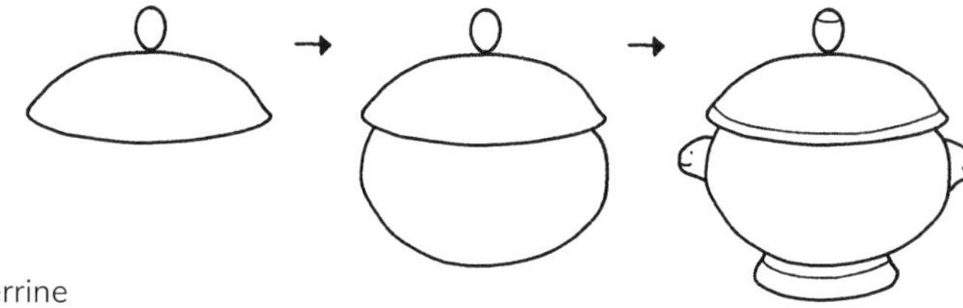

Terrine

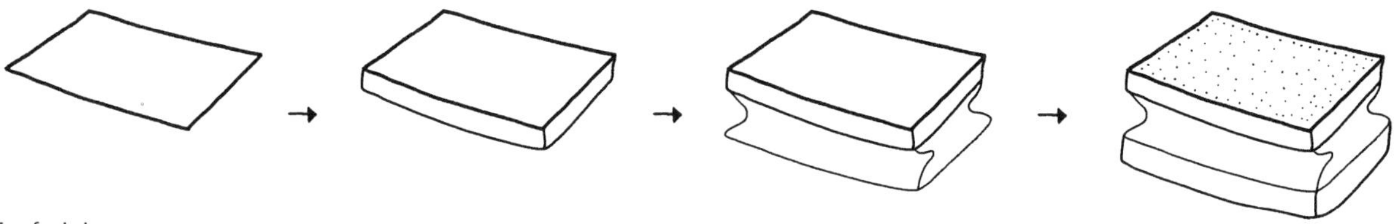

Topfreiniger

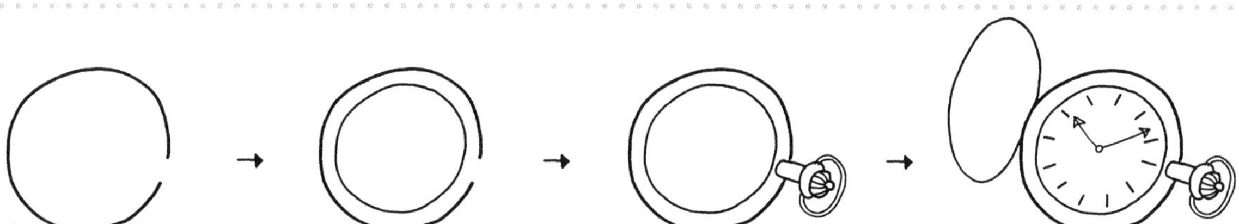

Taschenuhr

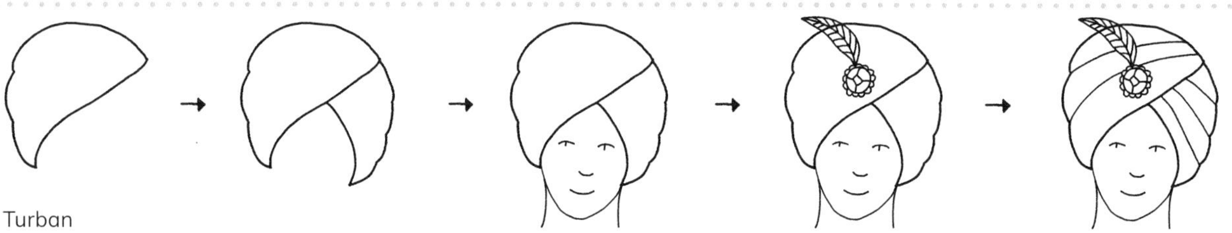

Turban

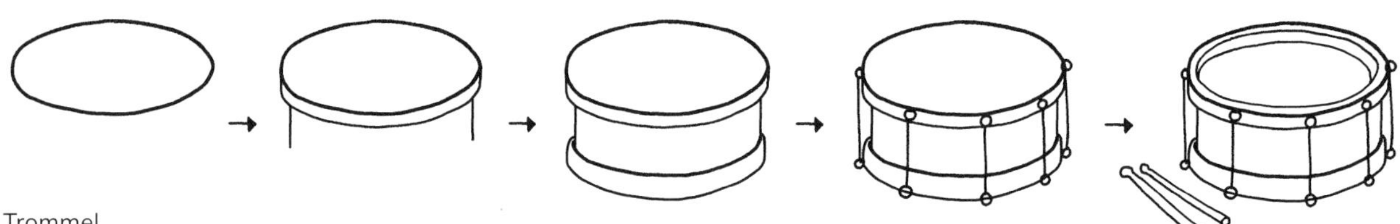

Trommel

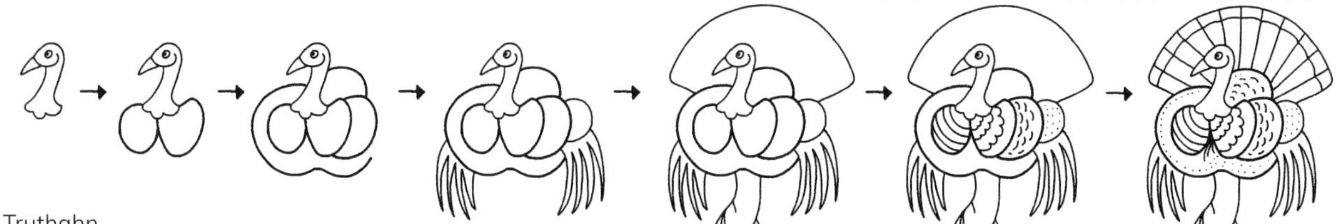

Truthahn

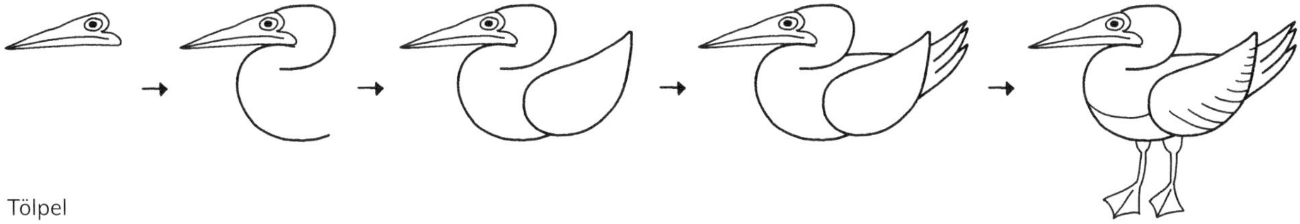

Tölpel

Taxi

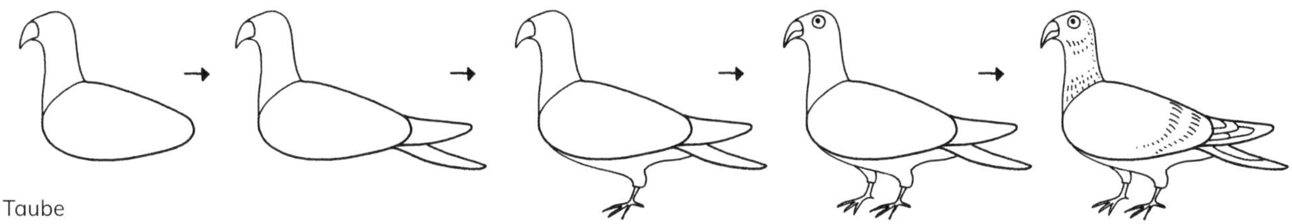

Taube

Tipi

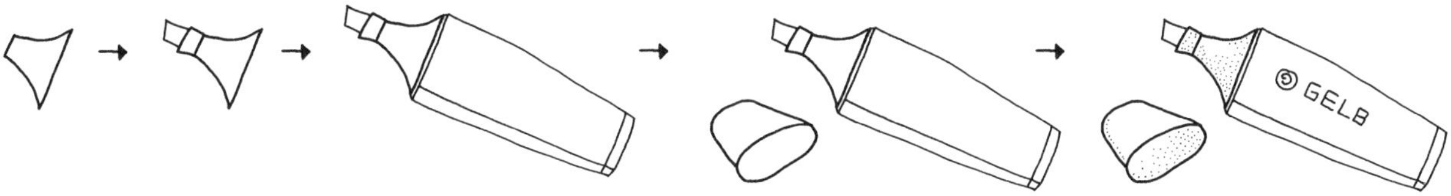

Textmarker

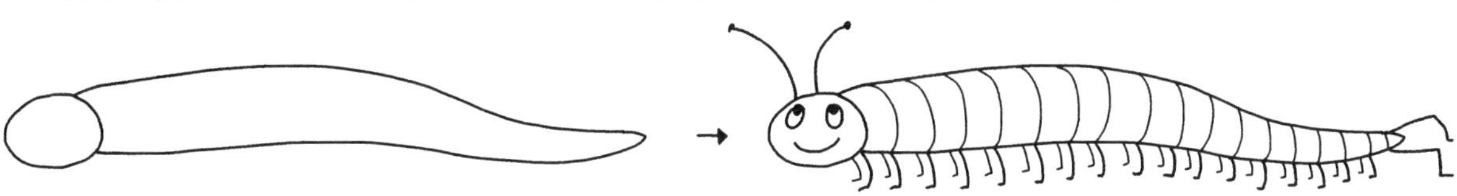

Tausendfüßler

Tyrannosaurus

Uhu

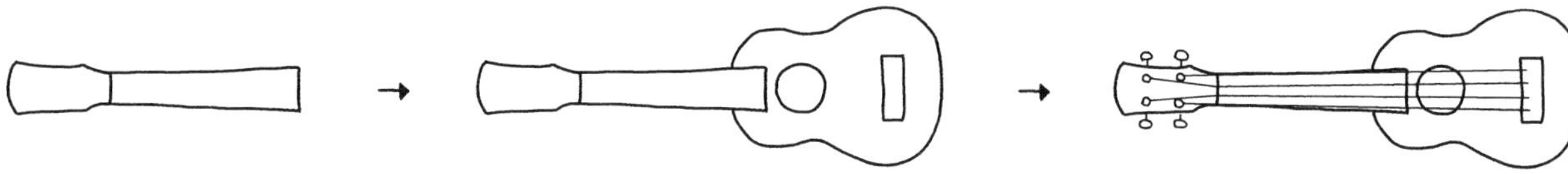

Ukulele

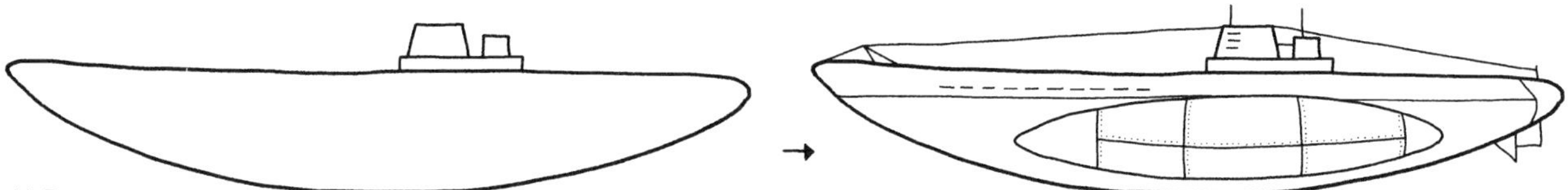

U-Boot

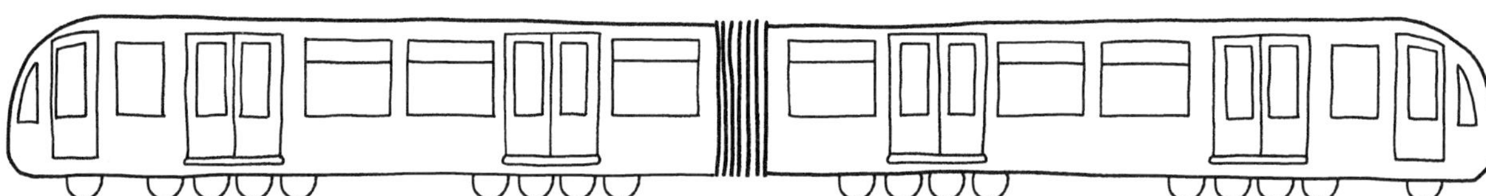

U-Bahn

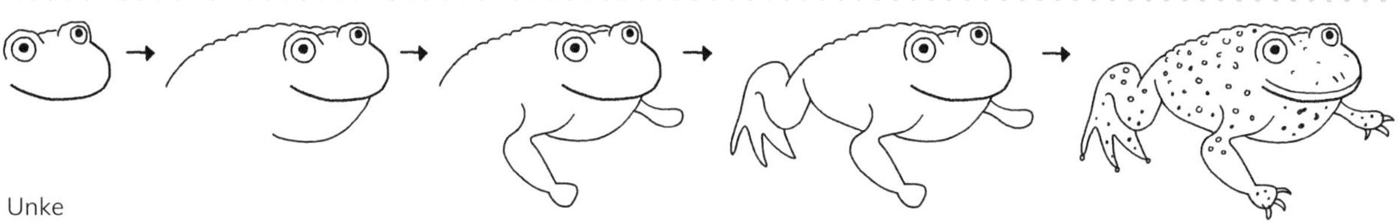

Unke

Urwald

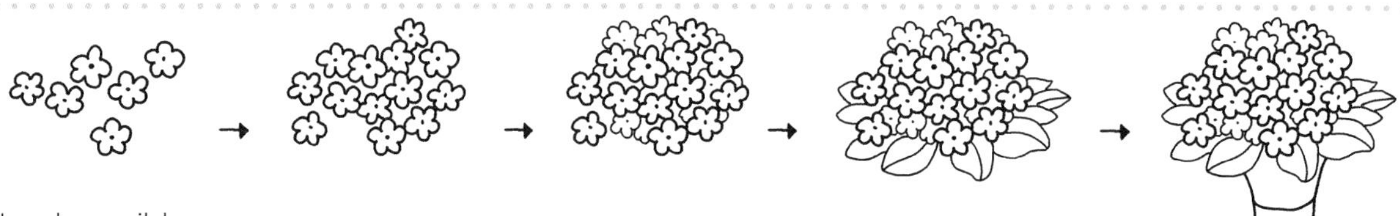

Usambaraveilchen

Umspannwerk

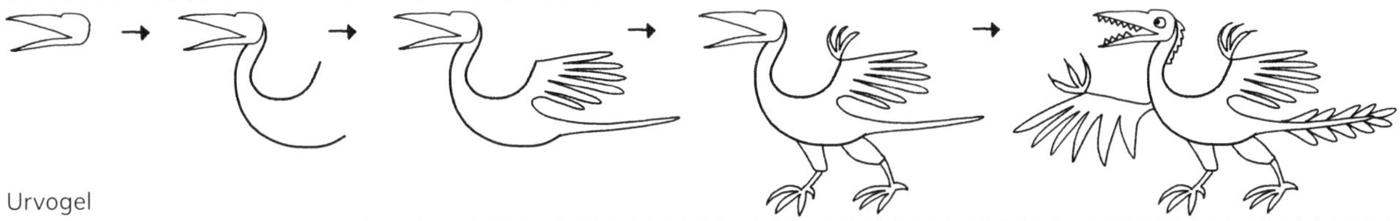

Urvogel

Ungeheuer

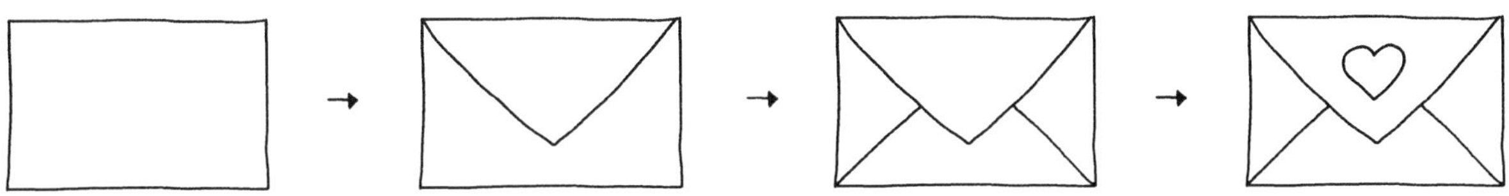

Umschlag

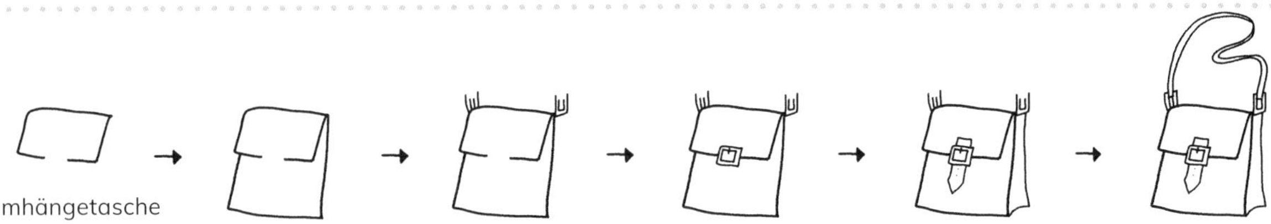

Umhängetasche

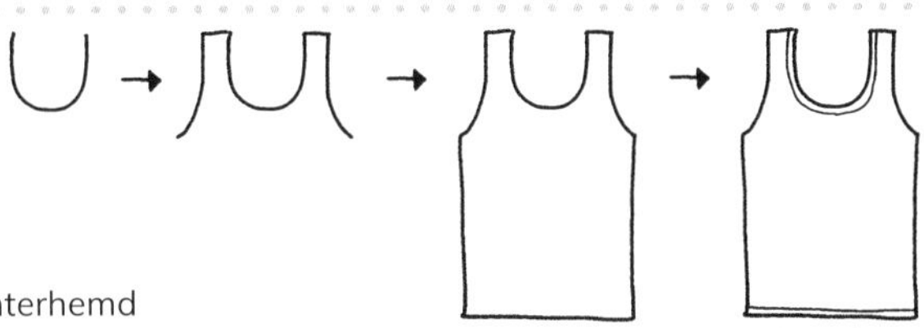

Unterhemd

Unterhose

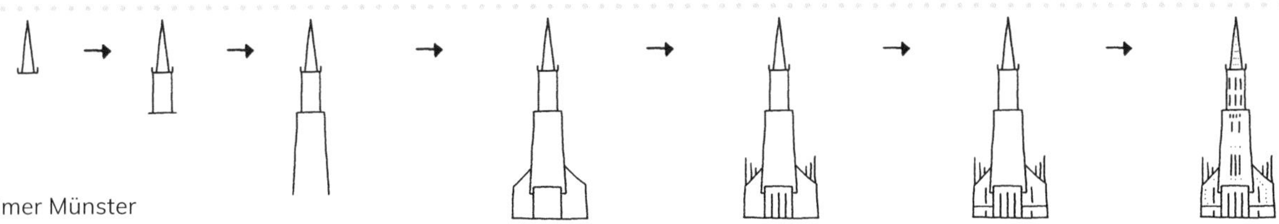

Ulmer Münster

Unwetter

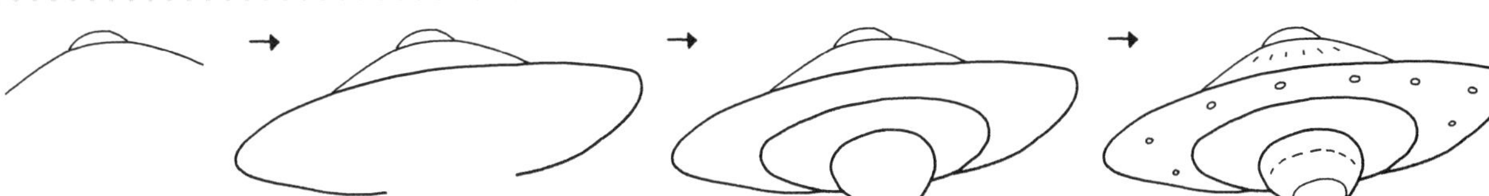

Ufo

DAS GLÜCK DER ERDE ...

... liegt auf dem Rücken der Pferde. Hier findest du vieles, was zum Reiten dazugehört – außer Pferden, denn davon sind einige im Buch verteilt.

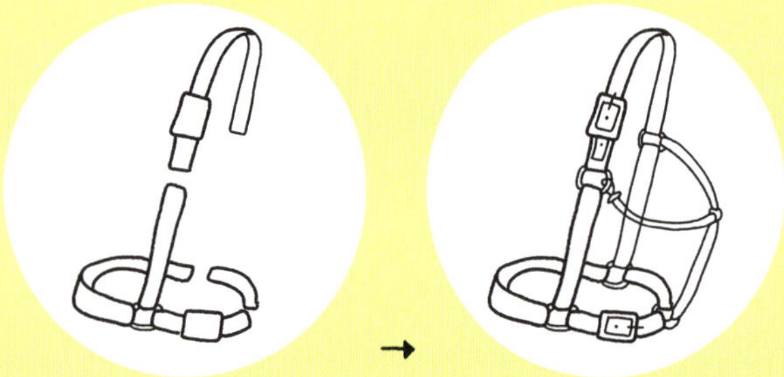

Halfter

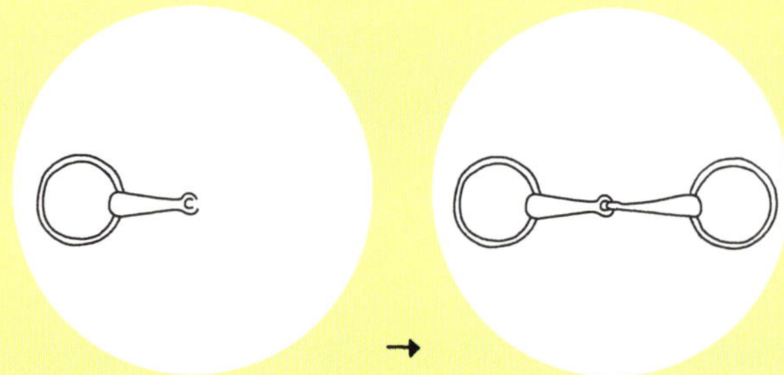

Trense

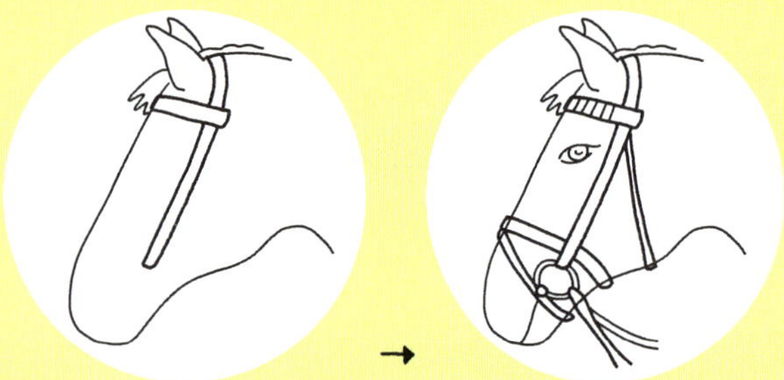

Zaumzeug

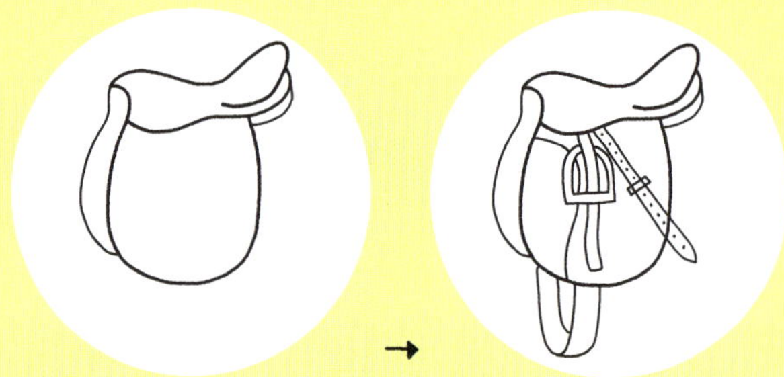

Sattel

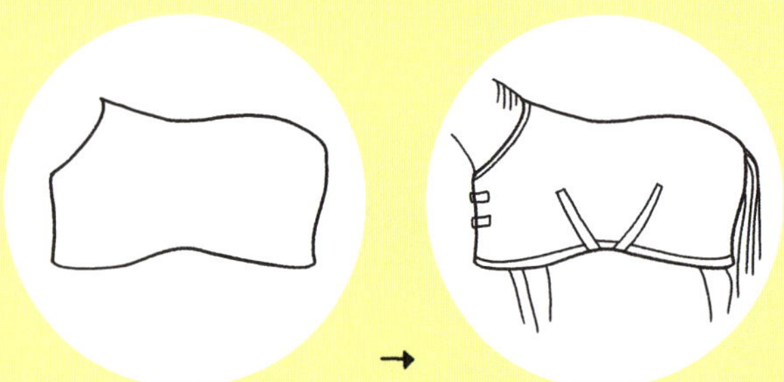

Pferdedecke

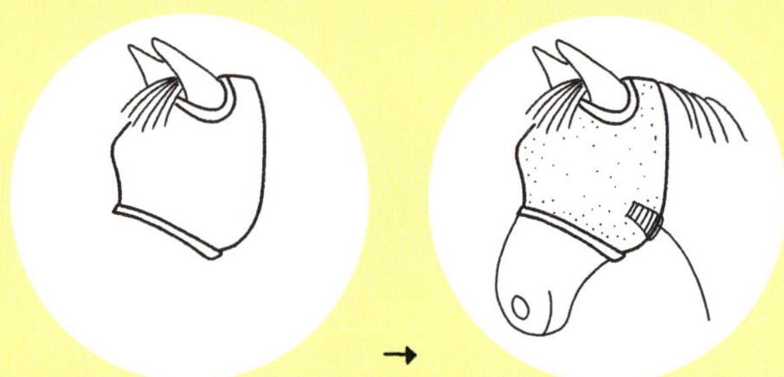

Fliegenmaske

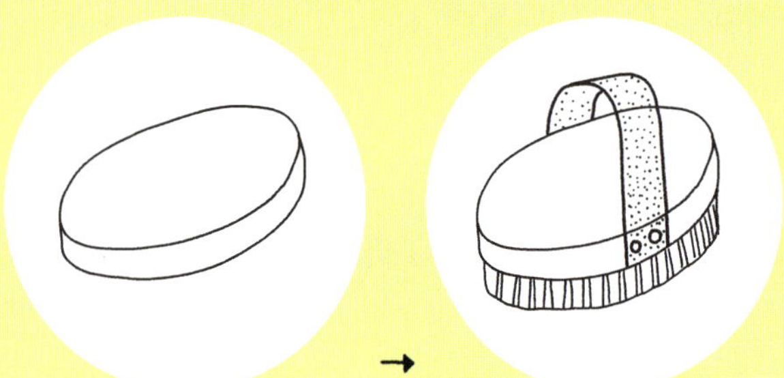

Kardätsche

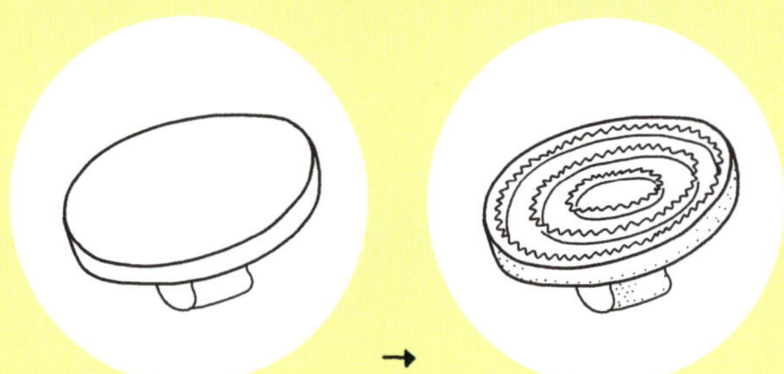

Striegel

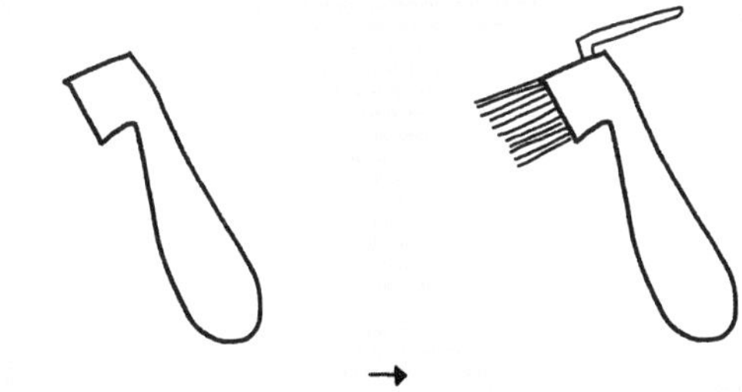
Hufkratzer

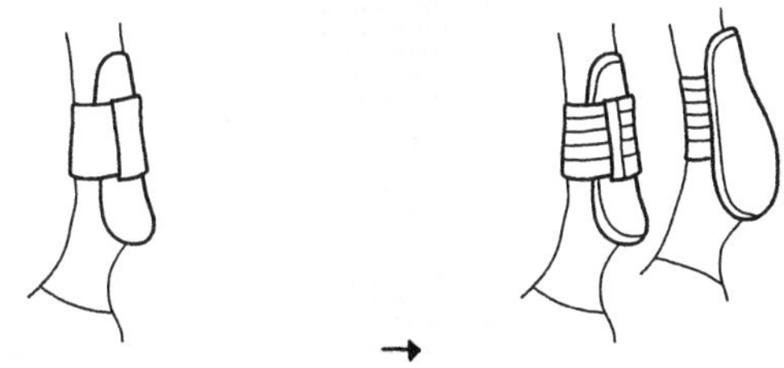
Gamaschen

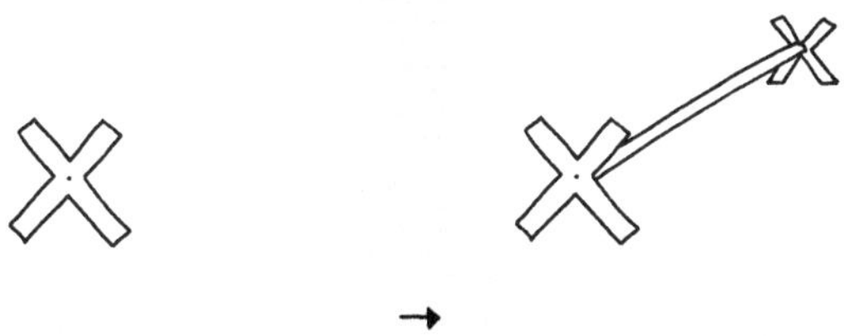
Cavaletti

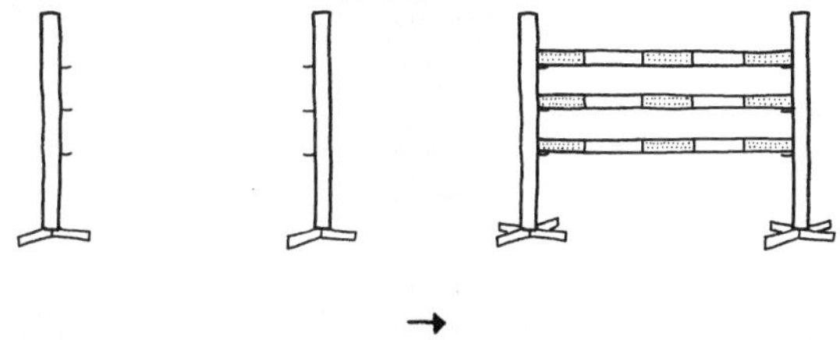
Steilsprung

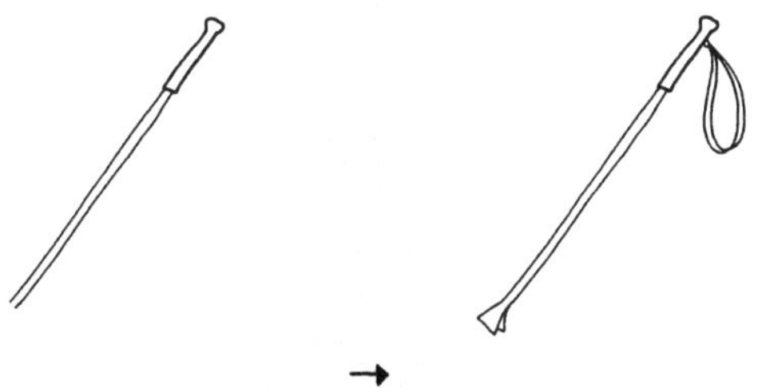
Gerte

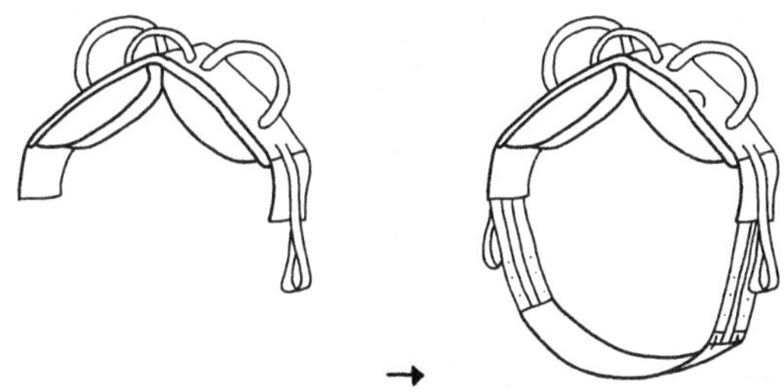
Voltigiergurt

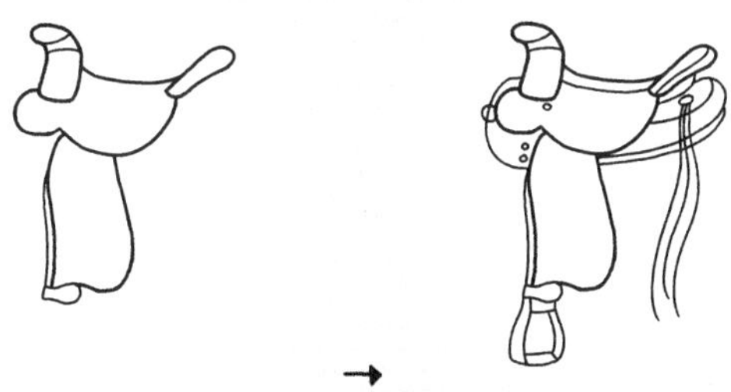
Westernsattel

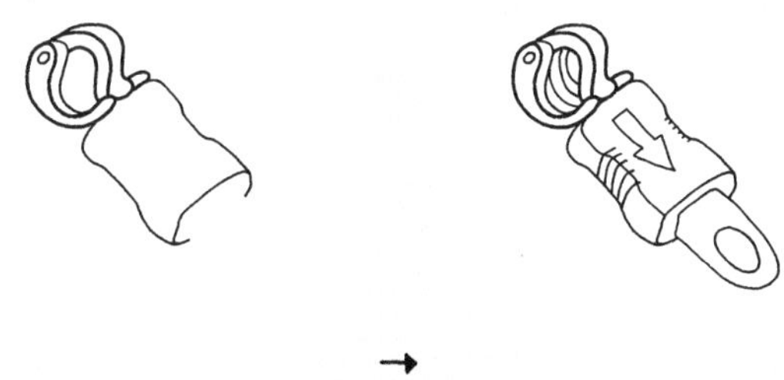
Panikhaken

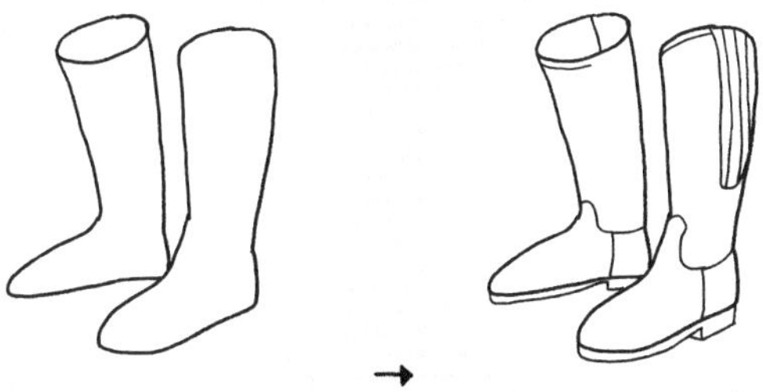
Reitstiefel

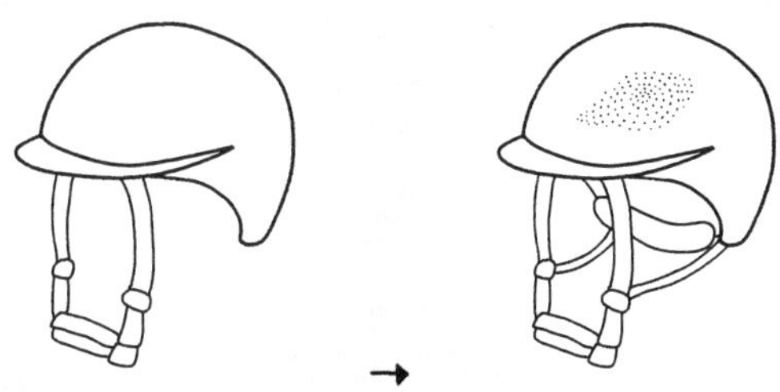
Reithelm

Vielfraß

Vespa

Vase

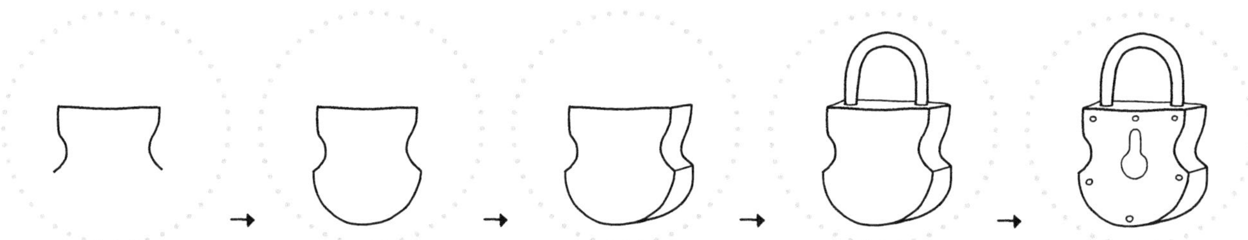

Vorhängeschloss

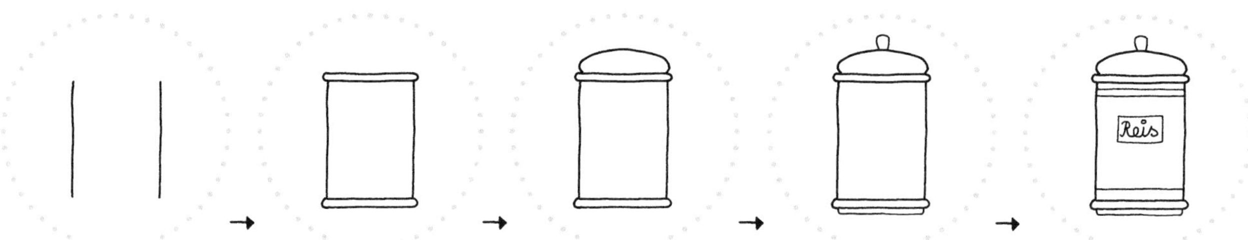

Vorratsdose

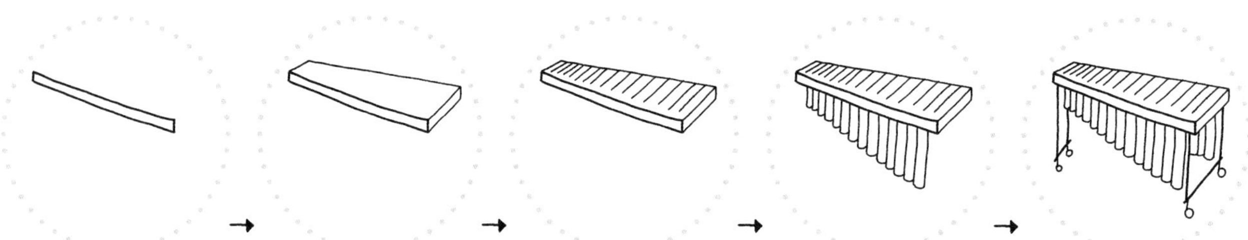

Vibrafon

Viehhirte

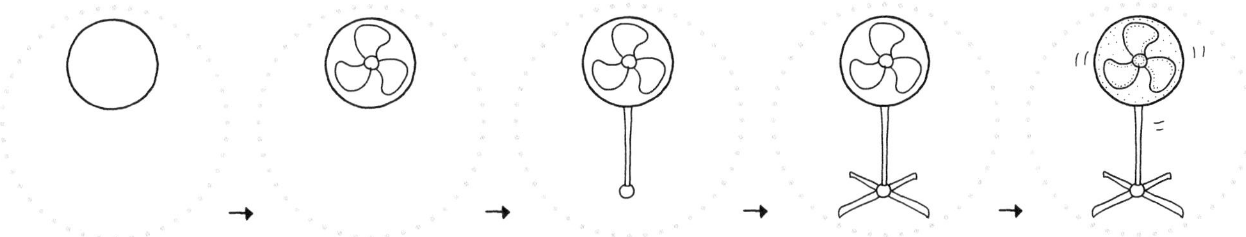

Ventilator

Vulkan

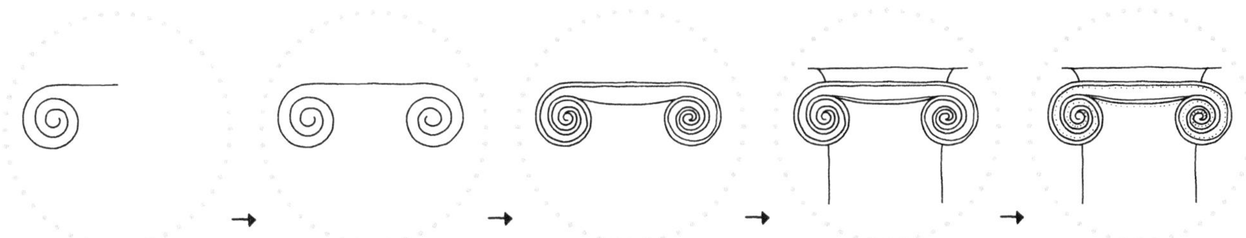

Volute

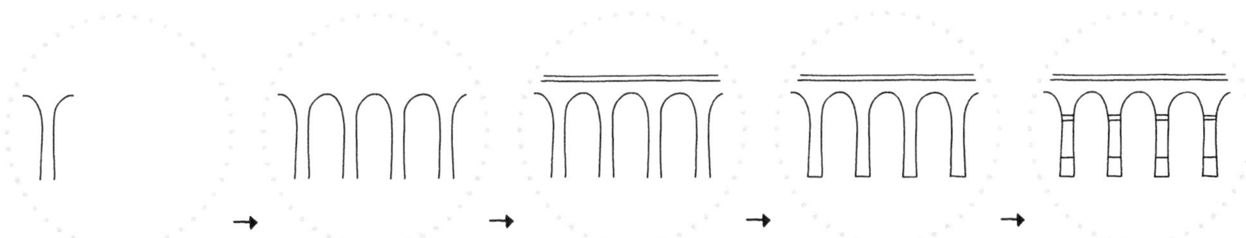

Viadukt

Veilchen

Vogel

Vogelkäfig

Vogelhäuschen

Vergissmeinnicht

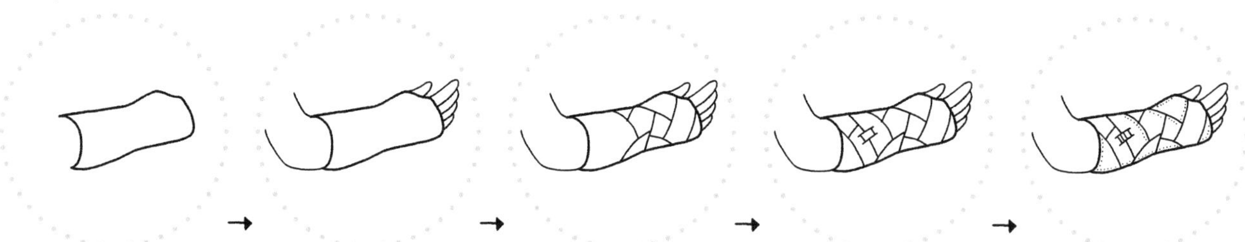

Verband

Vorhang

Villa

Veste Coburg

Violoncello

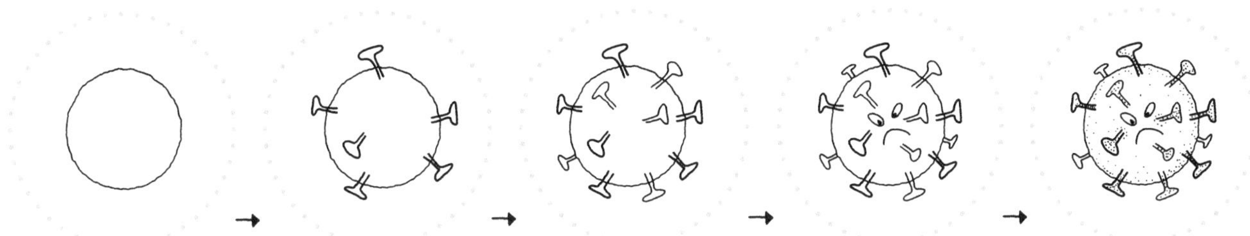

Virus

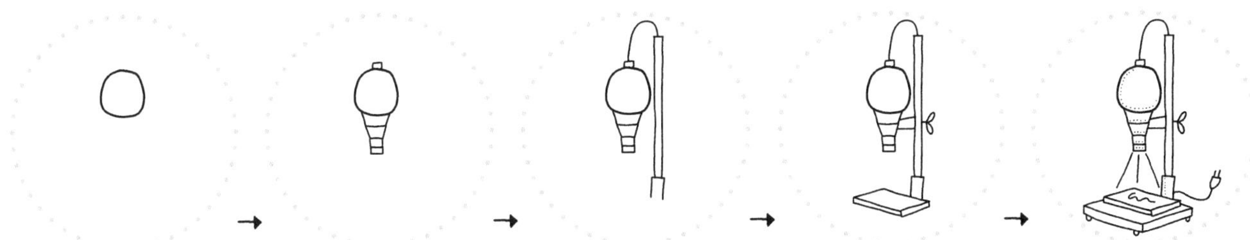

Vergrößerungsapparat

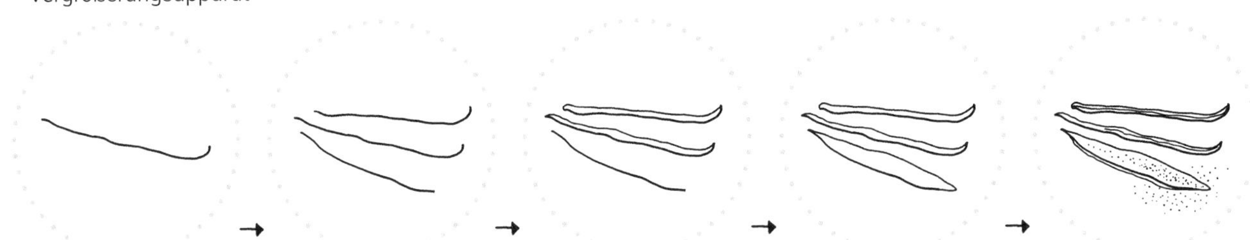

Vanilleschoten

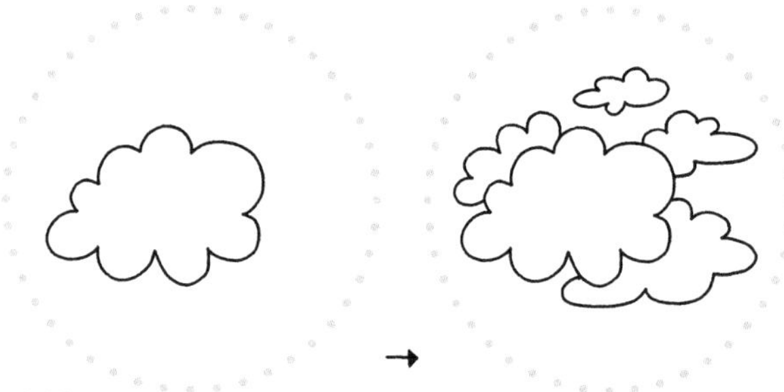

Wolke

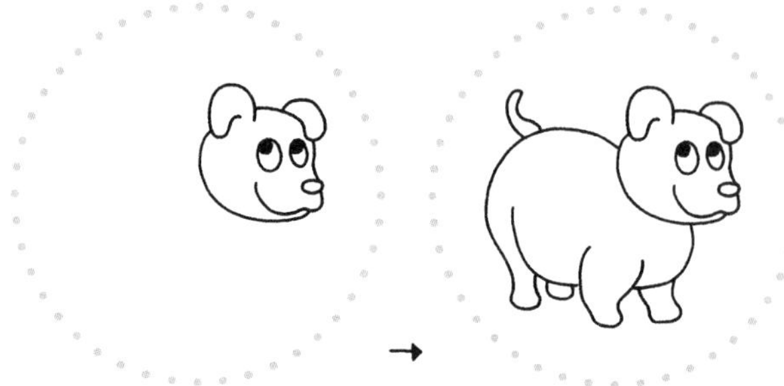

Welpe

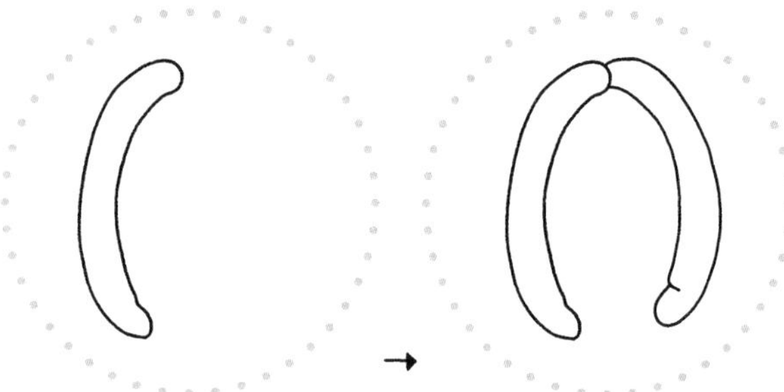

Wiener Würstchen

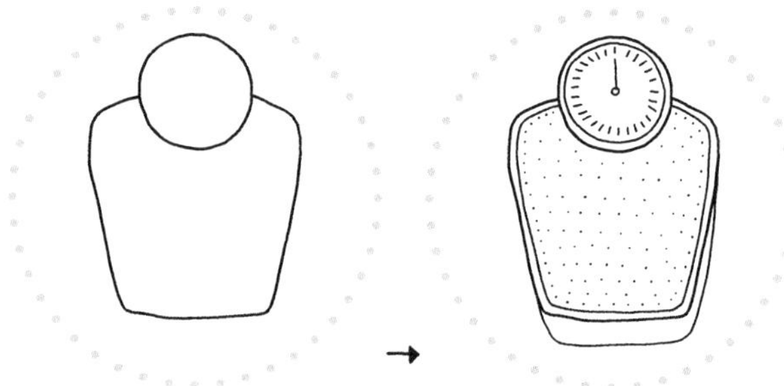

Waage

Wärmflasche

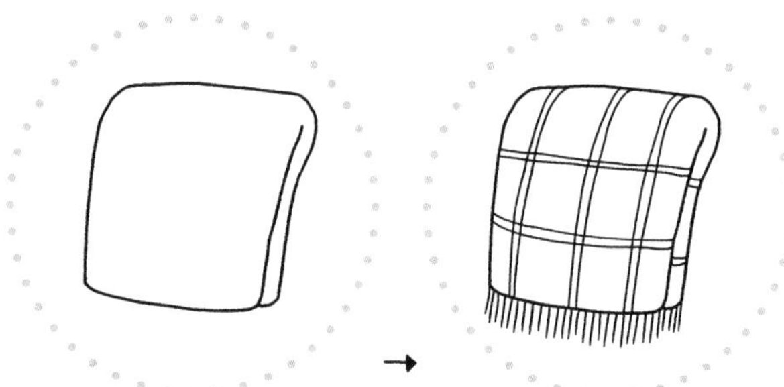

Wolldecke

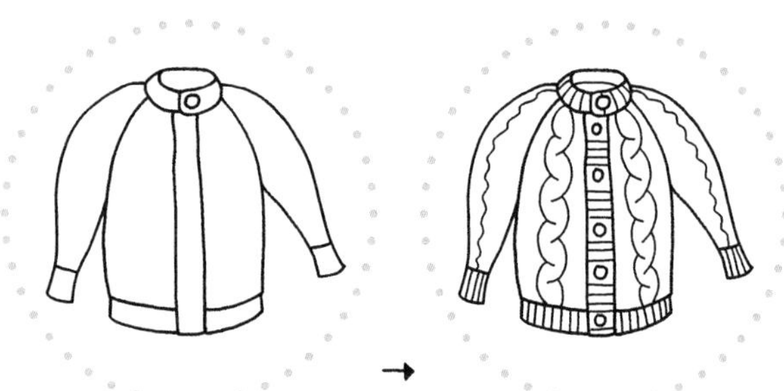

Wolljacke

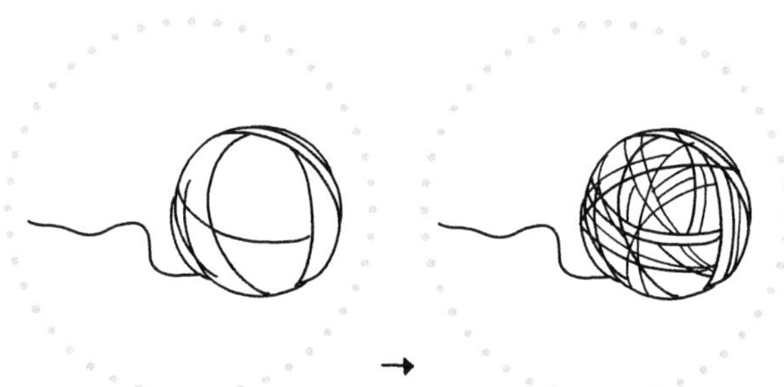

Wollknäuel

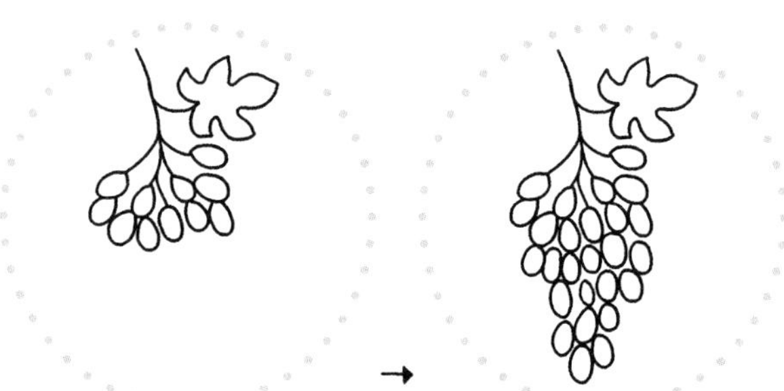

Weintrauben

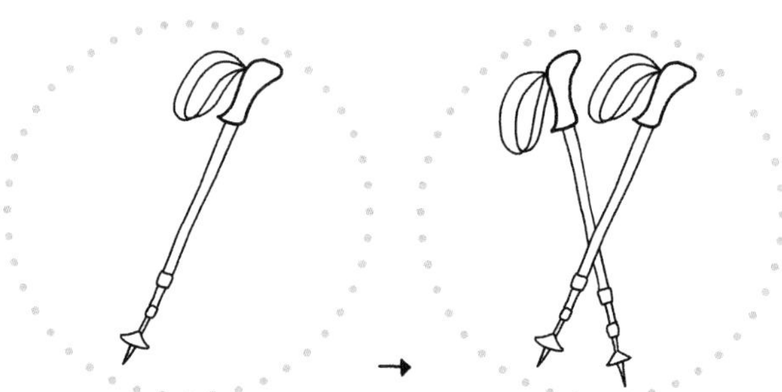

Wanderstöcke

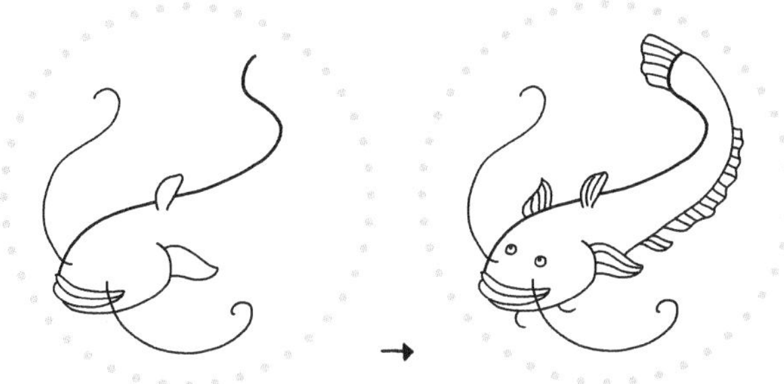

Wels

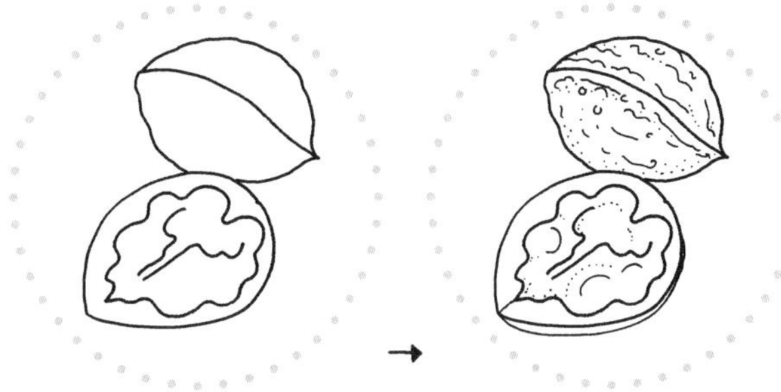

Walnuss

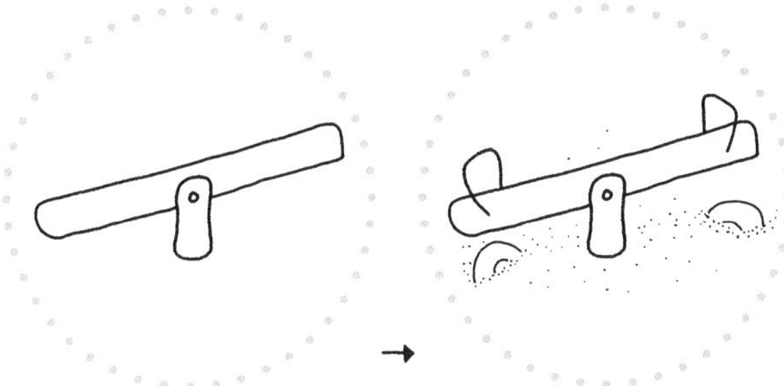

Wippe

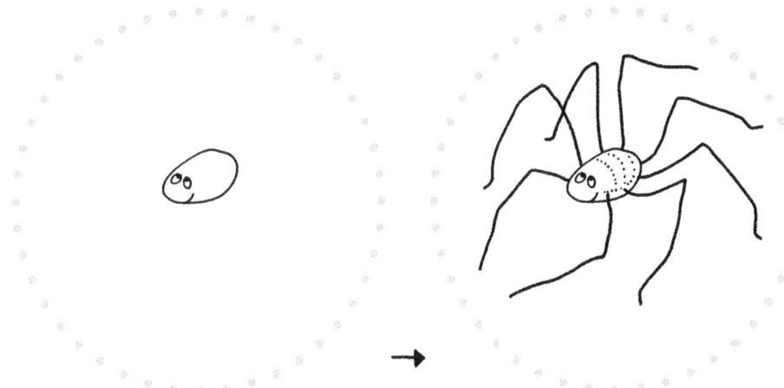

Weberknecht

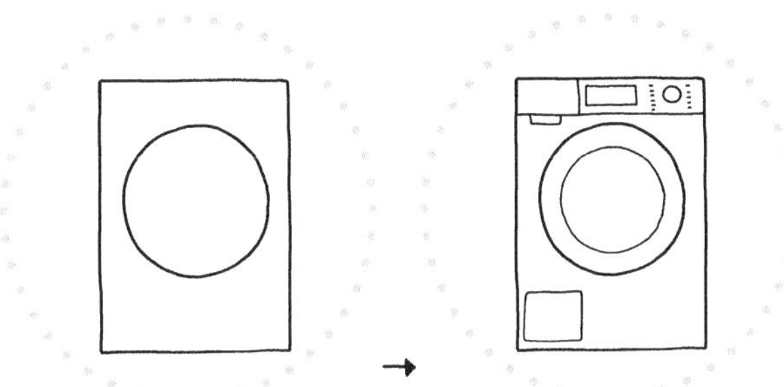

Waschmaschine

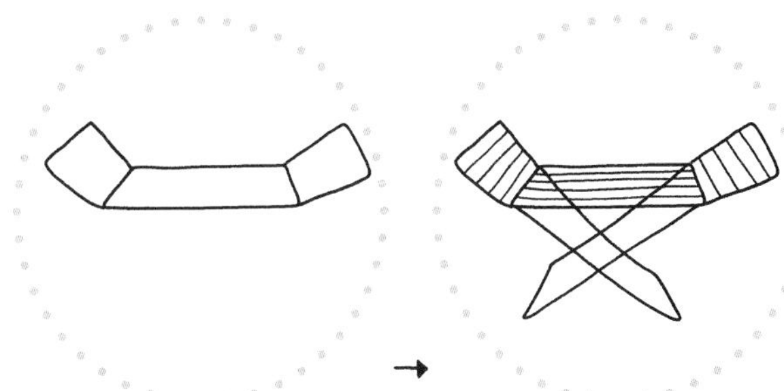

Wäscheständer

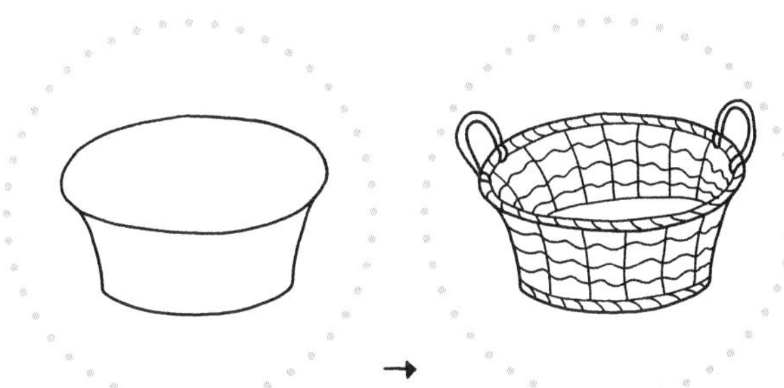

Wäschekorb

Waschlappen

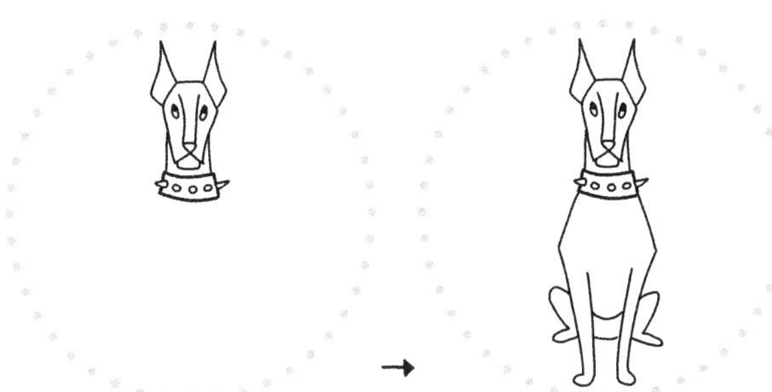

Wachhund

Wachtel

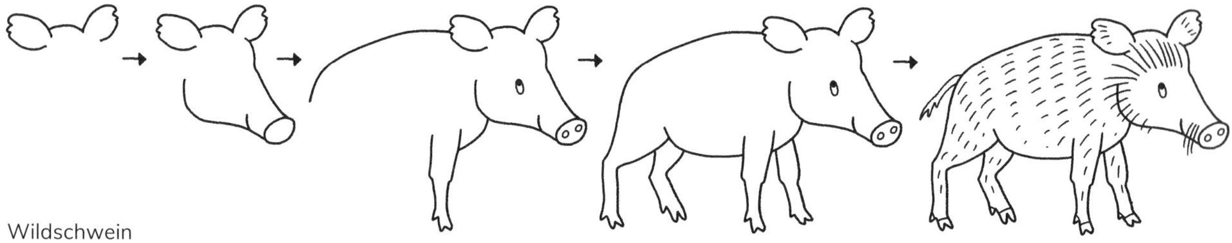

Wildschwein

Wolf

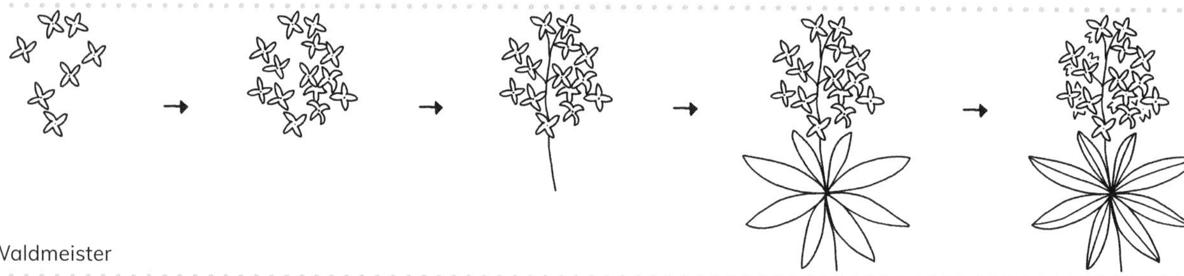

Waldmeister

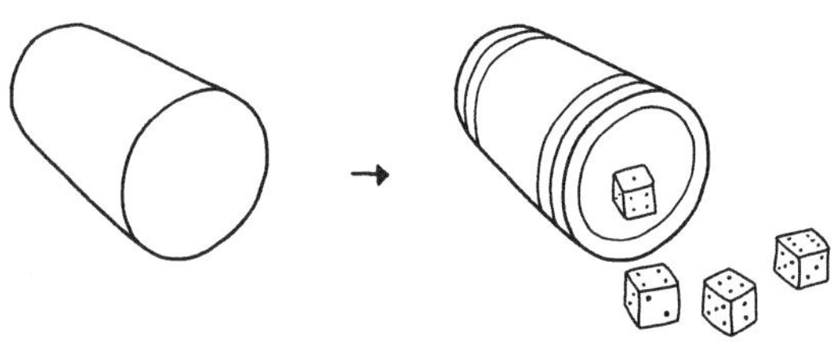

Würfelbecher

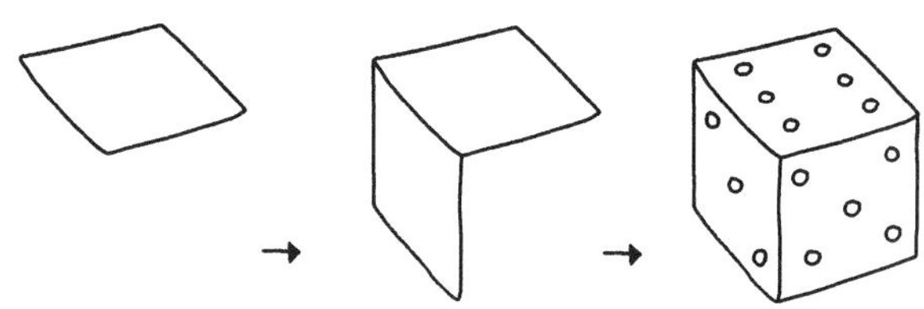

Würfel

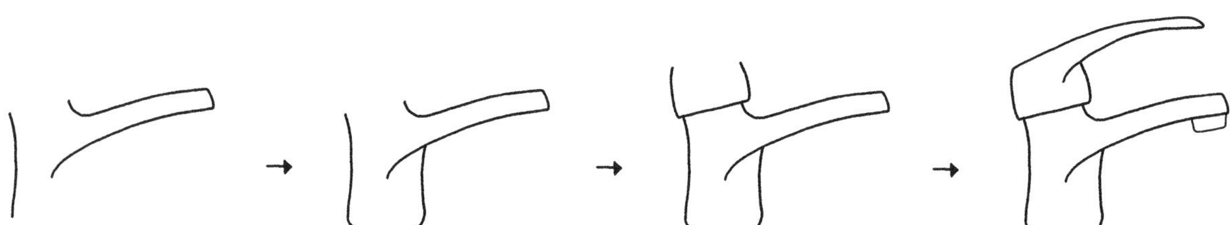

Wasserhahn

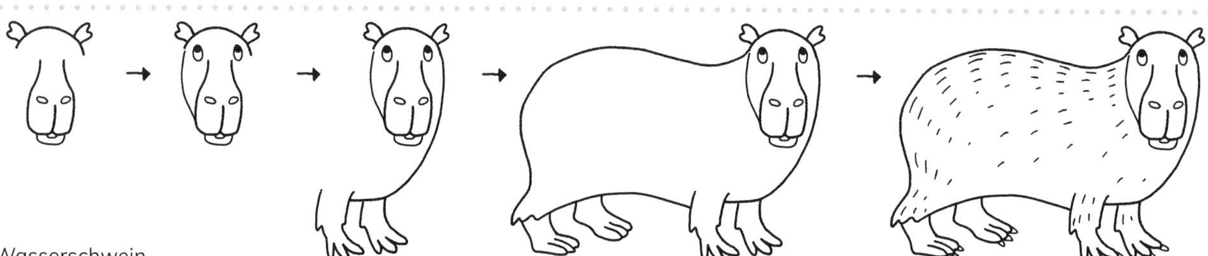

Wasserschwein

Wohnwagen

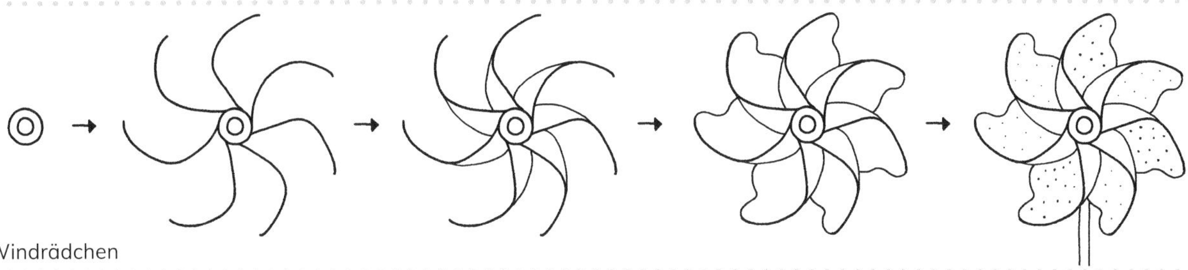

Windrädchen

Wetterhahn

Walross

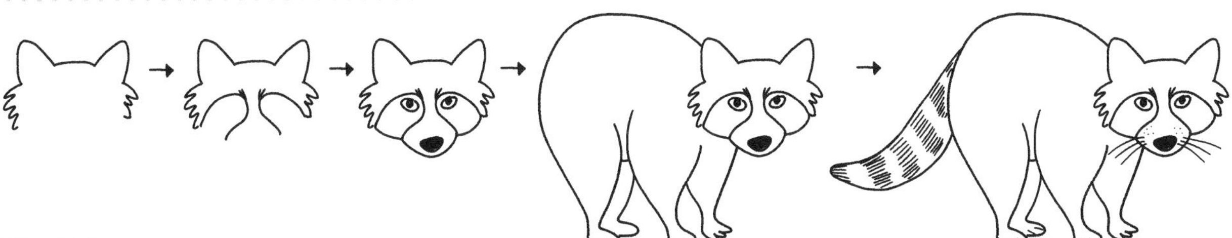

Waschbär

Weinbergschnecke

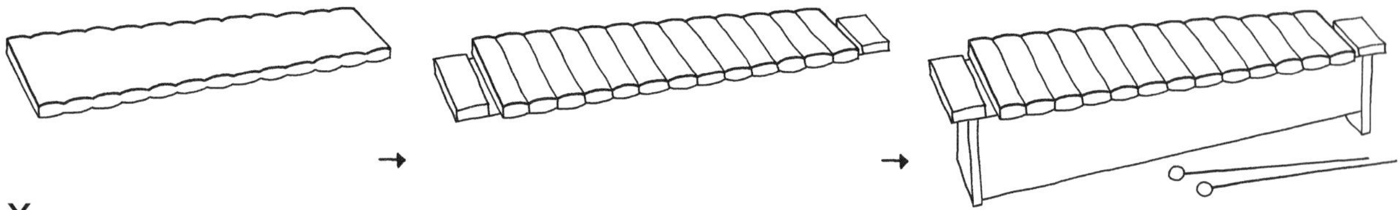

Xylofon

Yorkshireterrier

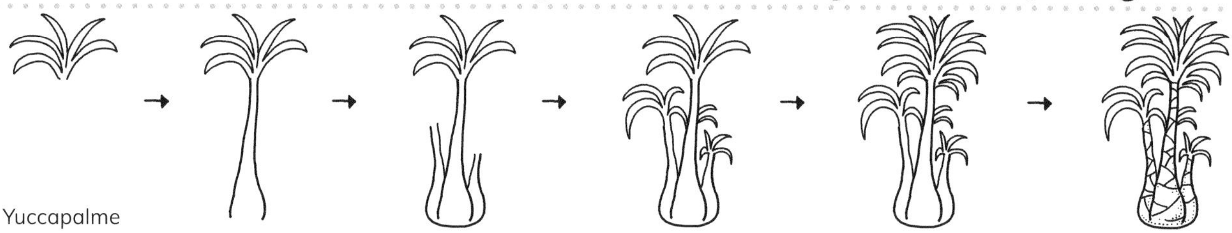

Yuccapalme

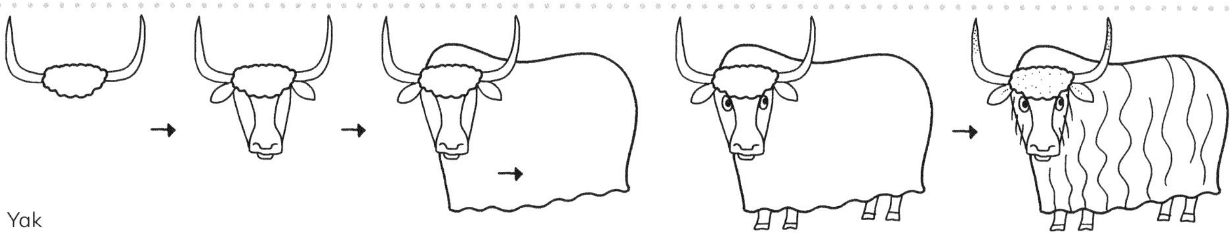

Yak

Yeti

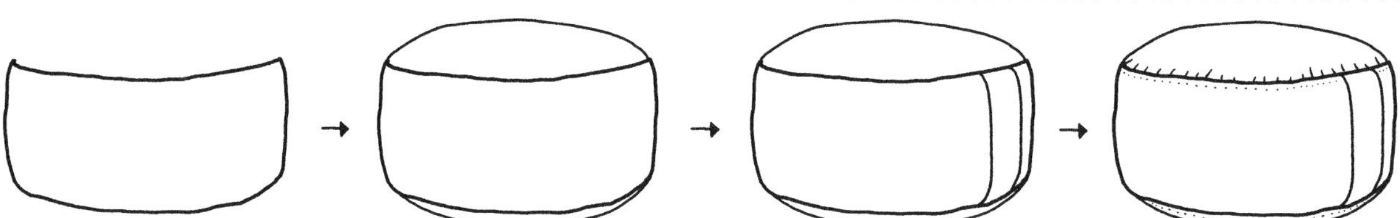

Yogakissen

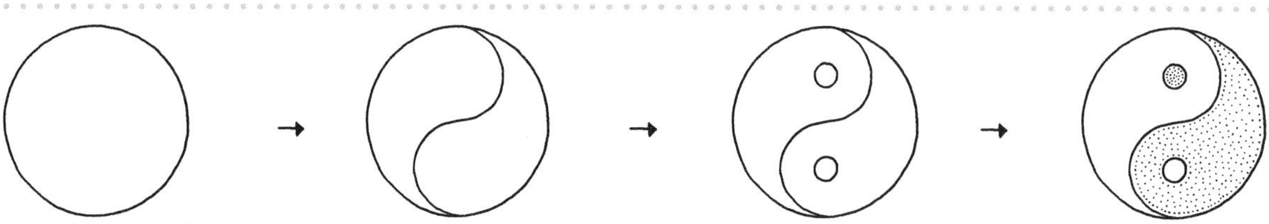

Yin-und-Yang-Zeichen

Zebra

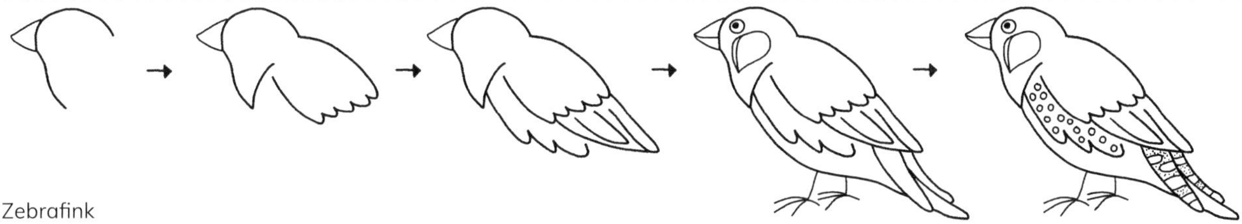

Zebrafink

Zauberer

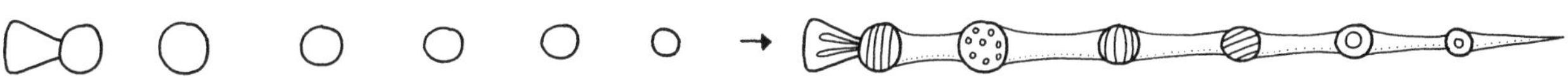

Zauberstab

Zylinder

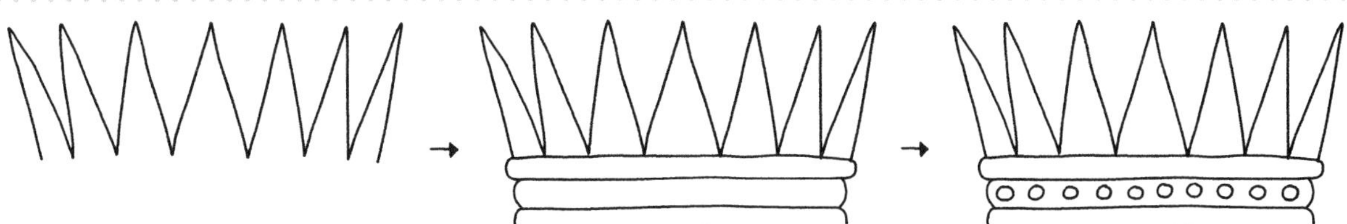

Zackenkrone

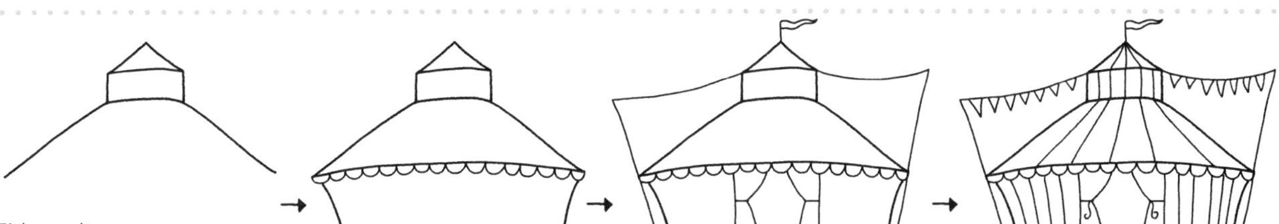

Zirkuszelt

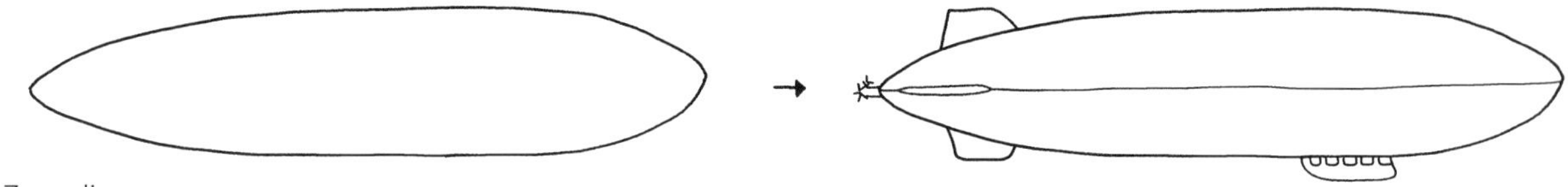

Zeppelin

Ziege

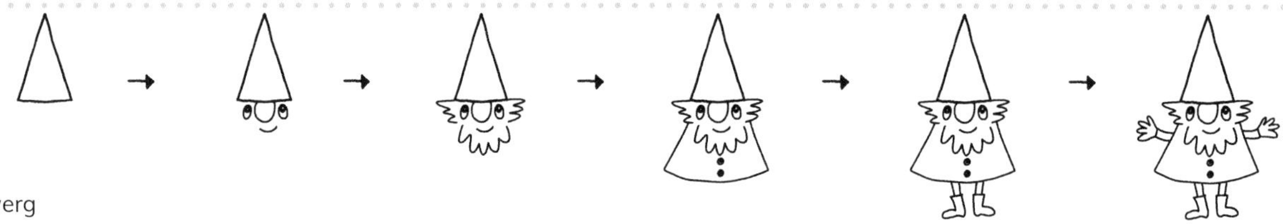

Zwerg

Zwergpinscher

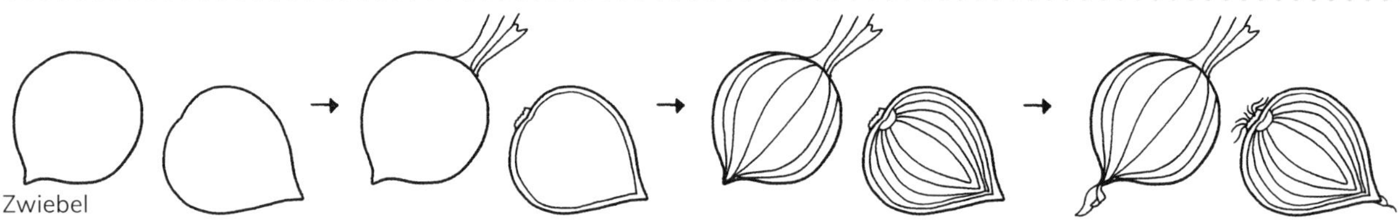

Zwiebel

Zaunkönig

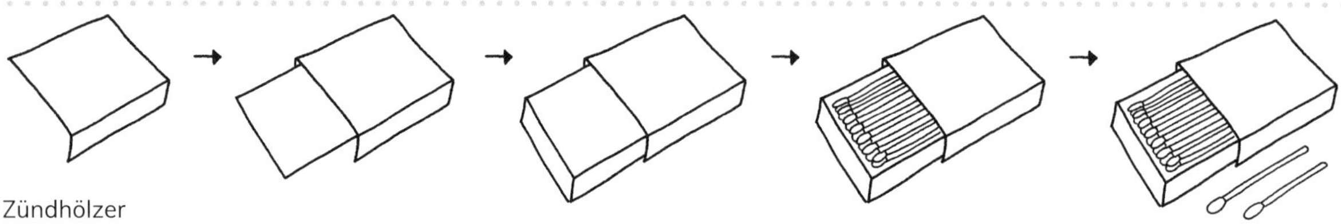

Zündhölzer

Zwetschge

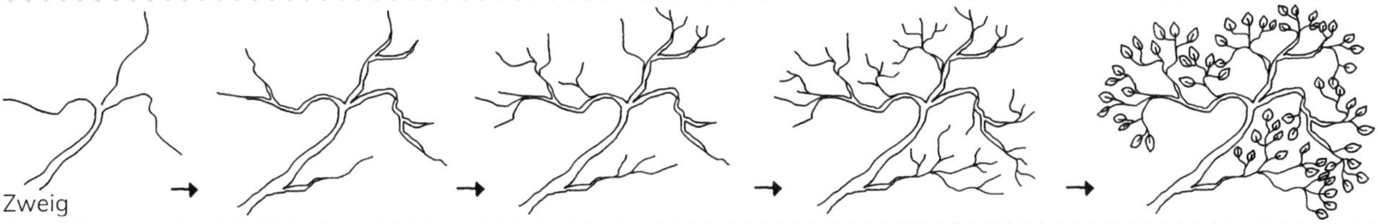

Zweig

Zentaur

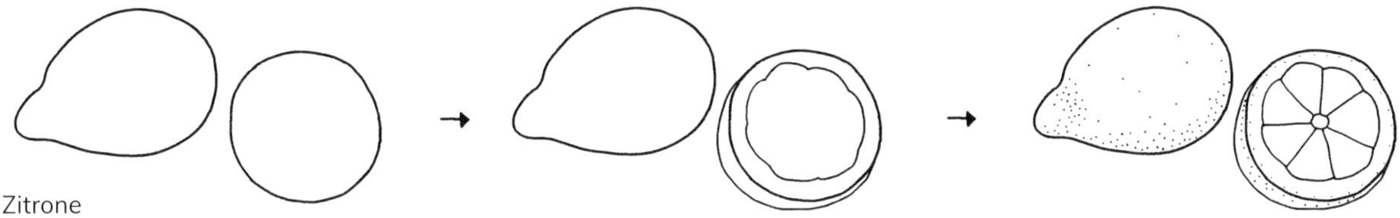

Zitrone

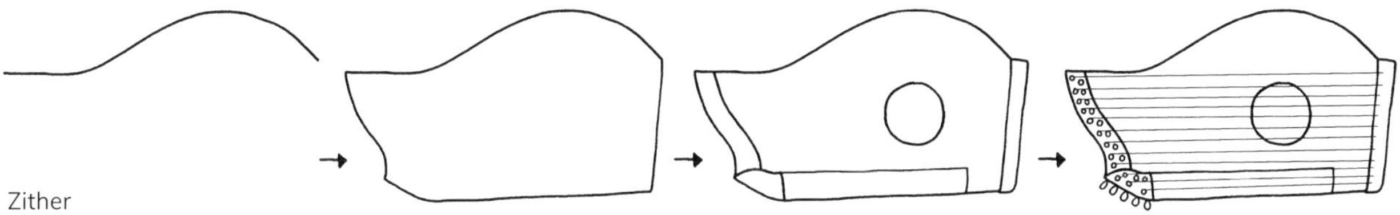

Zither

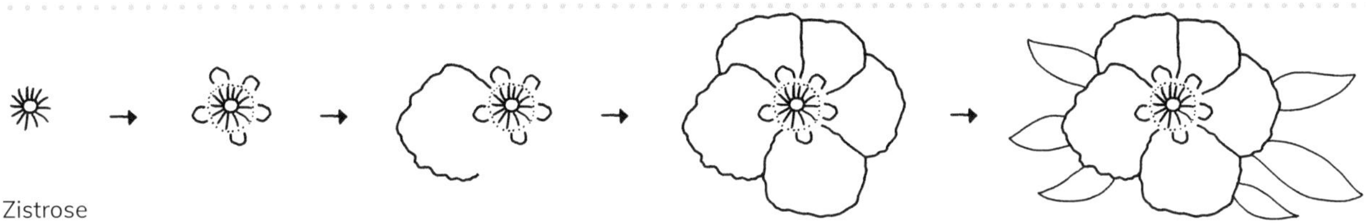

Zistrose

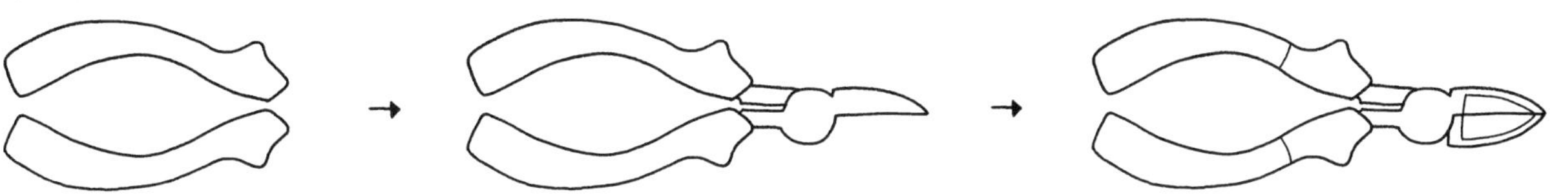

Zange

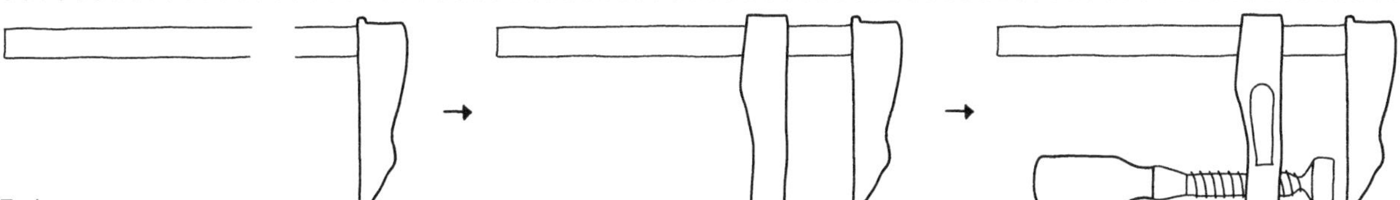

Zwinge

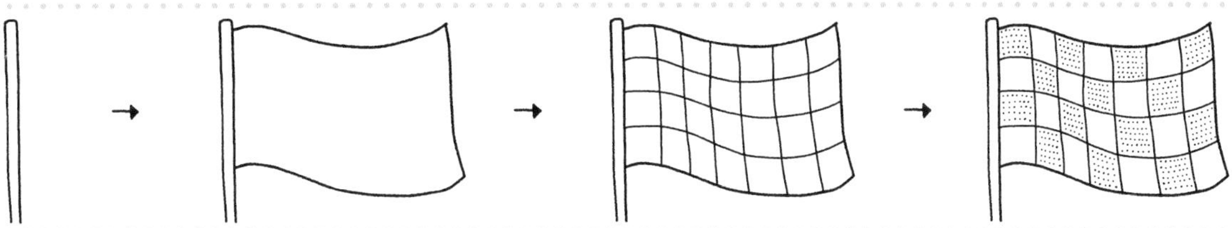

Zielflagge

TOOOOOR!

Zum Fußballspielen gehört mehr als nur ein Ball, ein Tor und zwei Mannschaften: Schienbeinschoner zum Beispiel oder ein schöner Pokal, wenn ihr gewinnt.

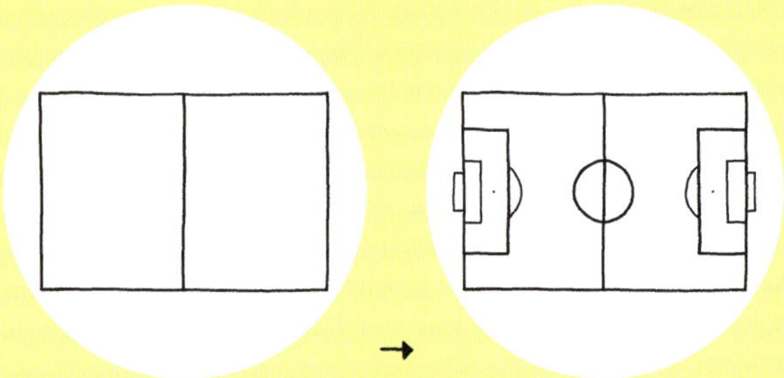

Fußballfeld

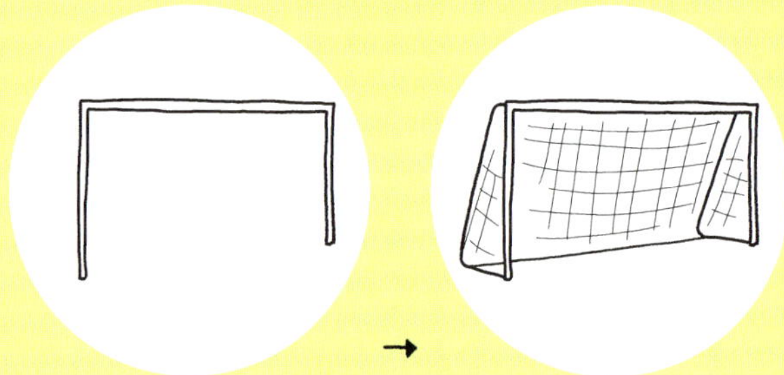

Fußballtor

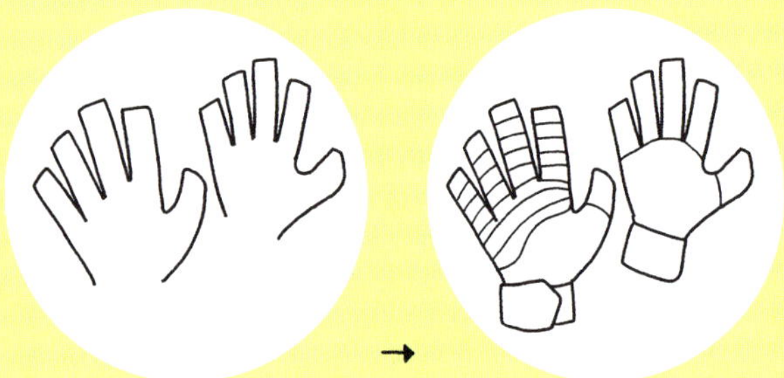

Torwarthandschuhe

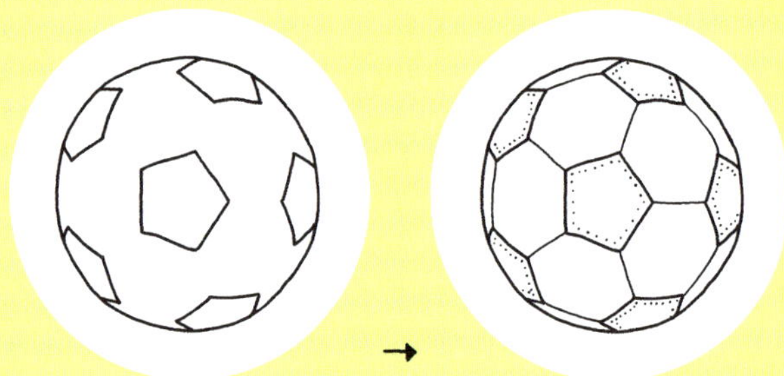

Fußball

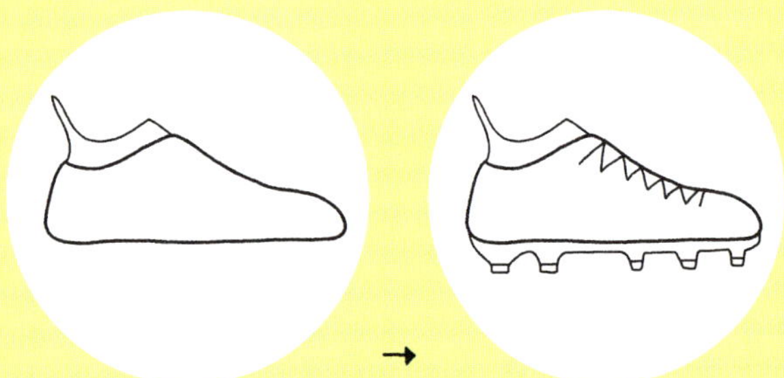

Fußballschuhe

Fußballtrikot

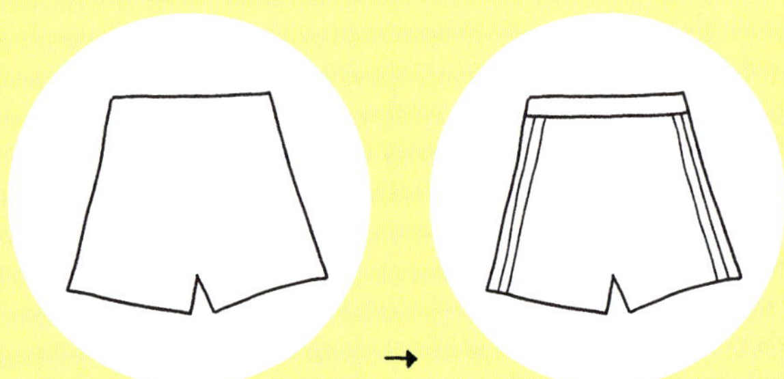

Fußballhose

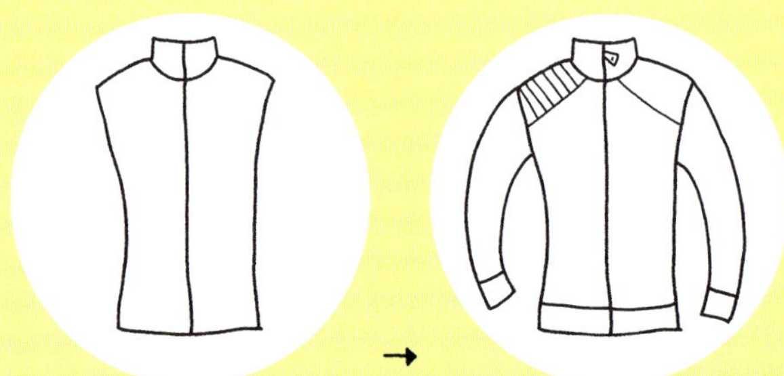

Trainingsjacke

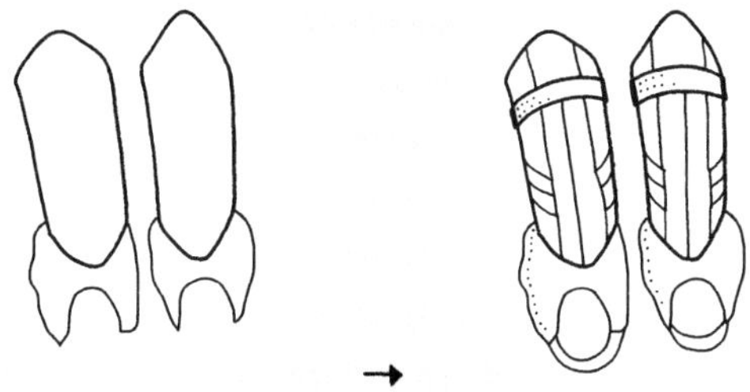

Schienbeinschoner

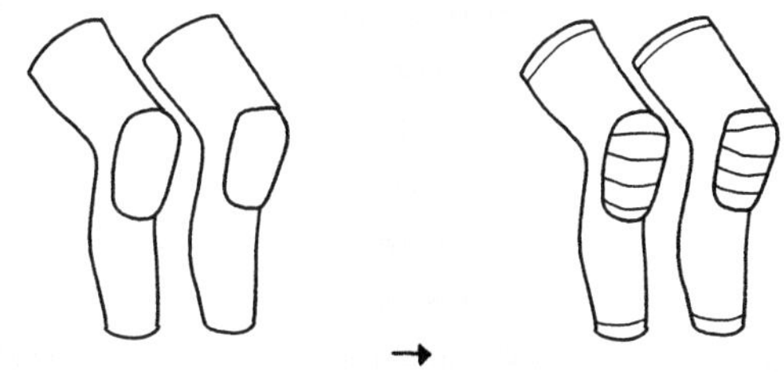

Knieschoner

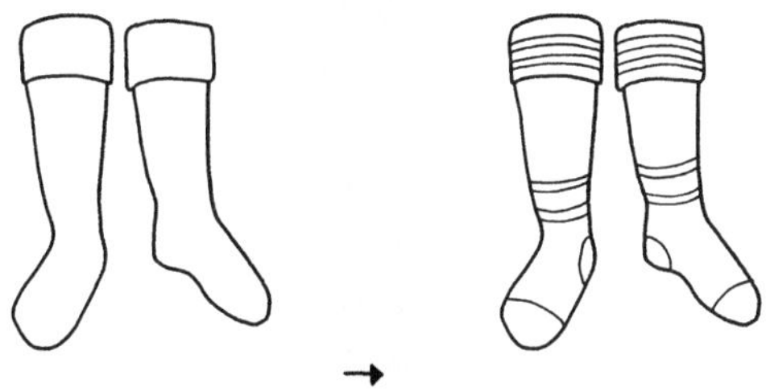

Kniestrümpfe

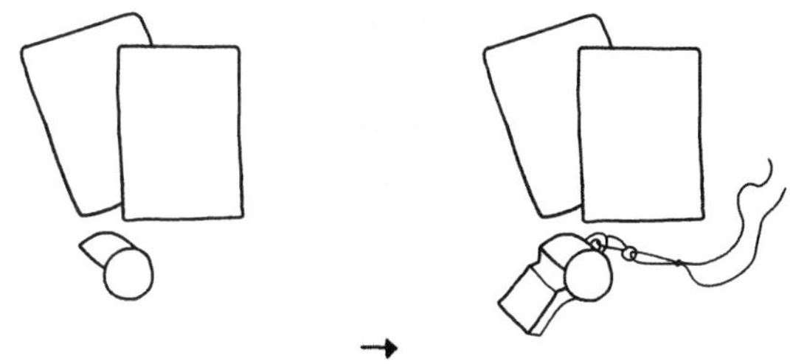

Schiedsrichterset

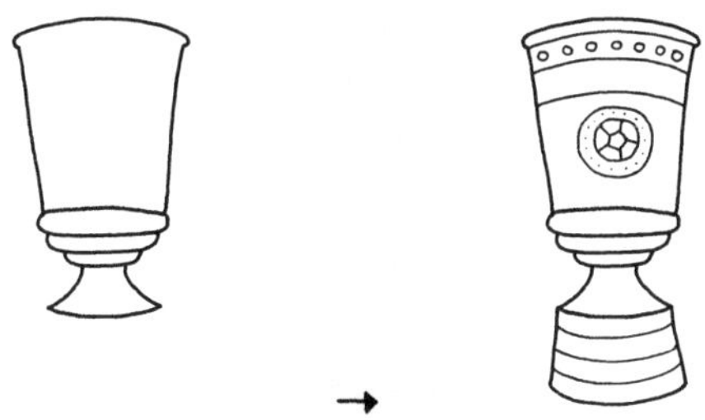

Pokal

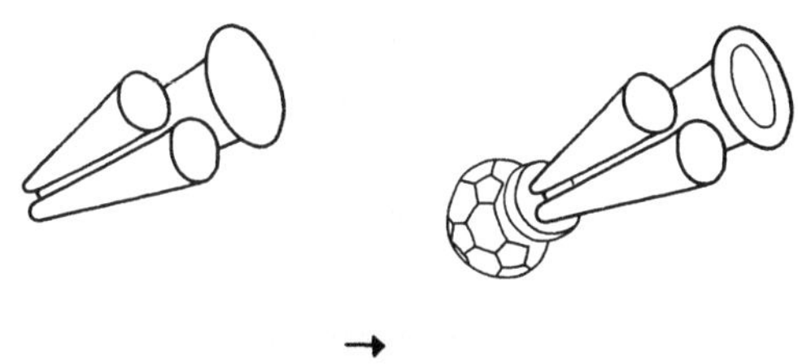

Fantröte

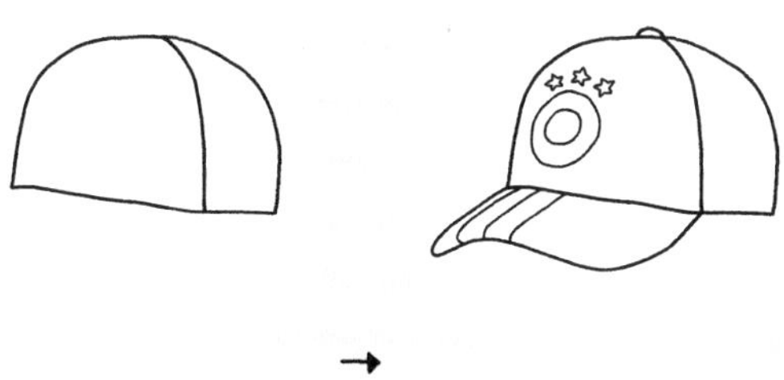

Fankappe

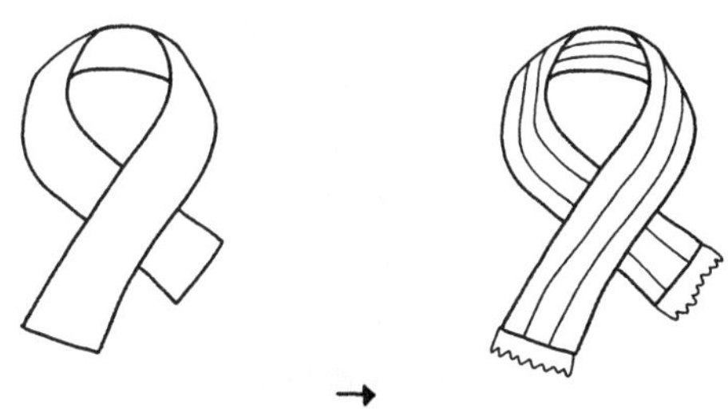

Fanschal

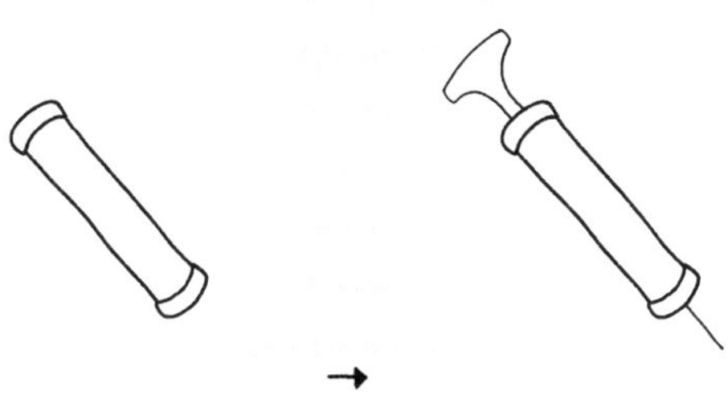

Ballpumpe

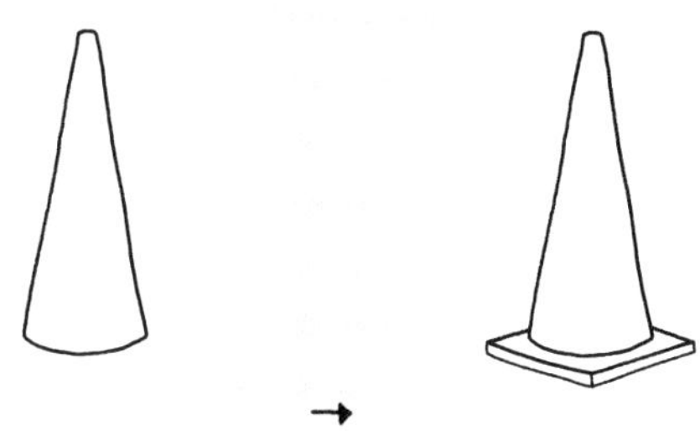

Pylon

SPIELE MIT DEM ZEICHENSTIFT

Mit dem Zeichenstift kann man auch lustige Spiele spielen – alles, was du dazu brauchst, sind Papier und Stifte.

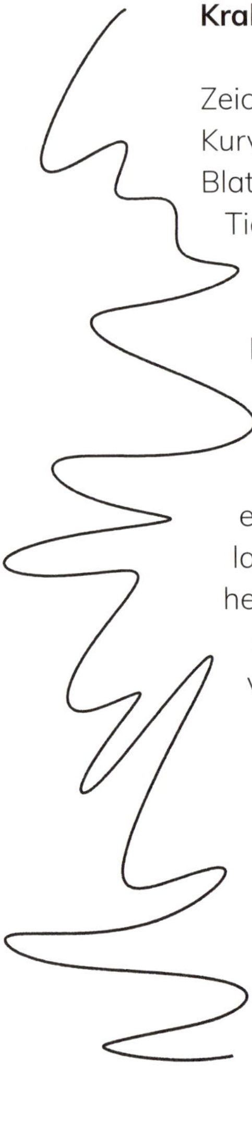

Krakellinie

Zeichnet locker Linien mit vielen Kurven und Ausbuchtungen auf ein Blatt Papier. Welche Gesichter oder Tiere könnt ihr darin erkennen? Gespenster, Monster, Mäuse oder Katzen? Zeichnet hinein, was euch einfällt, und lasst die Blätter herumgehen, bis sie richtig schön vollgekritzelt sind. Das kannst du auch alleine als Zeitvertreib machen, aber zu zweit oder mit mehreren macht es mehr Spaß.

Wörter zeichnen

Jeder Spieler überlegt sich ein aus zwei Begriffen zusammengesetztes Wort, wie zum Beispiel Wollmaus, Taschenmesser, Glühlampe oder Apfelkuchen. Dieses Wort schreibt er auf einen Zettel, faltet ihn zusammen, dann werden alle Zettel gemischt und jeder zieht ein Wort, das er nun ganz oben auf ein Blatt zeichnen muss. Man darf nicht den Gegenstand selbst zeichnen, sondern nur die Worte, aus denen er zusammengesetzt ist. Dann wird das Blatt an den Nachbarn weitergegeben, der die Zeichnung umknickt und darunter schreibt, was er meint, dass es darstellen soll. Dann reicht er das Blatt weiter und der Nächste zeichnet, was jetzt dort steht. Das geht so lange, bis der Zettel wieder dort ankommt, wo er gestartet ist, oder eine Anzahl von Runden, die ihr vorher festlegt.

Am Ende faltet ihr die Zettel auseinander und schaut, was aus dem ursprünglichen Wort geworden ist und was für lustige Bilder dabei entstanden sind.

Lustige Figuren

Jeder zeichnet oben auf ein Blatt Papier einen Kopf mit Hals und knickt das Blatt so um, dass man nur noch ein kleines Stückchen vom Hals sieht. Ihr könnt dabei Menschen und Tiere mischen oder euch für eines von beiden festlegen. Dann wird das Blatt weitergegeben, der Nächste zeichnet bis zum Bauchnabel und knickt das Blatt wieder so um, dass man die Ansätze sieht. Nun gibt es noch eine Runde bis zum Knie und in der letzten Runde werden die Füße gezeichnet. Am Ende faltet ihr die Blätter auseinander und schaut die witzigen Figuren an, die dabei entstanden sind.

REGISTER

Aal 28
Abfalleimer 25
Abschlepper 27
Adler 24
Affe 24
Agave 28
Ahornblatt 25
Aktenordner 28
Aktentasche 27
Aladins Wunderlampe 26
Albatros 26
Alien 25
Alles Gute! 78
Alpen 28
Alpenveilchen 28
Alraune 27
Ameise 25
Ampel 28
Amsel 27
Anakonda 26
Ananas 25
Anemone 26
Ängstlich 106
Anker 25
Antilope 27
Apache 28
Apfel 24
Arbeitshandschuh 28
Arbeitshose 26
Armbrust 28
Arzt/Ärztin 26
Ausgelassen 107
Auto 22
Auto 24
Autowaschanlage 27
Avocado 28

Babyschuhe 31
Bäcker*in 33
Bagger 31
Ballpumpe 149
Bambus 32
Bambusrock 32
Banane 29
Bank 29
Bärchen 29
Bärchen 79
Barockkommode 31
Bart 29
Bauernhof 32
Baum 33
Baum 1 17
Baum 2 17
Baum 3 17
Baum 4 17
Baum 5 17
Bauwagen 30
Beleidigt 106
Beste Freundin 93
Bester Freund 93
Betonmischer 1 30
Betonmischer 2 30
Bett 31
Beutel 29
Biber 31
Biene 29
Birke 30
Birne 29
Bison 32
Bleistift 50
Blumenstrauß 79
Blumenstrauß 33
Bluse 29
Blüte 1 14
Blüte 2 14
Blüte 3 14
Blüte 4 14
Blüte 5 14
Blüte 6 14
Blüte 7 14
Blüte 8 14
Bohrmaschine 33
Bratpfanne 30
Braunbär 32
Brautkleid 31
Bretterbude 32
Brezel 32
Brot 29
Brotbox 51
Buch 50
Buche 30
Bügeleisen 32
Buggy 33
Bulldogge 33
Burg 33
Bus 23
Butterblume 29

Cappuccino 34
Cäsar 35
Cavaletti 135
Cello 34
Chamäleon 35
Champignon 35
Champion 35
Chauffeur 34
Cheeseburger 35
Chemieprofessor*in 34
Chevrolet 34
Chihuahua 35
Chillig 107
Clementinen 35
Clown 34
Clownfisch 65
Coburger Fuchsschaf 34
Collie 34
Computer 35
Cupcake 79
Currywurst mit Pommes 34

Dachs 38
Dackel 43
Dahlie 38
Dalmatiner 42
Damenfahrrad 41
Damenhandtasche 39
Damenkleid 40
Damenschuhe 42
Damhirsch 41
Dampfer 23
Dampfkochtopf 40
Dampflok 38
Dampfnudel mit Vanillesoße 40
Dankeskarte 42
Dattel 42
Dauerwelle 41
Daumen 43
Daunenjacke 38
Deckenlampe 42
Dekolleté 42
Delfin 39
Denkorgan 43
Detektiv 42
Dickmacher 43
Dingo 43
Dinosaurier 39
Diva 39
Dogge 39
Dom 40
Dominostein 42
Dompteur 40
Donauwelle 42

Dorf **43**
Dosenöffner **38**
Drachen **43**
Dreckspatz **41**
Drehorgel **39**
Drehstuhl **40**
Dreirad **22**
Dreirad **42**
Dressurpferd **41**
Drohne **43**
Dromedar **38**
Durstlöscher **43**
Duschkopf **41**
Düsenflugzeug **43**

Eckbank **47**
Edelweiß **45**
Ei **46**
Eiche **45**
Eichel **45**
Eichelhäher **45**
Eichhörnchen **45**
Eidechse **47**
Eierbecher **46**
Eiffelturm **46**
Eimer **47**
Einbrecher*in **48**
Einhorn **48**
Einhornwal **48**
Einkaufstasche **48**
Einmachglas **49**
Eisbär **44**
Eisbecher **44**
Eisenbahn **48**
Eisenbahnbrücke **48**
Eis in der Waffel **44**
Elch **47**
Elefant **37**
Elefant **44**
Elektroscooter **47**
Elfe **46**
Emu **46**
Engel **44**
Ente **46**
Ente 2CV **46**
Enzian **45**
Erbsenschoten **49**
Erdbeere **49**
Erdbeere, aufgeschnitten **49**
Erdbeerkuchen **49**
Erdmännchen **49**
Erschrocken **107**
Erstklässler*in **47**
Erzbischof **49**
Esel **36**
Esel **44**
Eselsohr **49**
Eskimo **48**
Espressokocher **47**
Essiggurke **49**
Eule **46**
Expander **48**

Fackel **57**
Fahrrad **22**
Fahrrad **56**
Fankappe **149**
Fanschal **149**
Fantröte **149**
Faultier **53**
Feder **55**
Federmäppchen **50**
Fee **56**
Feige **54**
Feigenblatt **54**
Feld **57**
Feldmaus **56**
Fensterladen **55**
Fernglas **57**
Fernseher **57**
Ferrari **52**
Fetthenne **57**
Feuer **57**
Feuerlöscher **55**
Feuerwehrauto **55**
Feuerwehrmann*frau **55**
Fichte **52**
Finca **53**
Finger **53**
Fink **53**
Fisch **37**
Fisch **55**
Flagge **57**
Flamingo **56**
Flaschenöffner **52**
Fledermaus **56**
Fleischklopfer **54**
Flieder **54**
Fliege **56**
Fliegenmaske **134**
Fliegenpilz **56**
Flitterwochen **93**
Flöte **57**
Flügel **57**
Flugfisch **65**
Flugzeug **23**
Flugzeug **53**
Föhn **54**
Fotoapparat **52**
Frack **57**
Frankensteins Monster **56**
Frau **19**
Frech **107**
Frettchen **52**
Freudig **106**
Frosch **56**
Fuchs **37**
Fuchs **52**
Fuchsie **54**
Füller **50**
Fünfzigster **78**
Fuß **53**
Fußball **56**
Fußball **148**
Fußballfeld **148**
Fußballhose **148**
Fußballschuhe **148**
Fußballtor **148**
Fußballtrikot **148**

Gabel **58**
Gabelstapler **60**
Galopp **62**
Gamaschen **135**
Gämse **58**
Gangster **60**
Gans **58**
Gänseblümchen **58**
Gartengabel **58**
Gartenzaun **61**
Gartenzwerg **58**
Geburtstagstorte **59**
Geburtstagstorte **78**
Gefängnis **60**
Geier **60**
Geige **63**
Geländewagen **60**
Geld **79**
Gelfrisur **62**
Gemälde **62**
Gemüseschäler **63**
Gepard **59**
Geranie **58**
Gerbera **62**
Gerste **62**
Gerte **135**
Geschenk **63**
Geschenk **78**
Gesicht **61**
Gespenst **60**
Geteilte Freude, Getränk **93**
Geteilte Freude, Kuchen **93**
Gewehr **62**
Gewitter **59**
Geysir **62**
Gießkanne **60**
Ginkgo **59**
Giraffe **37**
Giraffe **59**
Glücksschwein **79**
Glühbirne **62**
Gockel **63**
Goldfisch **65**
Gorilla **59**
Grammophon **63**
Grasmücke **62**

Grauwal 61
Grill 61
Grille 61
Grizzlybär 63
Großstadt 63
Gummibaum 61
Gummistiefel 61
Güterzug 63
Gutschein 78

Haarbürste 68
Habicht 69
Hafer 69
Haferl 69
Haflinger 70
Hahn 66
Hahnenfuß 66
Hai 64
Halfter 134
Halskette 70
Hamburger 71
Hammerhai 64
Hamster 18
Hand 67
Handtasche 67
Happy Birthday 79
Harlekin 68
Harpune 67
Hase 67
Haube 70
Haus 16
Haus mit Gartenmauer 16
Haus mit Gartenmauer, Bank und Baum 16
hdl 92
Heft 50
Hemd 71
Henne 66
Herd 70
Hermelin 68
Herzensgabe 93
Herzensmandala 1 93
Herzensmandala 2 93
Heuhaufen 68
Hexe 66
Himbeere 69
Hochhaus 70
Hochseilbahn 71
Hocker 69
Holunder 70
Holzkiste 71
Hornisse 68
Hornochse 68
Hornveilchen 67
Hose 71
Hotdog 71
Huf 71
Hufeisen 71
Hufkratzer 135
Huhn 36
Huhn 121
Hummel 69
Hummer (Tier) 66
Hummer (Auto) 67
Hund 18
Hund 36
Hund 66
Hundehalsband 70
Hut 70
Hütte 71
Hyäne 71
Hyazinthe 70
Hydrant 70

Ibis 74
ICE 72
Ich denk an dich 92
Ich liebe dich 92
Ichthyosaurus 72
Igel 72
Igelfisch 64
Iglu 74
Iltis 72
Imbissbude 72
Imker*in 73
Immergrün 74
Indische Laufente 74
Indischer Elefant 73
Ingwer 73
Insel 73
Inselschildkröte 73
Iris 72
Irischer Wolfshund 74
Islandpony 74
Isolierkanne 73

Jacke 77
Jackett 77
Jackfrucht 77
Jack-Russell-Terrier 76
Jagdschloss 75
Jäger*in 75
Jägerstand 75
Jaguar 75
Jakobsmuschel 75
Jalousie 76
Japanische Zierkirsche 76
Jeans 77
Jeansjacke 77
Jeep 77
Jacht 77
Joghurtglas 75
Jojo 74
Jolle 76
Jonglierbälle 77
Jonglieren 77
Judokämpfer*in 75
Jurte 76
Justitia 76
Juwelen 76
Juwelendieb 76

Käfer (Tier) 84
Käfer (Auto) 84
Kaffeekanne 84
Kajak 82
Kakadu 82
Kakaobaum 83
Kakaofrucht 83
Kaktus 80
Kaltblut 85
Kamel 37
Kamel 80
Kampfhund 81
Kandelaber 85
Känguru 83
Kaninchen 18
Kaninchen 1 und 2 81
Kanone 82
Kardätsche 134
Karotte 81
Kartoffelpflanze 82
Katze 18
Katze 36
Katze, sitzend 80
Katze, stehend 80
Kiefer 84
Kind 19
Kinderwagen 81
Kipplader 82
Kirschbaum 80
Klavier 84
Kleeblatt 79
Kleiderschrank 20
Kletteraffe 83
Knieschoner 149
Kniestrümpfe 149
Knoblauch 84
Kobra 84
Koch/ Köchin 81
Koffer 85
Kohlrabi 85
Kokett 106
Kokosnuss 85
Kolibri 82
Komodowaran 81
König 85
Königin 85
Königsschloss 85
Konzentriert 107
Korb 84
Kranich 80
Krankenwagen 83
Kreide 51
Krone 85
Kuh 36

Kuh 83
Kuhfisch 64
Küken 85
Küken 121
Kürbis 84
Kutsche 84

Labrador 91
Lachend 106
Lachs 89
Lama 86
Lamborghini 90
Lamm 88
Lampion 86
Lanze 90
Laptop 91
Lärche 88
Lastenesel 88
Lastwagen 91
Laterne 86
Latschen 91
Latzhose 89
Laubrechen 89
Lebensbaum 88
Leberblümchen 91
Leberkässemmel 90
Leberknödelsuppe 90
Lebkuchenherz 91
Leckermaul 89
Lederhose 86
Leguan 87
Leibwächter 87
Leithammel 89
Lenkrad 91
Leopard 87
Lerche 88
Leuchtturm 87
Libelle 89
Liebesbrief 93
Limone 91
Lippen 90
Lippenblütler 90
Lippenstift 90
Litfaßsäule 87
Lockenwickler 88
Locker 107
Löffel 90
Lokomotive 88
Lolly, gerollt 90
Lolly, kugelig 90
Lorbeerbäumchen 88
Lorbeerkranz 88
Löschflugzeug 87
Löwe 37
Löwe 86
Löwenzahn 86
Luchs 89
Luftballon 87
Luftballons 78
Luftschlangen 79

Madonna 96
Magnolie 97
Mähdrescher 96
Maiglöckchen 94
Maikäfer 94
Maiskolben 98
Malkasten 51
Mammut 94
Mammutbaum 98
Mandoline 96
Mandrill 95
Mann 19
Mantel 98
Marabu 98
Marathonläufer*in 96
Margerite 94
Marienkäfer 95
Marionette 95
Maroni 98
Marsmensch 97
Märzenbecher 97
Matterhorn 96
Maus 95
Meerkatze 98
Miesmuschel 98
Mikroskop 94
Mohnblume 97
Mondlandefähre 98
Monster 98
Mücke 94
Müde 106
Muffin 95
Mufflon 95
Müllauto 96
Mundschutz 98
Muskelprotz 97
Musketier 97
Muttertag 92

Nachthemd 99
Nachtigall 101
Nachtisch 103
Nachtkerze 101
Nachttisch 103
Nachttopf 101
Nacktschnecke 99
Nadelwald 103
Nähgarnspule 99
Nähmaschine 102
Nähnadel 99
Napf 99
Napoleon 100
Narr 99
Narzisse 99
Nase 99
Nasenbär 101
Nashorn 37
Nashorn 102
Nashornvogel 102
Naturforscher 100
Neandertaler 102
Nelke 100
Neptun 101
Nervensäge 100
Nest 103
Netzmuräne 64
Neufundländer 103
Neugierig 107
Nierentischchen 99
Nilpferd 101
Nixe 103
Nobelhotel 102
Nonne 103
Notarzt 100
Notarztauto 100
Notenständer 102
Notizbuch 99
Nudelholz 102
Nudelsieb 102
Nussknacker 101

Obelisk 105
Obststand 105
Ofen 104
Ohr 104
Ohrringe 104
Ohrwurm 104
Okra 104
Oleander 105
Opernbühne 105
Opossum 105
Orange 104
Oregano 105
Orca 104
Osterei 121
Ostergeschenk 121
Osterhase, malend 120
Osterhase mit Küken, verliebt 120
Osterhase mit Osterei, von Herzen 120
Osterhase, schaukelnd 120
Osterhase, seitlich 120
Osterhase, springend 120
Osterhase von hinten 120
Osterhase von hinten 121
Osterhase von vorne 120
Osterhase von vorne 121
Osterkörbchen 121
Otter 105
Ottomane 105
Ozelot 104

Pagode 113
Palme 109
Panamahut 112
Panda 112

Panflöte **112**
Panikhaken **135**
Papagei **111**
Papierflieger **113**
Paprika **113**
Parfümflasche **112**
Party **79**
Passionsblume **111**
Pausenbrot **51**
Pegasus **109**
Pekinese **111**
Pelikan **110**
Peperoni **113**
Periskop **112**
Pfannkuchentorte **111**
Pfau **109**
Pfeffermühle **113**
Pfeife **108**
Pferd **36**
Pferdedecke **134**
Pferd, gepunktet **108**
Pferd, schematisch **108**
Pfirsich **112**
Pinguin **37**
Pinguin **111**
Pinsel **51**
Pinzettenfisch **65**
Piranha **65**
Pirat **113**
Piratenflagge **113**
Pizza **113**
Pizzaofen **113**
Planierraupe **110**
Plätzchen **113**
Pokal **112**
Pokal **149**
Polizeiauto **108**
Polizist*in **108**
Polizeikelle **108**
Pony **109**
Popcorn **112**
Porsche **109**
Pottwal **109**
Preiselbeerbusch **111**
Pudel **110**
Pumphose **112**
Puppe **110**
Pute **110**
Putte **110**
Pyjama **112**
Pylon **149**

Quakfrosch **115**
Qualle **114**
Quaste **114**
Quastenflosser **114**
Quad **114**
Queen **114**
Querzahnmolch **115**
Quetschkommode **115**
Quiche **115**
Quieckschweinchen **115**
Quilt **114**
Quitte **115**

Rabe **117**
Radarantenne **118**
Radiergummi **50**
Radieschen **119**
Radio **118**
Radom **118**
Ranunkel **119**
Rapunzel **119**
Rasenmäher **119**
Rasierapparat **118**
Rasierpinsel **118**
Ratte **119**
Raumanzug **118**
Raumschiff **118**
Raupe **118**
Regenbogenforelle **65**
Regenjacke **116**
Regenschirm **116**
Reh **116**
Rehkitz **116**
Reisegutschein **79**
Reithelm **135**
Reitstiefel **135**
Rendezvous **93**
Rentier **117**
Rettungsring **118**
Rhönschaf **117**
Rind **119**
Ringelnatter **118**
Ritter **117**
Ritterpferd **117**
Robbe **116**
Roboter **116**
Roller **22**
Rollschuhe **119**
Rose **117**
Rotkäppchen **116**
Rübezahl **117**
Rüsselkäfer **119**
Rutsche **16**

Säbelzahntiger **125**
Sägefisch **64**
Salat **126**
Salzstreuer **126**
Sandalen **127**
Sandförmchen **126**
Sänfte **125**
Sardine **65**
Sattel **134**
Saxofon **122**
Scampi **125**
Schachfigur **126**
Schachtelhalm **127**
Schaf **36**
Schafbock **124**
Schäferhund **124**
Schakal **125**
Schatztruhe **122**
Schaukel **126**
Schaukelpferd **125**
Schere **124**
Schiedsrichterset **149**
Schienbeinschoner **149**
Schildkröte **37**
Schildkröte **122**
Schimpanse **127**
Schleife **124**
Schmetterling 1 **15**
Schmetterling 2 **15**
Schmetterling 3 **15**
Schmetterling 4 **15**
Schmetterlingsfisch **64**
Schneebesen **126**
Schneewittchen **123**
Schnell **107**
Schokohase **121**
Schubkarre **122**
Schuh **125**
Schultafel **51**
Schultasche **50**
Schultüte **50**
Schwalbe **123**
Schwein **36**
Schwein **124**
Seelöwe **122**
Seepferdchen **65**
Seerose **123**
Seeteufel **65**
Segelschiff **123**
Sekt **78**
Sessel **127**
Sheriff **123**
Silberhochzeit **92**
Skorpion **123**
Sofa **21**
Sonnenblume **127**
Sonnenschirm **127**
Stachelschwein **124**
Standuhr **127**
Steckerleis **127**
Stehlampe **127**
Steilsprung **135**
Steinmännchen **126**
Steinschleuder **126**
Stethoskop **122**
Storch **126**
Striegel **134**
Stuhl **20**
Suppenkelle **126**
Surfbrett **127**

Tafelschwamm 51
Tamburin 129
Tankstelle 129
Tannenzapfen 128
Tapir 130
Tarantel 129
Taschenuhr 130
Taube 131
Taucher*in 128
Tausendfüßler 131
Taxi 131
Teebecher 21
Teekanne 20
Telefon mit Wählscheibe 128
Terrine 130
Teufelskralle 128
Textmarker 131
Thron 128
Tiger 37
Tiger 128
Tipi 131
Tisch 21
Tischlampe 21
Toaster 129
Tölpel 131
Topf 130
Topfreiniger 130
Torwarthandschuhe 148
Trainingsjacke 148
Traktor 129
Trampolin 129
Traurig 106
Trense 134
Trinkflasche 51
Trommel 130
Truthahn 130
Tulpe 128
Turban 130
Turnbeutel 51
Turnhose 51
Turteltauben 92
Tyrannosaurus 131

U-Bahn 132
Überraschung 78
U-Boot 132
Ufo 133
Uhu 132
Ukulele 132
Ulmer Münster 133
Umhängetasche 133
Umschlag 133
Umspannwerk 132
Ungeheuer 133
Unke 132
Unterhemd 133
Unterhose 133
Unwetter 133
Urvogel 133
Urwald 132
Usambaraveilchen 132

Vanilleschoten 139
Vase 136
Vatertag 92
Veilchen 137
Ventilator 137
Verband 138
Vergissmeinnicht 138
Vergrößerungsapparat 139
Verliebt 92
Verliebt 106
Vespa 136
Veste Coburg 139
Viadukt 137
Vibrafon 136
Viehhirte 137
Vielfraß 136
Villa 139
Violoncello 139
Viperfisch 65
Virus 139
Vogel 19
Vogel 138
Vogelhäuschen 138
Vogelkäfig 138
Voltigiergurt 135
Volute 137
Vorhang 138
Vorhängeschloss 136
Vorratsdose 136
Vulkan 137

Waage 140
Wachhund 141
Wachtel 141
Waldmeister 142
Walnuss 141
Walross 143
Wanderstöcke 140
Wärmflasche 140
Waschbär 143
Wäschekorb 141
Wäscheständer 141
Waschlappen 141
Waschmaschine 141
Wasserhahn 142
Wasserschwein 142
Weberknecht 141
Weinbergschnecke 143
Weintrauben 140
Welpe 140
Wels 141
Westernsattel 135
Wetterhahn 143
Wiener Würstchen 140
Wildschwein 142
Windrädchen 143
Wippe 141
Wohnwagen 143
Wolf 142
Wolke 140
Wolkenhase 121
Wolkenschaf 121
Wolldecke 140
Wolljacke 140
Wollknäuel 140
Würfel 142
Würfelbecher 142
Wütend 107

Xylofon 144

Yak 144
Yeti 144
Yin-und-Yang-Zeichen 144
Yogakissen 144
Yorkshireterrier 144
Yuccapalme 144

Zackenkrone 145
Zahnputzbecher 20
Zange 147
Zauberer 145
Zauberstab 145
Zaumzeug 134
Zaunkönig 146
Zebra 145
Zebrafink 145
Zentaur 147
Zeppelin 146
Ziege 146
Zielflagge 147
Zirkuszelt 145
Zistrose 147
Zither 147
Zitrone 147
Zitterrochen 64
Zufrieden 107
Zug 23
Zündhölzer 146
Zweig 147
Zwerg 146
Zwergpinscher 146
Zwetschge 146
Zwiebel 146
Zwinge 147
Zylinder 145

DANKE

Danke an meine Lektorin Karina Woller und den mvg Verlag, dass ich dieses Buch machen konnte. Es war mir von A wie Aal bis Z wie Zylinder eine Freude, so viele kleine Zeichnungen anzufertigen.
Danke an meinen Mann und unseren Sohn, die mich immer bei meinen Projekten unterstützen und an mich glauben.

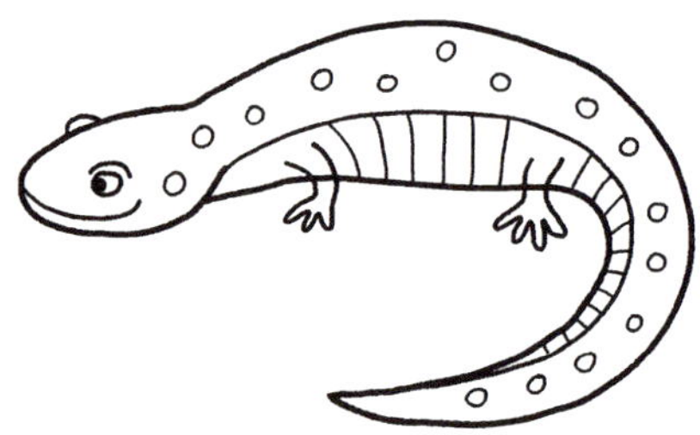

LIEBE ZEICHNER*INNEN,

mit viel Liebe habe ich 1001 Motive für euch gezeichnet und habe dabei selbst manches Neue gelernt, wie zum Beispiel, dass es einen Querzahnmolch gibt. Ich hoffe, ihr habt Spaß beim Nachzeichnen, und freue mich, wenn ich euch dabei helfen konnte, die Wunder der Welt mit dem Zeichenstift zu erkunden. 1001 Motive sind erst der Anfang!

Bleibt neugierig und kreativ!

Eure Christine

ÜBER DIE AUTORIN

Christine Rechl ist in München als vierte und jüngste Tochter von zwei Augenärzten aufgewachsen. Sie hat Kommunikationsdesign studiert und entwirft Dekore für Heimtextilien, Geschenkpapier und Porzellan – wenn sie nicht gerade an einem neuen Buch schreibt. Sie lebt mit ihrer Familie seit vielen Jahren in Coburg, wo sie sich ihren großen Garten mit Rehen, Hasen und ihrer Katze teilt. Kreativität und Erfindungsreichtum haben von Kindesbeinen an ihr Leben geprägt. Das Zeichnen war schon immer eine ihrer Lieblingsbeschäftigungen.

Außerdem von Christine Rechl im mvg Verlag:

ISBN: 978-3-86882-677-7

ISBN: 978-3-7474-0241-2

IMPRESSUM

Bibliografische Information der Deutschen Nationalbibliothek
Die Deutsche Nationalbibliothek verzeichnet diese Publikation in der Deutschen Nationalbibliografie. Detaillierte bibliografische Daten sind im Internet über http://d-nb.de abrufbar.

Für Fragen und Anregungen
info@m-vg.de

Originalausgabe
3. Auflage 2023

Türkenstraße 89
80799 München
Tel.: 089 651285-0

Umschlaggestaltung: Christine Rechl/ Pamela Machleidt
Umschlagabbildung: Christine Rechl
Konzept, Layout und Satz: Christine Rechl
Zeichnungen: Christine Rechl
Die Motive dürfen nur für den privaten Gebrauch nachgezeichnet werden und sind die Ideen der Autorin.

Druck: Firmengruppe APPL, aprinta Druck, Wemding
Printed in Germany

Wir produzieren nachhaltig www.m-vg.de

ISBN Print 978-3-7474-0232-0